GÜTERSLOHER
VERLAGSHAUS

Gütersloher Verlagshaus. Dem Leben vertrauen

Hans-Ulrich Keßler
Burkhardt Nolte

Konfis auf Gottsuche

Praxismodelle für eine handlungsorientierte Konfirmandenarbeit

Versehen mit einer Prise Theorie und einer Material-CD-ROM

Vollständig überarbeitete Neuausgabe

Gütersloher Verlagshaus

Bibliografische Information der Deutschen Nationalbibliothek
Die Deutsche Nationalbibliothek verzeichnet diese Publikation
in der Deutschen Nationalbibliografie; detaillierte bibliografische Daten sind im Internet
über http://dnb.d-nb.de abrufbar.

Die beiliegende CD-ROM enthält in digitaler Form zusätzliche Materialien zu diesem Buch. Die Daten auf der CD-ROM sind als offene PDF-Dateien, Word-Dateien, Powerpoint-Dateien und Bilddateien abgelegt, so dass sie auf den meisten Computern zu lesen und in allen gängigen Textverarbeitungsprogrammen (z. B. »Word« oder »Open Office«) über die Zwischenablage einzufügen und nachzubearbeiten sind. Benötigt wird dafür lediglich der Adobe Acrobat® Reader 5 oder höher.

FSC
Mix
Produktgruppe aus vorbildlich
bewirtschafteten Wäldern,
kontrollierten Herkünften und
Recyclingholz oder -fasern
Zert.-Nr. SGS-COC-004278
www.fsc.org
© 1996 Forest Stewardship Council

Verlagsgruppe Random House FSC-DEU-0100
Das FSC-zertifizierte Papier *Munken Premium* für dieses Buch
liefert Arctic Paper Munkedals AB, Schweden.

1. Auflage

Umschlaggestaltung: Init GmbH, Bielefeld, unter Verwendung einer Illustration zu Johannes 10,9 »Ich bin die Tür; wer durch mich hineingeht, wird gerettet werden.« von Evita Gründler, Regensburg, © bei der Künstlerin
Satz: Satz!zeichen, Landesbergen
Druck und Einband: Těšínská tiskárna, a.s., Český Těšín
Printed in Czech Republic
ISBN 978-3-579-05917-4

www.gtvh.de

Inhalt

IV. Expedition Gottsuche. Das Camp

V. Dies & Das

Vorwort

Letzte Woche auf der Tagung zur Vorstellung der Ergebnisse der bundesweiten KU-Umfrage: Prof. Rauschenbach, Leiter des Deutschen Jugendinstituts, resümiert vorläufig die Konsequenzen, die sich aus der Umfrage für die Zukunft des KU ergeben. Auf drei Beinen soll die Konfirmandenarbeit nach seiner Auffassung in den nächsten Jahrzehnten laufen: Gemeinschaftserfahrung, Verantwortungsbereitschaft, religiöse Praxis. Außerdem – so ein breiter Konsens auf der Tagung – muss die Konfirmandenarbeit ein Ort des Theologisierens mit Jugendlichen sein: Sie soll die Konfis anleiten, selbst zu entdecken und zu formulieren, wie sie sich die Sache mit Gott und der Welt denken.
Aus unserer Sicht geht es in »Konfis auf Gottsuche« genau um diese beiden Zielperspektiven für Konfirmandenarbeit: Wir lernen, arbeiten und feiern gemeinsam und schaffen damit Orte von Gemeinschaft, Verantwortungsübernahme und religiöser Praxis. Wir geben den Konfis vielfältige Möglichkeiten, eigene Verständnisse von Glauben zu formulieren und in einen Dialog zu bringen. Für uns war die Berliner Tagung Wind in unseren Segeln! Das hat uns gefreut ...
Was ist neu oder anders in dieser Auflage?
Im Theorieteil gibt es einen neuen Abschnitt zum Thema »Die Muttersprache des Vertrauens lernen«. Da haben wir noch einmal neu formuliert, worum es nach unserer Auffassung beim Glauben lernen geht – und was dieses Glauben lernen für die Konfis und unsere Gesellschaft eigentlich leistet. Wir sind gespannt auf Ihre Rückmeldungen dazu!
Im Praxisteil gibt es ein zusätzliches Projekt: »Orte der Gottesbegegnung«. Außerdem haben wir Ihnen in einem neuen Kapitel alles in die Hand gegeben, um ein Konficamp mit »Konfis auf Gottsuche« zu organisieren, inkl. Ablaufplänen, Logos usw.
Viel Spaß damit! Ein paar neue Spiele sind ebenfalls dazugekommen.
Wir haben viele Rückmeldungen zu »Konfis auf Gottsuche« bekommen. Menschen haben mit uns über ihren KU geredet und uns geholfen, noch besser zu verstehen, wie wir der Wirklichkeit Gottes gemeinsam mit den Konfis auf die Spur kommen können. Danke! Das war richtig gut!

Wir wünschen Ihnen, Ihren TeamerInnen und Konfis viel Glück und viel Segen!

Frühjahr 2009, Hans-Ulrich Keßler und Burkhardt Nolte

I. Eine Prise Theorie

1. KU und die Muttersprache des Vertrauens …

Konfirmandenarbeit ist eine im wahrsten Sinne des Wortes »Vertrauens-bildende« Maßnahme. Sie ist ein Projekt religiöser Bildung. Und kein »kleines Theologiestudium«! Sie übt ein in die menschliche Muttersprache des Vertrauens – und lehrt keine Fremdsprache des Glaubens!
Würden Sie uns fragen, was wir unter KA verstehen, würden Sie, zugegebenermaßen neben vielen anderen Sätzen ☺, auch und vor allem diese Sätze hören. »Konfis auf Gottsuche« buchstabiert die Bedeutung dieser Sätze durch – zuerst in theoretischer Hinsicht und anschließend anhand praktischer Projekte.
Nun haben Sie unser Buch wahrscheinlich nicht gekauft, um sich mit pädagogischer Theorie zu beschäftigen. Vermutlich hat Sie in erster Linie die Hoffnung geleitet, dass dieses Buch Sie dabei unterstützt, eine KA auf die Beine zu stellen, die Ihre Konfis in mehr als einer Hinsicht überzeugt. Wir glauben, dass genau das auch geschehen kann. Deshalb haben wir schließlich dieses Buch geschrieben. Aber trotzdem müssen wir Ihnen und uns eingestehen: Unsere Themenerarbeitungen sind keine Selbstläufer – etwa nach dem Motto: kurz die Arbeitsblätter ausdrucken, verteilen und schon klappt's.
Unser Buch fordert Sie als Lehrende heraus, sich selbst, die Konfis und religiöse Bildung auf eine bestimmte Art und Weise zu begreifen und entsprechende Haltungen einzunehmen. Wenn Sie erfolgreich mit diesem Buch arbeiten wollen, müssen Sie zuerst an sich selbst arbeiten. Dabei soll Sie der erste, eher theoretische Teil unterstützen. Die Beschäftigung mit ihm ist aus unserer Sicht ein unverzichtbarer Schritt, damit Ihnen eine überzeugende KA gelingt.

Wir haben uns bemüht, unsere Theorie mit einer Prise Humor zu würzen. Wir haben die polemische Karikatur öfter mal der differenzierten Darstellung vorgezogen und damit bestimmt einigen Leute den einen oder anderen Fuß plattgetreten. Tschuldigung! Auch haben wir auf die explizite Auseinandersetzung mit Sekundärliteratur verzichtet. Wir hoffen, dass auf diese Weise ein Produkt entstanden ist, das Ihre Lust am Lesen und zugleich am pädagogischen Nachdenken provoziert.

Wir springen gleich in unseren Gedankengang hinein. Wir halten uns nicht lange mit Definitionsfragen auf – z. B. mit der Frage: Was verstehen wir unter Bildung? Als Voraussetzung für unseren Gedankengang reicht uns zunächst einmal die Tatsache, dass dieser Begriff täglich von vielen verschiedenen Menschen (z. B. von Burkhardt und Hans) benutzt wird und dass dabei an sehr unterschiedlichen Orten (z. B. in Borchen (das ist in Westfalen) und Wolgast (das ist an der Ostsee)) Kommunikationsprozesse entstehen, die um vergleichbare Fragen kreisen. Diese Tatsache nehmen wir als Hinweis darauf, dass »irgendwie« immer schon klar ist, worum es bei Bildung geht. Es ist eben noch niemand auf die Idee gekommen, das Fallen einer Sternschnuppe als Ergebnis eines Bildungsprozesses ins Gespräch zu bringen, wogegen z. B. das Sprechen der Muttersprache regelmäßig als ein solches betrachtet wird. Das ist unseres Erachtens kein Zufall, den wir uns zunutze machen ☺.

Also: Wir hoffen, wir konnten Sie überzeugen, nicht gleich zu den Verlaufsplänen vorzublättern, sondern im nächsten Kapitel weiterzulesen. Bevor Sie das tun, wäre es allerdings gut, wenn Sie sich schon einmal drei Gegenstände besorgen – zum Beispiel Radiergummi, Anspitzer und Büroklammer ... Die werden Sie brauchen ...

2. Gott – Konfis – Unterrichtende: Wie passt das alles zusammen?

Die Aufgabe: Bauen Sie doch ’mal eine Skulptur

Haben Sie Ihre drei Gegenstände gefunden? Prima! Noch besser wäre es, wenn Sie zwei weitere Personen im sprachfähigen Alter finden würden, die zusammen mit Ihnen an die Stelle der drei Gegenstände treten. Sollten Sie dieses Buch in einer Öffentlichkeit lesen, deren Aufmerksamkeit Sie zurzeit nicht erregen möchten, können Sie für das Folgende auch die Skizze auf Seite 12 benutzen.
Haben Sie die Gegenstände oder Ihre Mitspielenden gefunden, weisen Sie zunächst jedem bzw. jeder eine der oben genannten drei Rollen zu (Gott, Konfirmandin bzw. Konfirmand und Lehrender bzw. Lehrende; und denken Sie nicht zu viel darüber nach, warum Sie Gott ausgerechnet das Radiergummi zugewiesen haben! »Das Alte ist vergangen …« Oder war es etwa der Anspitzer? ☺). Sollten Sie mit Personen arbeiten, übernehmen Sie erst einmal die Rolle des bzw. der Lehrenden.
Stellen Sie als Nächstes »Gott« und »Konfirmandin bzw. Konfirmand« in einigem Abstand einander gegenüber (so weit, wie Ihr Schreibtisch, Arbeitszimmer oder Ihr Stammcafé es eben zulassen).
Wenn Sie dieses Bild einen kurzen Moment auf sich wirken lassen, werden sich vermutlich sofort einige theologische Bedenken melden – und zwar zu Recht: Denn die darin hergestellte Analogie zwischen »Gott« und »Konfi« wird einerseits wahrscheinlich weder durch Ihre KU-Erfahrungen (welcher Konfi ist schon wie Gott?) noch durch ihre religiösen Erfahrungen gedeckt (oder haben Sie Gott schon einmal so erlebt wie Ihre Konfis?). Ferner fehlt der entstehenden Skulptur ein dynamisches Element. Alle Beteiligten sind mehr oder weniger zur Statik verdammt: Als ob Gott raum-zeitlich gebunden wäre! Und als ob Konfis tatsächlich still stehen würden! Wir bitten Sie, diese Schwächen zum gegenwärtigen Zeitpunkt in Kauf zu nehmen. Denn sie schaden der Veranschaulichungskraft des Modells kaum.
Ohne die strukturelle, didaktische und methodische Gestaltung Ihrer Konfirmandenarbeit zu kennen, vermuten wir Folgendes: »Irgendwie« wird es Ihnen

in Ihrem KU darum gehen, dass zwischen den beiden jetzt modellhaft aufgestellten Polen »Gott« und »Konfi« etwas noch näher zu Beschreibendes geschieht.
Als Lehrende nehmen sie selbst in ihrer Konfirmandenarbeit eine bestimmte Position ein, durch die sie sich in ein Verhältnis zu den beiden anderen Größen setzen.
Funktion dieser Position ist es, dieses noch näher zu beschreibende Geschehen »Gott-Konfi« zu gestalten.
Versuchen Sie bitte, sich die von ihnen eingenommene Position bewusst zu machen, indem sie sich selbst eine Position in dieser Skulptur suchen: vor, hinter, neben, über oder unter Konfi bzw. Gott – oder was Ihnen sonst noch einfällt. Versuchen Sie bitte, diese Position zu finden, indem Sie sich selbst oder den dafür vorgesehenen Gegenstand an den entsprechenden Ort stellen. Sie können auch wieder mit der Skizze auf dieser Seite arbeiten. Lassen Sie sich Zeit! Probieren Sie verschiedene Positionen so lange aus, bis Sie die stimmigste Konstellation gefunden haben. Wenn Sie mit Personen spielen, lassen Sie sich auf jeden Fall von den Mitspielenden sagen, wie sie das jeweils entstandene Beziehungsgeflecht erleben.
O.k., legen Sie das Buch jetzt bitte beiseite und experimentieren Sie ein wenig mit den drei Größen herum. Viel Spaß dabei!

Welche Position nehmen Sie in Ihrem KU ein, damit zwischen Konfi und Gott das geschehen kann, was Sie sich von Ihrer Konfirmandenarbeit erhoffen? Zeichnen Sie Ihre Position als Kreis in die Skizze ein. Deuten Sie anschließend ihre Ortswahl. Die Satzanfänge auf der nächsten Seite können Ihnen dabei helfen.

- Ich verbinde mit dieser Ortswahl die Hoffnung, dass …

____

____

- Was ich durch sie vermeiden möchte, ist …

____

____

- Mit dieser Position nehme ich gegenüber den Konfirmandinnen und Konfirmanden die Rolle eines bzw. einer …

____

____________________ ein.

- Aus Sicht der Konfirmandinnen und Konfirmanden stellt sich meine Rolle folgendermaßen dar:

____

____

____

- Gott fällt in meiner Skulptur die Rolle eines/einer …

____

____________________ zu.

Was mir in Bezug auf die Zuordnung von Gott, Konfirmandinnen und Konfirmanden sowie Unterrichtenden wichtig ist, aber in dieser Konstellation nicht sichtbar wird, ist …

____

____

____

____

- Was ich sonst noch festhalten will:

____

____

____

Vielen Dank für Ihre Zeit und Arbeit!
Bevor wir Ihnen nun unsere eigene Skulptur präsentieren, möchten wir uns von zwei anderen Konstellationen abgrenzen, die uns hier und da in der Theorie und immer wieder in der Praxis begegnen. Wir haben diese Konstellationen vereinfacht und überspitzt. Denn bekanntermaßen kann man ja an der Karikatur Wirklichkeiten schärfer erkennen als an ihrer differenzierten Darstellung.
Sollte eine der beiden Möglichkeiten zufälligerweise der von Ihnen gewählten nahestehen, bitten wir Sie, unsere Polemik dagegen nicht persönlich zu nehmen. Wir sind uns darüber im Klaren, dass unsere eigene Skulptur keinen höheren Anspruch auf Wahrheit hat als alle anderen denkbaren Möglichkeiten. Denn um die »wahre« Konstruktion des Verhältnisses von Gott, Konfis und Lehrenden zu finden, müsste man erkenntnistheoretisch gesehen einen Standpunkt oberhalb Gottes einnehmen können. Nach unserem Kenntnisstand ist dies aber seit Karl Barth niemandem mehr gelungen (o.k., o.k. – das muss man natürlich auch viel differenzierter sehen! ☺). Uns geht es bei allen angeführten Konstruktionsversuchen nicht um Wahrheit in einem letzten, theologisch qualifizierten Sinne, sondern um die Aufdeckung von pädagogischen Handlungsmöglichkeiten aufgrund bestimmter Zuordnungen.

Gängiges Modell Nr. 1: die »römische« Variante

Das erste Modell, gegen das wir uns abgrenzen, positioniert Lehrende irgendwo auf der Linie zwischen Gott und Konfis. In den meisten Fällen ist der bzw. die Lehrende den Jugendlichen zugewendet. Häufig zeigt er oder sie mit einem Finger über die eigene Schulter auf Gott. Wir nennen dieses Modell das »römische«. Denn befragt man diese Lehrenden nach ihrem Verständnis der Aufgabe von KU, so sagen sie in etwa Folgendes: »Es ist meine Aufgabe, den Jugendlichen Gott nahezubringen. In meinem Unterricht versuche ich, den Jugendlichen wenigstens das Wesentliche über Gott zu *vermitteln.*«

Die »römische« Variante:

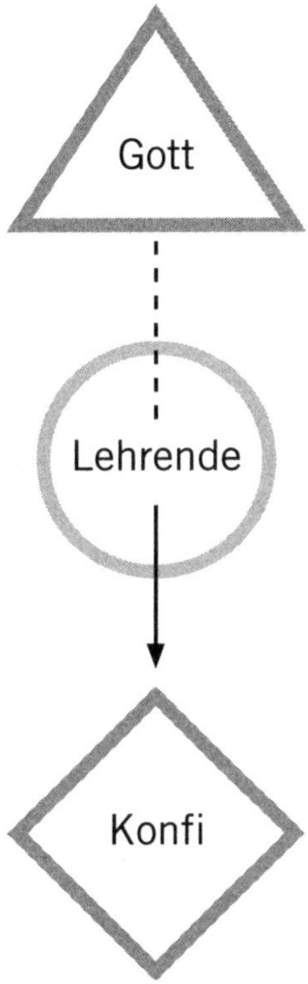

Bittet man den Repräsentanten bzw. die Repräsentantin von Konfi darum, ihren Ort in der Skulptur zu beschreiben, so sagt er bzw. sie in aller Regel dies: »Ich kann Gott nicht mehr sehen. Der Blick auf ihn ist mir durch den bzw. die Lehrende verstellt. Er bzw. sie steht meiner eigenen Beziehung mit Gott im Weg.«

Mit den Lehrenden, die dieses »römische« Modell bevorzugen, teilen wir den theologischen Eros: In ihrer Konfirmandenarbeit soll es wirklich um Gott, Christentum und Glauben gehen.

Was wir aber nicht mit ihnen teilen können, ist ihre Wahrnehmung der Konfirmandinnen und Konfirmanden. Denn ihre Positionierung erweckt bei uns folgenden Eindruck: Solche Lehrende scheinen in den Konfis (vielleicht eher unbewusst als bewusst) eine Art »gottfreien Raum« zu sehen, in den sie

(häufig mit Hilfe von Themen wie »die Bibel«, »die Zehn Gebote« oder »Psalm 23«) Gott erst noch hineinzutragen haben.
Darüber hinaus können wir auch eine Wahrnehmung Gottes nicht teilen, die zumindest den Anschein hervorruft, als brauche Gott pfarramtliche oder doch wenigstens kirchlich sanktionierte Mittler, um mit Menschen in Beziehung zu treten.
Außerdem glauben wir, dass das »römische« Modell Lehrende letztlich überfordert. Nach einigen Jahren Konfirmandenarbeit auf dem Boden dieser Konstruktion des Arbeitsfeldes kann man leicht in ein Motivationstief geraten. Denn vor den Augen dieser Unterrichtenden erfüllt sich ihre Wahrnehmung der Konfirmandinnen und Konfirmanden im Sinne einer »self-fulfilling-prophecy«: Weil die Jugendlichen ja tatsächlich immer weniger spezifisch christliches Traditionsgut aus ihren Elternhäusern mitbringen, fühlen sich solche Lehrende oft in ihrer Wahrnehmung bestätigt, die Jugendlichen seien ein »gottfreier Raum«. Dadurch wird die selbst gestellte Vermittlungsaufgabe sowohl dringender als auch wiederum schwerer. Sich in diesem Teufelskreis von »Ichmussdochaber« und »Ichkannabernichtmehr« pädagogisch klug und sinnvoll zu verhalten, fällt schwer. Damit ist dann die Situation entstanden, in der gerne Kursbücher mit fertigen Kopiervorlagen für einen »KU-light«, der weit hinter den ursprünglichen Träumen von Konfirmandenarbeit zurückbleibt, gekauft werden.

Gängiges Modell Nr. 2: Die »DuichstreichledichganzsanftamOberarm« Variante

Diese Variante positioniert die Lehrenden in aller Regel in großer Nähe zur Konfirmandin bzw. zum Konfirmanden. Wird diese Skulptur mit Personen gebaut, so steht der bzw. die Lehrende in aller Regel links vom Konfi. Der rechte Arm berührt leicht dessen bzw. deren Oberarm, während der linke Arm ausgestreckt ist und die dazugehörige Hand auf Gott weist. Können Sie sich das vorstellen?
Befragt man solche Lehrenden nach den Gründen ihrer Ortswahl, so antworten sie häufig folgendermaßen: »Ich möchte Begleiter, Helferin oder Seelsorger meiner Konfis sein. Ich möchte mich mit ihnen auf einen Weg machen, auf dem sie Gott entdecken können.«
Lässt man wiederum den bzw. die Konfi sprechen, so äußert er bzw. sie in aller Regel: »Ich fühle mich hier unwohl. Die Nähe des bzw. der Lehrenden ist mir zu groß. Ich wünschte, er bzw. sie würde mir von der Pelle rücken.«

Die »DuichstreichledichganzsanftamOberarm« Variante:

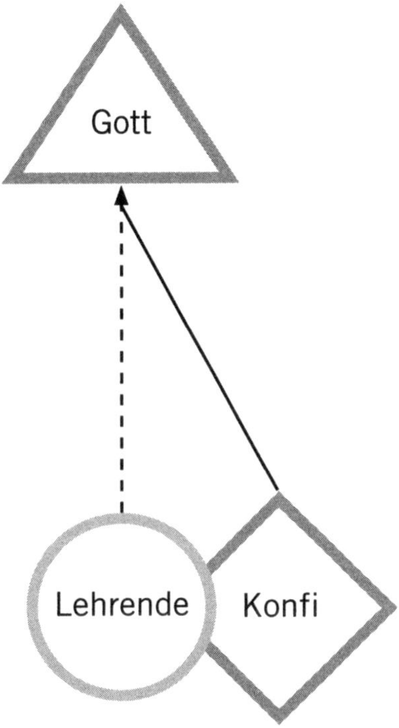

Mit diesen Lehrenden teilen wir ihren pädagogischen Eros: Ihnen sind die Lernenden besonders wichtig: In ihrem KU soll es wirklich um die Konfis gehen. Dieses Ziel versuchen sie durch die Herstellung einer großen Nähe zu den Jugendlichen zu erreichen: Oft lassen sie hier und da durchblicken, dass sie Mitglied bei »StudiVZ« sind und eine X-Box 360 haben. Im Laufe der Zeit wird es jedoch immer anstrengender für sie, hinter den sich stets schneller verändernden und sich stets differenzierter darstellenden Jugendkulturen hinterherzuhecheln.
Unseres Erachtens übersehen diese Lehrenden, dass gerade in der Distanz zwischen Lehrenden und Lernenden eine notwendige Voraussetzung für die Organisation von Bildungsprozessen liegt. Denn erst die Distanz lässt Lehrende und Lernende füreinander zu glaubwürdig Fragenden werden. Senden Lehrende durch ihre Haltung gegenüber den Konfis schon immer die Bot-

schaft aus »Eigentlich bin ich ja so wie du!«, führen sie ihre eigenen Fragen nach der Wahrnehmung bestimmter Sachverhalte durch die Konfis ad absurdum. Genauso gut könnten sie sich die Antwort gleich selbst geben. Schließlich scheinen sie ja zu wissen, wie die Welt vom Standpunkt der Konfis aussieht.

Der Mut und die Fähigkeit zu einer guten Distanz ist unseres Erachtens eine der entscheidenden »persönlichen« Voraussetzungen für die gelingende Initiierung von Bildungsprozessen. Sie bringt eine Spannung in den Bildungsprozess, durch die er nach vorn gedrängt wird.

Außerdem sind wir der Überzeugung, dass Jugendliche Lehrende brauchen, die Lust daran haben, erwachsen zu sein. Erwachsene, die auf ewig so sein wollen wie Jugendliche, gibt es in dieser Gesellschaft schon genug. Aber das ist ein anderes Thema. Wenden wir uns lieber wieder der »DuichstreichledichganzsanftamOberarm« Variante selbst zu.

Wir halten nämlich nicht nur die distanzlose Haltung der Lehrenden in dieser Variante für wenig hilfreich, wir sind darüber hinaus auch gegenüber der Weg-Metapher skeptisch. So gut sie sich zunächst auch anhört (nämlich nach Entwicklung, Prozess und »Fort-Schreiten«), so problematisch erscheinen uns die häufig (nicht immer und nicht zwingend!) mit ihr verbundenen Annahmen, dass

a) Lehrende den zu gehenden Weg wüssten – und zwar im Gegensatz zu Lernenden und dass
b) Gott überhaupt erst am Ende eines noch zurückzulegenden Weges zu erreichen sei.

Die zweite Annahme widerspricht nach unserer Auffassung zentralen Vorstellungen der Bibel, denen zufolge Gottes Gegenwart (durchaus unvermutet) als stets vorgängige entdeckt wird (vgl. z. B. Gen 28,10ff.). Die erste Annahme rückt die »DuichstreichledichganzsanftamOberarm« Variante in eine unerwartete Nähe zur »römischen«: Denn sie teilt die Gruppe in solche, die wissen, wo Gott zu finden ist, und solche, die das eben nicht wissen. Bleibt die Frage, woher eigentlich dieses unterscheidende Wissen kommt: durch ein Theologiestudium, durch Lebenserfahrung, durch eine Ordination? Unseres Erachtens ist gegenüber solchen Vorstellungen protestantischer Protest angebracht. Denn das Wissen um Gott kann durch keine »menschlichen« Maßnahmen seiner prinzipiellen Strittigkeit entzogen werden – auch nicht in religiösen Bildungsprozessen! Dazu aber mehr im Abschnitt »Die drei Säulen ...«. Jetzt erst einmal zu unserer Skulpturvariante.

Unser Modell: »Der flotte Dreier«

Wir schlagen Ihnen vor, das Verhältnis von Lehrenden, Lernenden und Gott als ein gleichseitiges Dreieck zu konstruieren. Durch die Gleichseitigkeit des Dreiecks wollen wir Folgendes zur Darstellung bringen:

a) Lehrende sind Gott nicht prinzipiell näher als Lernende. Oder umgekehrt: Lernende sind nicht prinzipiell weiter von Gott entfernt als Lehrende.
b) Lehrende und Lernende stehen in einer je eigenen Beziehung zu Gott. In dieser Beziehung hat niemand anderes etwas zu suchen.
c) Gott ist nie weiter entfernt als der Mensch, für den wir der oder die Nächste sind; für Lehrende sind das die Lernenden (vgl. Mt 25,31ff.).
d) Lernende und Lehrende stehen in guter Distanz zueinander. Sie sind unterschiedliche Menschen mit unterschiedlichen Lebenshorizonten. Gerade deswegen haben sie sich etwas zu sagen.

Wir hoffen, dass Sie diese Punkte als die Kehrseiten unserer Abgrenzungen in den beiden vorhergehenden Abschnitten wieder erkennen können. Deshalb wollen wir dazu auch gar nicht mehr sagen, sondern Sie mit einer anderen Fragestellung konfrontieren. Hier ist sie:

Als Verantwortliche für religionspädagogische Bildungsprozesse schreiten Sie (zumindest gedanklich) ständig dieses Dreieck ab. Dabei haben Sie zwei Möglichkeiten:

Sie können sich von Ihrer Position aus zunächst Richtung Konfi bewegen und von dort aus Richtung Gott blicken. Vielleicht befragen Sie den bzw. die Jugendliche (in Gedanken oder auch real): »Wie heißt das 6. Gebot? Sagt einmal das Vaterunser auf? Wie geht Psalm 23? Worum geht es im dritten Artikel des Glaubensbekenntnisses? Betet ihr? Was bringt ihr eigentlich noch von zu Hause mit an religiöser Sozialisation?« Mit jeder »falschen« Antwort werden Sie sich der Distanz zwischen Konfis und Gott bewusster.

Eine solche Befragung ist keine Adressatenanalyse im klassischen Sinn. Wir behaupten aber, dass sich viele Lehrende ein Bild von den ihnen anvertrauten Lernenden (er)schaffen – und zwar schon lange bevor sie eine »klassische« Adressatenanalyse durchgeführt haben. Die Erschaffung dieses Bildes selbst stellt noch kein pädagogisches Problem dar. Im Gegenteil: Lehrende können überhaupt nur anfangen, unterrichtlich zu agieren, wenn sie sich ein Bild von den Bildungsprozess-Adressaten gemacht haben.

Ein pädagogisches Problem entsteht jedoch dann, wenn dieses Bild ein relativ unreflektiertes Konglomerat aus eigenen unterrichtlichen Frustrationserfahrungen, medienwirksamen Berichten über gewaltbereite Jugendliche und Fetzen aus Pisa-Studien usw. darstellt.

Wenn ein solchermaßen entstandenes, höchst defizitäres Bild in Lehrenden Raum greift und sich langsam zu einer mehr oder vielleicht eher weniger bewussten Grundhaltung gegenüber den Lernenden verdichtet, wird ein konstruktives pädagogisches Handeln unmöglich. Die Jugendlichen erscheinen solchen Lehrenden wie ein Schweizer Käse: relativ scharf, nur in kleinen Mengen zu genießen und vor allem: voller großer Löcher. Ihr unterrichtliches Agieren konzentriert sich folgerichtig auf die Beseitigung dieser Löcher. Sie zu stopfen und die Konfis eher wie einen milden Butterkäse aussehen zu lassen, ist das erklärte Ziel dieser Lehrenden.

Dreiecksbeziehung im Rahmen defizitärer Konstruktionen von Lernenden durch Lehrende:

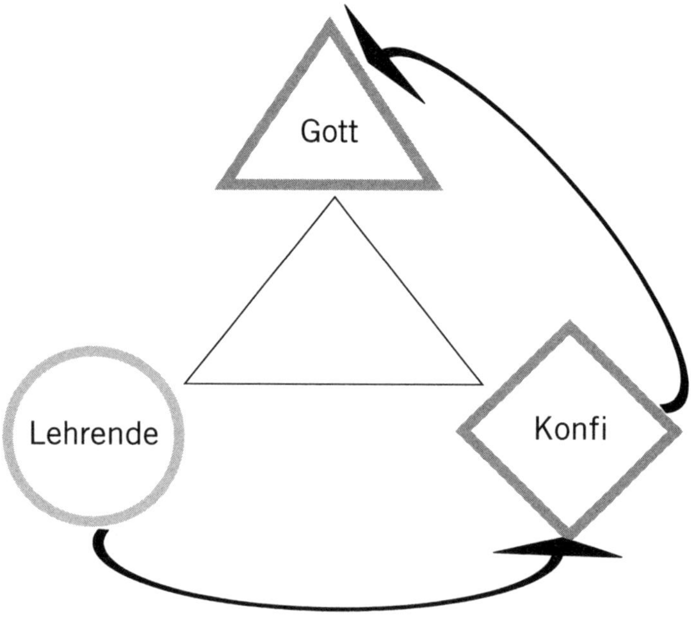

Defizitäre Konstruktionen in pädagogischen Zusammenhängen sind jedoch für das Gelingen von Bildungsprozessen tödlich. Sie wirken wie ein »Herumprockeln« an Löchern, die dadurch immer nur noch größer werden. Defizitäre Konstruktionen sind wie ein Fluch: Wer sich auf sie einlässt, arbeitet unweigerlich an der Vergrößerung des Defizits mit, das er eigentlich beseitigen will.

Jede Methodik, sei sie noch so ausgefeilt und interessant, wird von Lernenden immer durch den Filter der Grundhaltung wahrgenommen und bewertet, die den Lehrenden abgespürt wird. Deshalb ist eine nicht-defizitäre Konstruktion der Lernenden, welche die Lehrenden im Sinne einer Grundhaltung bestimmt, für das Gelingen von Bildungsprozessen von weitaus entscheidenderer Bedeutung als die gewählte Methodik. (Und deshalb sind wir froh, dass Sie nicht gleich zu den Themenerarbeitungen geblättert haben. Danke!) Auf diesem Hintergrund ist es absolut plausibel, dass Aussagen von Schülerinnen und Schülern in Umfragen zur Qualität ihres Unterrichts fast durchgängig Urteile über die Person des Lehrenden, und nicht über ihre Didaktik sind.
Wir möchten die Wichtigkeit der Grundhaltung von Lehrenden noch durch einen weiteren Gedanken erläutern: Kommunikationstheorien unterschiedlicher Couleur haben darauf aufmerksam gemacht, dass Inhalte grundsätzlich nur über die Brücke einer gelingenden Beziehung transportiert werden können. Die Grundhaltung von Lehrenden baut die Beziehungsbrücke; die Methodik sorgt für einen sach- und adressatengemäßen Transport.
Konnten wir Sie von der entscheidenden Wichtigkeit einer nicht-defizitären Konstruktion von Lernenden überzeugen? Dann kann es ja weitergehen. Denn die Antwort auf die Frage, wie solch eine Konstruktion eigentlich gelingen kann, sind wir Ihnen ja noch schuldig. Sollten wir Sie allerdings bisher nicht überzeugt haben, müssen wir wahrscheinlich direkt miteinander ins Gespräch kommen. Unsere E-Mail-Adressen finden sie deshalb ein paar Seiten weiter unten.
Die Schwierigkeit, zu einer nicht-defizitären Konstruktion von Konfirmandinnen und Konfirmanden zu kommen, liegt in Folgendem: Die Erfahrung von Lehrenden mit ihnen spricht *für* eine defizitäre Konstruktion. Denn Konfis sind wirklich anstrengend! Sie bringen zumeist wenig theologisch reflektiertes Wissen über den christlichen Glauben mit. Sie honorieren nur selten ausdrücklich die Zeit und Energie, die Lehrende in Vorbereitung und Durchführung von Konfirmandenarbeit stecken. Viel öfter geben sie Lehrenden Anlass, gekränkt aus dem Unterricht zu gehen. Wie kann also eine nicht-defizitäre Konstruktion von Konfis gelingen, die stärker ist als solche Erfahrungen und deshalb eine Chance hat, die Grundhaltung von Lehrenden gegenüber Lernenden zu bestimmen?
Um dies zu erreichen, schlagen wir Ihnen Folgendes vor: Gehen Sie das gleichseitige Dreieck einmal andersherum ab als bisher! Bewegen Sie sich gedanklich auf die Position Gottes. Blicken Sie von dort aus auf den bzw. die Konfi und stellen Sie sich folgender theo-logischen Denknotwendigkeit: Zu dem Zeitpunkt, an dem der bzw. die Jugendliche zum Konfi in Ihrem KU

wird, ist Gott bereits 12 Jahre eine *wirklich wirkende Wirklichkeit* in seinem bzw. ihrem Leben gewesen. Es ist deshalb gar nicht Ihre Aufgabe, Gott an die Konfis zu »vermitteln« oder die Konfis auf den Weg zu Gott zu bringen. Denn wenn Gott wirklich Gott ist, und nicht nur ein Wortspiel, eine Idee in Ihrem Kopf, dann kann diese Wirklichkeit unmöglich spurlos an den Konfis vorübergegangen sein. Sie begegnen Ihnen als bereits langjährig von Gottes Wirklichkeit affizierte Menschen.

Dreiecksbeziehung im Rahmen nicht-defizitärer Konstruktionen von Lernenden durch Lehrende:

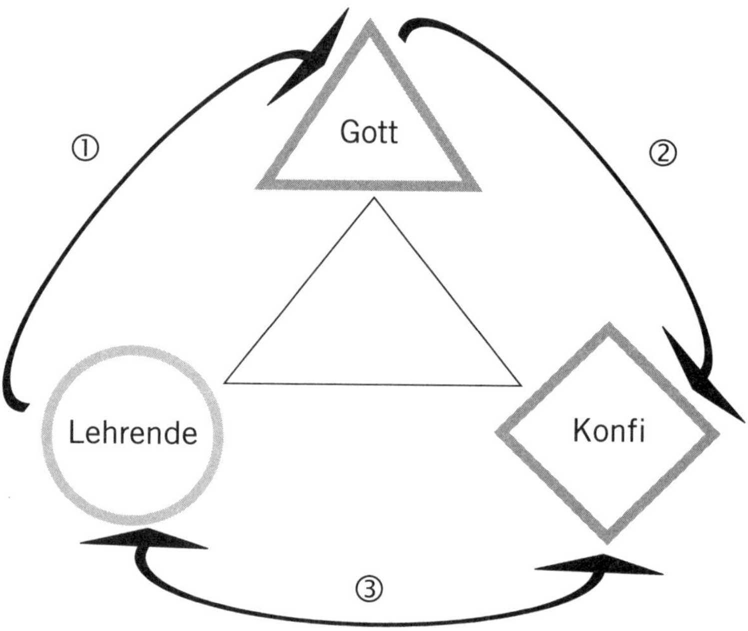

Konfirmandenarbeit ist eigentlich nichts anderes als der Austausch zwischen Lehrenden und Lernenden über dieses Affiziert-Sein durch Gottes Wirklichkeit. Dabei kann es nicht ausbleiben, dass Lehrende zu Lernenden und Lernende zu Lehrenden werden. Schließlich *lernen* sie *von*einander und gemeinsam *von* dem Gott, der als Wirklichkeit auch das Geschehen des KU prägt. Konfis bringen vielleicht kein Wissen über Psalm 23, die Zehn Gebote oder das Glaubensbekenntnis mit. Sie sind wahrscheinlich in nur geringem Maße spezifisch christlich sozialisiert. Und doch bringen sie eine 12-jährige Geschichte des Affiziert-Seins durch Gottes Wirklichkeit mit in den KU (, die auch im Moment des Betretens des KU-Raumes nicht aufhört). In dieser theologischen Denknotwendigkeit sehen wir die Grundlage für eine nicht-defizitäre Konstruktion von Lernenden.

Übrigens: Diese Denknotwendigkeit ist *Ihre* (bzw. unsere) Unterstellung an die Konfis. Sie ist Ergebnis *Ihrer* (bzw. unserer) theologischen Reflexion über das Verhältnis von Gott und Welt (Ps 24,1). Sie hat die Funktion, *Ihnen* (bzw. uns) bei der Entwicklung einer Grundhaltung zu helfen, die durch eine nicht-defizitäre Konstruktion der Lernenden bestimmt ist. Um dies leisten zu können, muss diese Unterstellung nicht zu einer Befindlichkeit der Lernenden selbst werden: Die Konfis *müssen* sich nicht selbst in einer Beziehung zu Gott verstehen, damit die theologische »Unterstellung« für Lehrende wirksam werden kann. An dieser *einen* Stelle (und wirklich nur an dieser!) »verstehen« Lehrende die Lernenden besser, als sie sich unter Umständen selbst verstehen können.

Können Sie etwas mit unserem Konstruktionsvorschlag anfangen? Wir würden gern in ein Gespräch mit Ihnen darüber treten und bieten Ihnen deshalb an, Ihre Kommentare zu diesem Fragekomplex an uns zu mailen *(E-Mail-Adresse: hans-ulrich.kessler@pti-nordelbien.de oder sbnolte@t-online.de).* Wir freuen uns über Ihre Rückmeldungen und werden uns bemühen, Ihnen zu antworten.

Auf dieser und der folgenden Seite haben Sie Gelegenheit, Ihre Gedanken zum Thema der theologischen Konstruktion des Arbeitsfeldes zu ordnen. Wir bieten Ihnen noch einmal ein paar Satzanfänge an, die Ihnen dabei helfen können:

➲ Worin sehe ich den größten Unterschied zwischen meiner Konstruktion des Arbeitsfeldes und derjenigen, die Burkhardt und Hans vorschlagen?

____

____

____

____

➲ Welche Vorteile bietet meine Konstruktion in Bezug auf pädagogische Handlungsmöglichkeiten im Unterricht?

____

____

____

➲ Welche Vorteile bietet die Konstruktion von Burkhardt und Hans in Bezug auf pädagogische Handlungsmöglichkeiten im Unterricht?

____

____

____

➲ Was müsste ich in meinem unterrichtlichen Handeln verändern, wenn ich mir die hier vorgeschlagene Konstruktion zu Eigen machen würde?

____

____

____

➲ Welche Frage ist für mich noch unbeantwortet? (E-Mail-Adresse s. o.) Oder: Was ich sonst noch festhalten will:

____

____

____

Welche Vorteile *wir* in unserer Konstruktion des Arbeitsfeldes sehen, fassen wir an dieser Stelle kurz zusammen:

- Unser Konstruktionsvorschlag entlastet Lehrende von theologischen Überforderungen: Sie müssen sich weder als Menschen verstehen, die Gott an Konfis zu vermitteln hätten. Noch müssen sie ihre Aufgabe darin sehen, die Konfis auf den Weg zu Gott zu bringen. Die theologische Forderung an Lehrende lautet vielmehr: Entspreche in deinem Lehren der immer schon vorgängigen Wirklichkeit Gottes. (Dazu, wie wir uns das *methodisch* vorstellen, sagen wir mehr im Abschnitt D)
- Unser Vorschlag entlastet Lehrende auch von pädagogischen Vulgärforderungen wie z. B. »Liebe deine Konfis!« Wir halten solche Imperative für eine Gnaden-lose Überforderung von Lehrenden. Aber auch die pädagogische Populärforderung nach Wertschätzung der Lernenden hat es in sich: Denn der Begriff fordert die Feststellung eines erkennbaren Wertes der Lernenden durch die Lehrenden. Der Grund der Wertschätzung soll in den Zu-Wertschätzenden selbst gesucht werden – was angesichts mancher real existierender Konfis eine hohe Anforderung an Lehrende ist.
  Mit unserer Konstruktion schlagen wir nicht vor, sich von dem Wertschätzungsimperativ zu verabschieden. Aber wir schlagen vor, den Grund der Wertschätzung sozusagen »extra Konfem« ☺ zu suchen: nämlich in der liebevollen Zuwendung Gottes zu den Jugendlichen. Damit lautet der pädagogisch-religiöse Imperativ: Entspreche in deinem Lehren deiner Glaubensüberzeugung, dass auch Konfis kein gottfreier Raum sind.

Die beschriebenen Entlastungen stellen den Grund dar, auf dem eine Grundhaltung von Lehrenden wachsen kann, die durch eine nicht-defizitäre Konstruktion von Lernenden geprägt ist. Im Rahmen einer solchen Konstruktion entstehen tragfähige Beziehungsbrücken, über die der Austausch von »Glaubensinhalten« geschehen kann.
Darüber hinaus sind wir der Überzeugung, dass nicht-defizitäre Beziehungskonstruktionen einen fast unwiderstehlichen Sog ausüben, in den nach und nach auch die Beziehungen unter den Lernenden geraten (vgl. Lk 13,21). Damit entsteht in der Konfirmandenarbeit ein Beziehungsklima, das den Geist Gottes atmet.

3. Worum es in unserem KU geht – oder: Die Muttersprache des Vertrauens lernen …

Im letzten Abschnitt haben wir eine grundsätzliche Konstruktion des Arbeitsfeldes KU versucht. Die Verhältnisbestimmung von Gott, Konfis und Unterrichtenden ist dabei sehr formal geblieben. Wie sich diese Dreiecksbeziehung konkret gestaltet, welche Beziehungsqualitäten sich in ihr ausbilden – das ist zwar durch die Gottesbilder der jüdisch-christlichen Tradition bei Ihnen und uns immer schon mitgedacht, aber nicht explizit formuliert. Um eine solche explizite Formulierung geht es in diesem Abschnitt. Er beschreibt damit aus unserer Perspektive, worum es inhaltlich in unserem KU geht.
In den ersten Auflagen von »Konfis auf Gottsuche« hieß dieser Abschnitt »Warum mache ich das bloß? Überlegungen zum Ziel von Konfirmandenarbeit«. Wir finden den »alten« Abschnitt zwar immer noch ganz gut, sind aber in unserem eigenen Nachdenken an einen Punkt gekommen, an dem uns der Zielbegriff in diesem theoretischen Zusammenhang nicht mehr einleuchtet. (Was nicht bedeutet, dass wir grundsätzlich gegen Ziele sind – ganz und gar nicht.) Warum nicht?
Von Zielen zu sprechen, macht eigentlich nur dann Sinn, wenn man davon ausgehen kann, dass sie grundsätzlich erreichbar sind. Natürlich gibt es manchmal Zielstellungen, die ich nicht allein, sondern nur gemeinsam mit anderen erreichen kann. Natürlich gibt es manchmal widrige Umstände (Kevin …), die es mir schwer machen, mein Ziel zu erreichen. Aber all dies ändert nichts daran, dass das Erreichen von Zielen im Prinzip in unserer Macht, in Rahmen unserer Steuerungsmöglichkeiten liegt.
Das Besondere an religiösen Bildungsprozessen – auf jeden Fall im Rahmen der christlich-protestantischen Tradition – liegt aber nun darin, dass bei ihrem theoretischen Nachvollzug immer mitgedacht werden können muss, dass ihr Subjekt, auf welche Weise auch immer, »irgendwie« letztlich Gott selbst ist. In der christlichen Tradition verbürgt die Metapher des Heiligen Geistes diesen Gedanken: Er ist es eben, der uns »in alle Wahrheit leiten« wird. Damit ist dann zugleich gesagt: Religiöse Bildungsprozesse liegen nicht »einfach

so« im Rahmen unserer Steuerungsmöglichkeiten – »irgendwie« ist da noch der Heilige Geist und mit ihm ein – im wahrsten Sinne des Wortes – entscheidendes Moment von Unverfügbarkeit gedanklich ins Spiel zu bringen. Der Zielbegriff hält u. E. aber genau diesen Gedanken nicht ausreichend präsent. Und deshalb mussten wir diesen Abschnitt neu denken und formulieren.
Wir fangen unseren neuen Gedankengang an, indem wir danach fragen, was man und frau eigentlich lernt, wenn er oder sie das Glauben lernt. Unsere Behauptung ist, dass der Protestantismus eine ganz eigene Idee davon entwickelt hat, worum es beim Lernen des Glaubens eigentlich geht. Dies stellen wir Ihnen mit Hilfe von ein paar theologiegeschichtlichen Überlegungen dar. Die Leistungsfähigkeit dieser protestantischen Idee und ihre Plausibilität aus psychologischer und soziologischer Perspektive beschreiben wir dann im übernächsten Abschnitt. Ziel unseres Gedankengangs ist es, eine (nicht nur in der Kirche) plausible Antwort auf die Frage geben zu können: »Was bringt's eigentlich – das Glauben auf evangelische Weise?« Mal sehen, ob uns das gelingt ...

Vertrauen, Vertrauen und noch einmal: Vertrauen ...

Was wir für eine genauere theologische Bestimmung des Glaubensbegriffs benötigen, holen wir uns aus der Reformationszeit bzw. der Zeit der altprotestantischen Orthodoxie. Letztere zerlegte den Glaubensbegriff in drei Bestandteile, die wir einfach einmal auflisten:

- Zum Glauben gehört demzufolge zunächst eine ausdrückliche Kenntnisnahme der »Heilstatsachen« einschließlich ihres Bedeutungsgehaltes: die sog. notitia explicata.
- Weiterhin schließt Glauben eine spezifische Zustimmung zu den zur Kenntnis genommenen Heilstatsachen ein, die in diesen eine Verheißung erkennt, die an mich gerichtet ist (pro me) – in der Sprache der lutherischen Theologie: der assensus specialis.
- Nach Auffassung der Reformatoren und Orthodoxen der wesentlichste Bestandteil des Glaubens ist die fiducia: Mit diesem Begriff ist eine vertrauensvolle Zuversicht oder auch ein zuversichtliches Vertrauen bezeichnet, welche bzw. welches das von Gott bereitete Heil als das eigene Heil mit allem, was ich bin und habe, ergreift und sich so in eine völlige Abhängigkeit von Gottes Urteil über mich begibt.

Wir finden es interessant, uns klarzumachen, dass der Glaubensbegriff für die Theologie in vorreformatorischer Zeit durch die Bestandteile notitia und assensus hinreichend bestimmt erschien – interessant deswegen, weil sich bei uns so etwas wie ein spontaner Protest gegen diese doch offensichtliche »Unterbestimmung« des Glaubens einstellt: »Das kann doch gar nicht sein! Wie konnten die bloß Glauben ohne Rekurs auf den Vertrauensbegriff entfalten? Das geht doch gar nicht!« Geht es Ihnen auch so? Oder können Sie sich eine Bestimmung von christlichem Glauben vorstellen, die ohne den Vertrauensbegriff auskommt? Wir hoffen nicht, denn wir brauchen Ihr intuitives Protestgefühl gegen eine solche Bestimmung für unsere weitere Argumentation ... ☺.

Ob dieser spontane Protest den Theologen aus vorreformatorischer Zeit gerecht wird, können wir hier (und vielleicht überhaupt) nicht feststellen. Was wir aber machen können, ist Folgendes: Wir können untersuchen, welche theologiegeschichtlichen Entwicklungen eigentlich diesen spontanen Protest veranlasst haben könnten. Dazu ein paar – zugegebenermaßen sehr holzschnittartige – Wahrnehmungen; aber schließlich ist das hier keine Doktorarbeit und irgendwann möchten Sie ja auch mal anfangen zu unterrichten. Also:

Der Anfangspunkt der Entfaltung des Glaubensbegriffs – die notitia, die Kenntnisnahme der Heilstatsachen – geriet ab dem 17. Jahrhundert langsam aber sicher unter Beschuss. Die historischen Grundlagen des Glaubens wurden durch historische Kritik zunehmend fragwürdig: Ob es sich bei den Heilstatsachen wirklich um historische Tatsachen oder nicht um Interpretationen von auch ganz anders deutbaren Ereignissen handelt, wurde in immer breiteren Öffentlichkeiten kontrovers diskutiert. Dabei war die Intention der (meisten) historischen Kritiker keineswegs zerstörerisch gegenüber Religion oder Glauben an sich. Grob gesagt gab es unter ihnen zwei Gruppen: Die eine wollte gerade durch die Kritik ein wissenschaftlich gesichertes Fundament für den christlichen Glauben gewinnen. Die andere Gruppe ließ sich durch einen philosophischen Religionsbegriff leiten und glaubte, sozusagen durch das Abpellen historischer Schalen zu einem zeitgemäßen und vernünftigen Kern von Religion zu gelangen. Gerade dieser grundsätzlich konstruktive Zug der historischen Kritiker provozierte Theologen unterschiedlicher Richtungen zu intensiven Auseinandersetzungen mit ihnen.

Im Gefälle dieser Auseinandersetzungen entstanden vor allem im 19. Jahrhundert Theologien (z. B. Schleiermacher, Tholuck), die sich auf unterschiedliche Weisen bei der Entfaltung des Glaubensbegriffs wesentlich auf die fiducia konzentrierten: Sie stellten das glaubende Subjekt in den Mittelpunkt ihres theologischen Nachdenkens. Aus den bisherigen »objektiven« *Heil*statsachen wurden dabei nach und nach sozusagen »subjektive« *Glaubens*tatsa-

chen, deren sich der Mensch erst unter der Bedingung seines Glaubens gewiss ist bzw. wird. Teilweise konnten solche Theologien den Rekurs auf notitia und assensus in der Reformationszeit als einen zu überwindenden Restbestand mittelalterlicher Theologie identifizieren und die eigene Konzentration auf die fiducia als Vollendung der Reformation feiern (etwa bei A. Ritschl).
Diese Tendenz setzte sich auch in wirkmächtigen Theologien des 20. Jahrhunderts fort (z. B. Bultmann, Gogarten): Weil historisches Ereignis und seine Bedeutsamkeit in diesen Theologien als prinzipiell unterschieden gedacht wurden, konnte praktischerweise schon in der Geschichte selbst das »rein Historische« relativiert werden. Gewinn dieser prinzipiellen Unterscheidung des Zusammenhangs von Ereignis und Bedeutung war, dass sie nicht mehr als ein schmerzlicher Verlust der Moderne, sondern als gegebene Konstante der Geschichte selbst verstanden wurde. Damit war dann klar: Schon für die ersten Christen gewann das historische Ereignis, welches sie Auferstehung nannten, seine Bedeutung erst in (durch?) seiner Verkündigung durch Menschen, die sich in ihr als zum Auferstandenen in Beziehung stehend darstellten.
Natürlich hört die Theologiegeschichte nicht bei Bultmann und Gogarten auf – und natürlich lassen sich auch noch andere theologische Linien in Bezug auf die Entwicklung des Glaubensbegriffs ziehen. Machen wir aber nicht – jedenfalls nicht jetzt und nicht hier. Für unseren Zusammenhang ist uns nämlich nur Folgendes wichtig:
Ergebnis dieser theologiegeschichtlichen Entwicklung ist ein weit verbreitetes protestantisches Bewusstsein, demzufolge das Wesentliche des christlichen Glaubens nicht einfach in der Kenntnis historischer Tatsachen, sondern in einem tiefen und unverbrüchlichen Vertrauen auf Gott, also in der fiducia besteht. Wenn es darum geht, Glauben (Verb!) protestantisch zu lernen, dann wird es – will man in der Kontinuität protestantischen Glaubensverständnisses stehen – wesentlich darum gehen (müssen), Vertrauen zu lernen: Evangelischer KU (und das ist jetzt mal absichtlich doppelt gemoppelt!) muss eine Vertrauens-bildende Maßnahme sein.

… Vertrauen, Vertrauen – und zwar ambivalenzresistent

New York, 15. September 2008, die »Lehman Brothers« fallen – ein erster Dominostein in einer anscheinend nicht enden wollenden Kette von Vermögensvernichtung. Vertrauen wird zur neuen Währung der Weltwirtschaft. Der Wechselkurs zum Dollar liegt irgendwo bei eins zu unendlich: Es ist so teuer, dass es sich keiner mehr leisten kann. Niemand singt mehr »money makes the world go around«. Alle singen plötzlich das Loblied des Vertrauens.

Für die individuelle Lebensgestaltung war spätestens seit der breiten Rezeption von Erik H. Eriksons »Identität und Lebenszyklus« oder C. G. Jungs »Urvertrauen« die Einsicht popularisiert, dass kein Mensch ohne Vertrauen ein als gelingend erlebtes Leben lernen kann.

Mit der Finanzkrise 08/09 ist nun deutlich geworden, dass Vertrauen auch eine wirtschafts- und gesellschaftspolitisch höchst bedeutsame Größe ist: Es ist der Mörtel einer Gesellschaft, ohne den gar nichts mehr geht. Vertrauen zu bilden ist deshalb eine religiöse Aufgabe von nicht nur individueller sondern auch politischer Bedeutsamkeit.

Die Frage, was Vertrauen eigentlich ist und wie es entsteht, hat in unterschiedlichen Wissenschaften unterschiedliche Antworten erfahren. Vielen psychologischen Beschreibungen des Phänomens »Vertrauen« ist gemeinsam, dass sein Ursprung in der frühesten Kindheit, teilweise noch vorgeburtlich, angesiedelt wird. Bedingungen für die Entstehung von Vertrauen scheinen Erfahrungen von lebensdienlichen Verlässlichkeiten, regelmäßigen Zuwendungen und zu Recht erwartbaren Bedürfnisbefriedigungen zu sein.

Solche Erfahrungen ermöglichen dann im späteren Leben, auch in unübersichtlichen Situationen Vertrauen zu wagen und dadurch intuitiv handlungsfähig zu sein.

Niklas Luhmann hat, in soziologischer Perspektive, Vertrauen als eine »riskante Vorleistung« bezeichnet: Es stellt einen »Mechanismus zur Reduktion sozialer Komplexität« dar, der uns in Situationen von unüberschaubarer Komplexität entscheidungsfähig hält. Luhmann hat mit dieser Beschreibung die Leistung des Phänomens »Vertrauen« für individuelle und gesellschaftliche Lebensvollzüge formuliert und zugleich darauf hingewiesen, dass Vertrauen eine grundsätzlich gefährdete Existenz führt: In konkreten Lebensvollzügen erweist sich Vertrauen immer erst im Nachhinein als berechtigt – oder eben auch nicht. So unverzichtbar Vertrauen für ein als gelingend erlebtes Leben einerseits ist, so gefährdet bleibt es andererseits angesichts der Ambivalenzen menschlicher Lebenswirklichkeiten.

Warum erzählen wir Ihnen das alles? Uns ist beim Lesen von Erikson, Jung, Luhmann und anderen deutlich geworden: Jeder Mensch steht vor der Aufgabe, so etwas wie ein ambivalenzresistentes Vertrauen zu bilden. Ohne ein solches Vertrauen verlieren Menschen langsam aber sicher ihre Entscheidungs- und damit Handlungsfähigkeit und Gesellschaften ihren Zusammenhalt.

Übrigens, wir vermuten, dass die stets zunehmende Verrechtlichung unseres Alltags auch ein Ausdruck des Rückgangs der Fähigkeit zu ambivalenzresistentem Vertrauen ist: An die Stelle des Vertrauens soll der Vertrag mit seinen Regelungen treten, um Verlässlichkeiten und Kontrollmechanismen herzustellen. Das Problem ist nur: Jeder Vertrag hat letztlich Vertrauen zur Voraussetzung: Er geht davon aus, dass sich der Vertragspartner an die Vertragsregelungen halten will. Womit wir wieder bei unserer Finanzkrise wären ... Aber das ist ein anderes Thema! Zurück zur Aufgabe der Bildung eines ambivalenzresistenten Vertrauens:

Vertrauen hat keinen eigenen Inhalt (wie, interessanterweise, »Glauben« im Sinne der fides qua ja auch nicht). Deshalb können Definitionen von Vertrauen auch immer nur seine Ursprungsbedingungen oder seine Leistungen für Individuen oder Gesellschaften beschreiben. Wir behaupten aber: Auch wenn Vertrauen keinen beschreibbaren Inhalt hat, so prägt es sich doch auf verschiedene Weisen und mit unterschiedlichen Leistungsfähigkeiten aus. Dabei korrespondiert die Leistungsfähigkeit des Vertrauens mit den Texten, Bildwelten und Symbolen, mit denen Menschen ihr Vertrauen verbinden. Ein Beispiel:

Vor ein paar Jahren habe ich, Hans, einen eintägigen »Abenteuerurlaub« gebucht: Ich habe an einer dieser Busreisen zum Bauernhof Soundso mit Verkaufsveranstaltung, Gratiskaffeeservice mit Goldrand und anschließendem Freiticket für die Landesgartenschau teilgenommen. Eine unvergessliche Erfahrung! Gut 100 Menschen saßen nach 2-stündiger Busfahrt auf Plastikstühlen in einer kargen Halle – und warteten. Nach einer halben Stunde kamen blondierte Männer mit blauen Brillengläsern im schwarzen BMW (wirklich!), traten auf die Bühne und eröffneten die Verkaufsveranstaltung mit folgenden Worten: »So, Leute, wir haben euch umsonst hierhergebracht, ihr kriegt alle eine Freikarte für die Gartenschau und ein Kaffeeservice. Wer jetzt noch meckert, der kann gehen!« Da lobe ich mir doch den Frauenhilfsausflug!

Nach dieser freundlichen Begrüßung ging's ans Verkaufen: Massagematten mit eingebauten Heilmagneten für nur 450,– €, Gesundkochtöpfe mit Goldgriffen am Deckel für 750,– € (das Set!) und Rheuma-Heizdecken für nur 180,– €. Jedes Produkt wurde als Gesundheitsprodukt eingeführt und mit folgendem Satz versehen: »Sie wissen doch: Gesundheit ist nicht alles, aber alles ist nichts ohne Gesundheit!«

Dieser Satz in Verbindung mit den Verkaufsgegenständen stellt eine der möglichen Bildwelten dar, mit deren Hilfe Menschen ihre Vertrauensfähigkeit zu bilden versuchen: Das unheimliche Eigenleben des eigenen Körpers, der im

Krankheitsfalle ja gar nicht mehr nur als der eigene, sondern auch als ein Gegenüber erlebt wird, der macht, was er will, wird mit Hilfe des magischen Verkaufsspruchs gebannt. Die unüberschaubare Komplexität der Funktionsweisen des menschlichen Körpers wird auf einen Nenner gebracht, der die Komplexität für einen Moment beherrschbar erscheinen lässt: durch Magnet-Massagematten, Gesundkochtöpfe und Rheumaheizdecken.
Ein anderes Beispiel: Der Kulturanthropologe Reinhold hat in seinem Alterswerk (Kulturanthropologie Europas) auf folgenden Zusammenhang aufmerksam gemacht: In einer Gesellschaft, in der die traditionellen Sicherungssysteme von Staat, Religion und Familie nicht mehr als verlässlich erlebt werden, wird der eigene Körper zum letzten Medium zur Herstellung von Verlässlichkeiten – etwas nach dem Motto: »Wenn ich schon der Kanzlerin, meinen Eltern und dem lieben Gott nicht mehr trauen kann, dann doch wenigstens meinem Körper.« Wir finden diesen Gedanken sehr hilfreich, weil er uns einen völlig neuen Zugang zur Körperkultur von Jugendlichen und jungen Erwachsenen mit Piercing, Tattoo, Sonnenstudiobräune und Bodybuilding verschafft.
Zugleich überzeugen uns weder diese Körperkultur noch der magische Verkaufsspruch der blondierten Blaubebrillten. Beide verlieren angesichts von Krankheit und Schwäche ihre Leistungsfähigkeit. Sie sind – in unserem Jargon – nicht ambivalenzresistent und deshalb wenig lebensdienlich oder, in soziologisch distanzierter Sprache, leistungsfähig.
Wir sind der Überzeugung, dass die jüdisch-christliche Tradition einen großen Schatz an Texten, Bildwelten und Symbolen gesammelt hat, die ein ambivalenzresistentes Vertrauen bilden können. Das Kreuz Jesu in Verbindung mit der Ostergeschichte ist die stärkste Bildwelt, die ein solches Vertrauen prägt: Sie »re-framet« Erfahrungen von Schwachheit, Verlassenheit und Tod. Sie nimmt diesen Erfahrungen nicht den Schmerz und lässt sie gerade dadurch in ihrer ganzen Schwere gelten. Zugleich zeichnet sie einen Schutzraum der Gottesgegenwart in diese Erfahrungen ein. Die biblischen Geschichten sind voll von Bildwelten, die in unserem Sinne ambivalenzresistentes Vertrauen prägen. Und genau deshalb sind sie für eine individuell und gesellschaftlich bedeutsame religiöse Bildung unverzichtbar.

Zwischenstopp: Wo sind wir eigentlich hingekommen?

Begonnen haben wir mit einer kleinen theologiegeschichtlichen Erinnerung an den Glaubensbegriff. Die Pointe dieser Erinnerung lag darin, dass sie die Entfaltung des Glaubensbegriffs zuspitzt auf den Vertrauensbegriff.

Nach dieser Zuspitzung haben wir die Bezugswissenschaften geändert und psychologische und soziologische Beschreibungen des Vertrauensbegriffs versucht. Ziel dieser Beschreibungen war, die allgemein-menschliche Aufgabe der Prägung eines ambivalenzresistenten Vertrauens in den Blick zu bekommen.
In einem letzten Schritt haben wir behauptet, dass die Texte, Bildwelten und Symbole der jüdisch-christlichen Tradition eine besondere Leistungsfähigkeit in Bezug auf diese Aufgabe haben.

… und wo wollen wir letztlich hin mit all diesen Gedanken?

Szene aus einer Fortbildung am Rande des Konfi-Spaßes 08 in Wittenberg (!): 12 PfarrerInnen sitzen in Bugenhagens Arbeitszimmer. Wahrscheinlich seit Mitte des 18. Jahrhunderts sind in diesem Raum KonfirmandInnen unterrichtet worden. Gerade haben wir ein paar Clips aus dem Holk-Projekt geguckt und uns vorher mit Notitia, Assensus und Fiducia beschäftigt. Alle Teilnehmenden knacken irgendwie an der Formulierung »KU als Vertrauens-bildende Maßnahme« herum. Plötzlich stellt ein Teilnehmer fest: »In meinem KU habe ich oft das Gefühl, Chinesisch zu unterrichten. Die Konfis lernen doch die ganzen Glaubensinhalte wie eine Fremdsprache. Und das Land, in dem diese Sprache die Muttersprache ist, besuchen sie wahrscheinlich sowieso nie…«
Genau auf diese Wahrnehmung zielt das Kapitel, das Sie gerade lesen! Wir haben den Eindruck, dass diese Wahrnehmung von vielen Unterrichtenden geteilt wird. Immer wieder begegnen uns Menschen, die davon erzählen, dass die Inhalte des christlichen Glaubens den Konfis völlig fremd sind und es auch trotz aller Bemühungen bleiben. Manchmal wird diese Wahrnehmung theologisch überhöht. Dann sagen Menschen Sätze wie: »Weil Gott dieser Welt letztlich fremd ist, ist auch der Glaube dieser Welt letztlich fremd.« Echt toll! Sehr beeindruckend! Dass der Gottesgedanke nicht einfach im immer schon Vorfindlichen aufgeht (und aufgehen kann!), bedeutet doch nicht, dass es gut ist, wenn die Beziehung zu diesem Gott keinen Sitz im Leben der Jugendlichen findet!
Mit unseren Überlegungen zum Vertrauen versuchen wir, die all-tägliche Bedeutung von Glauben (Verb!) zu beschreiben: Religiös-protestantische Bildung zielt darauf, ein ambivalenzresistentes Vertrauen zu bilden. Es bearbeitet damit eine allgemein-menschliche Aufgabe und knüpft an fundamentale menschliche Bedingungen an (Bultmann hätte wahrscheinlich von einem

Existential gesprochen …). Die Bildung eines ambivalenzresistenten Vertrauens mit Hilfe der Texte, Bildwelten und Symbole der jüdisch-christlichen Tradition ist deshalb kein Lernen einer Fremdsprache, sondern eine Einübung in die menschliche Muttersprache des Vertrauens. Es geht darum, die ureigenste Menschensprache in Worte und Wörter zu bringen.
Für uns ist die Formulierung von der »Muttersprache des Vertrauens« zugleich ein Art Prüfkriterium für unser Unterrichten: Wenn für uns nicht klar erkennbar ist, dass es in diese Muttersprache einführt, organisieren wir vielleicht mehr oder weniger interessante Lernprozesse, aber arbeiten nicht an unserer eigentlichen Aufgabe: Religiosität zu bilden!
Ob wir Sie für diesen Zugang zu religiösen Bildungsprozessen haben gewinnen können? Schreiben Sie uns doch mal, wo es aus Ihrer Perspektive hakt: hans-ulrich.kessler@pti-nordelbien.de oder sbnolte@t-online.de. Danke!

… und ist der Heilige Geist jetzt eigentlich arbeitslos?

Sie werden gemerkt haben, dass wir selbst ziemlich begeistert von diesem Zugang zu religiösen Bildungsprozessen sind. Wir müssen allerdings zugeben: Es bleibt noch ein Problem – und um dieses Problem soll es in diesem letzten Abschnitt gehen:
Sollten Sie sich wie wir für diesen Zugang begeistern können, haben Sie nämlich ein richtig dickes theologisches Problem: Als ureigenstes Werk des Heiligen Geistes ist die Vertrauens-Bildung einem pädagogischen Zugriff entzogen. Sie ist methodisch weder herstellbar noch verrechenbar – denn der Geist weht nun einmal, wo er will, und nicht wo wir wollen.
Viele religionspädagogische Theorien machen deshalb einen großen Bogen um den Heiligen Geist und widmen den Fragen nach der Beziehung von Methodik bzw. Didaktik einerseits und Geist andererseits keine einzige Zeile. Das finden wir nun aber auch nicht überzeugend. Der christliche Glaube hat schon immer behauptet, dass es letztlich der Geist Gottes ist, der uns bildet. Und deshalb muss eine religionspädagogische Theorie auch etwas zum Heiligen Geist sagen. Also – hier kommt unser Versuch, uns diesen Fragen zu stellen:

... mit Luthers Geist – oder im Geiste Luthers Unterrichten denken ...

Würden Sie den Kleinen Katechismus fragen »Kann man glauben lernen?« so würde er mit der sonoren Stimme von 500 Jahren Wirkungsgeschichte antworten: »Ich glaube, dass ich nicht aus eigener Vernunft noch Kraft an Jesus Christus, meinen Herrn, glauben oder zu ihm kommen kann; sondern der Heilige Geist hat mich durch das Evangelium berufen, mit seinen Gaben erleuchtet, im rechten Glauben geheiligt und erhalten.«
Ist es nicht seltsam, dass gerade dasjenige Instrument, das kirchengeschichtlich wahrscheinlich am häufigsten zum Glauben-Lernen eingesetzt wurde (und ja auch noch wird), behauptet, mann und frau könne dies gar nicht selbst lernen? Hätte Luther eigentlich den Kleinen Katechismus schreiben dürfen, wenn er wirklich konsequent geglaubt hätte, was er dort geschrieben hat? Welches »Bildungsprogramm«, das erklären kann, warum Luther mit dem Schreiben des Katechismus nicht in einen Selbstwiderspruch geraten ist, steht denn nun hinter dem Kleinen Katechismus? Das ist doch mal eine gute Frage, oder? Also, wir erklären uns die Sache so:
Wie uns (und vermutlich ja auch Ihnen?) aus dem eigenen Konfirmandenunterricht in Erinnerung ist, verwendet Luther im Kleinen Katechismus ein Frage-Antwort-Schema: Die großen dogmatischen Wahrheiten des Christentums werden in einem virtuellen oder auch real inszenierten Dialog in persönliche Beziehungsaussagen verwandelt. Interessant daran ist für uns, dass Luther durch das Frage-Antwort-Schema die Lernenden in eine Situation bringt, in der sie selbst ihren Glauben explizieren (müssen). Die Lernenden werden im Katechismus grammatikalisch und existenziell für die Explikation ihres eigenen Glaubens zuständig »gemacht«. Luther mutet ihnen diese Verantwortung zu und bringt gerade darin protestantisches Glaubensverständnis zur Darstellung: Indem sie aus einer eigenen Gottesbeziehung heraus antworten, zeigen sie sich als Menschen, die zutiefst durch Gottvertrauen bestimmt sind. Luther erzeugt dieses Vertrauen, die fiducia nicht durch seinen Kleinen Katechismus und dessen Frage-Antwort-Methodik. Er verrechnet den Geist nicht methodisch – aber er rechnet mit dem Geist in der Beziehungsdynamik zwischen Gott und den Lernenden. Im Frage-Antwort-Schema setzt er die Beziehung von Gott zum Menschen immer schon als eine nicht hintergehbare Wirklichkeit voraus. Und deshalb kann er Menschen befragen, »als ob« sie schon von Gott wüssten.
Übrigens, in dieser Hinsicht könnte man eine gewisse Parallele zwischen Martin Luther und Jim Carrey ziehen: Haben Sie den Film »Bruce Allmächtig«

gesehen? O.K., dann müssen wir ja nicht mehr viel dazu sagen. Nur eine kurze Erinnerung: In diesem Film macht Gott einen kurzen Urlaub. Er braucht dringend etwas Entspannung. Als seinen Stellvertreter beauftragt er Bruce, der ohnehin etwas unzufrieden war mit der Art und Weise, wie Gott seinen Job macht. Bruce genießt seine göttlichen Fähigkeiten in vollen Zügen (die Szene mit dem Tomatensuppenrotenmeer ist doch wirklich gut, oder?) – bis er eines Abends ständig Stimmen in seinem Kopf hört: die Gebete der Menschen in seinem Stadtviertel. Nun muss Bruce eine angemessene Art finden, mit den Bitten der Menschen umzugehen ... Gar nicht so leicht, wie Bruce feststellen muss! Es macht uns wirklich Spaß, diesen Film mit Konfis zu gucken. Er provoziert jede Menge Reaktionen zum Thema Beten – und nach unserer Erfahrung keine einzige Reaktion zur Frage: Gibt es Gott überhaupt? Der Film stellt seinen Zuschauerinnen und Zuschauern überhaupt nicht die Frage, ob es Gott gibt. Er setzt Gott voraus, zieht Zuschauende wie selbstverständlich in das sich daraus ergebende Beziehungsgeflecht von menschlicher und göttlicher Wirklichkeit hinein und ruft genau dadurch Reaktionen hervor, die – cum grano salis – wie die Katechismusantworten sind: Menschen fangen an zu sagen, wie sie sich dieses Beziehungsgeflecht vorstellen.
Noch einmal auf den Punkt gebracht: Konfirmandenunterricht ist eine im wahrsten Sinne des Wortes »Vertrauens-bildende« Maßnahme. Er ist ein Projekt religiöser Bildung. Und kein »kleines Theologiestudium«! Er übt ein in die menschliche Muttersprache des Vertrauens – und lehrt keine Fremdsprache des Glaubens! Und: KU didaktisch und methodisch so anzulegen, ist selbst bereits ein Akt von Gottvertrauen. Er rechnet mit der wirklich wirkenden Wirklichkeit Gottes. Diese Kongruenz von Inhalt und didaktisch-methodischem Arrangement spüren die Konfis nach unserer Erfahrung und honorieren sie als Ausdruck von Glaub-Würdigkeit.
O.K. – wo stehen Sie in Ihrem eigenen Nachdenken? Wir geben Ihnen noch einmal Raum, einigen Fragen selbst nachzudenken:

➲ Wenn ich an meine Konfis denke, finde ich die Identifizierung von Glauben und Vertrauen …

____

____

____

➲ Wie puzzle ich eigentlich mein Lehren und das Wirken des Heiligen Geistes zusammen?

____

____

____

➲ Wenn ich meinen KU als Vertrauens-bildende Maßnahme denken würde, müsste ich Folgendes verändern:

____

____

____

➲ Die Methodik meines KU sendet den Konfis in Bezug auf die Wirklichkeit Gottes folgende Botschaft:

____

____

____

➲ Womit ich noch nicht fertig bin:

____

____

____

____

____

____

4. Produkt – Botschaft – Öffentlichkeit: Überlegungen zur Methodik unserer Konfirmandenarbeit

Auf dem Weg zu dieser Seite ist Ihnen vermutlich immer wieder einmal die Frage nach der Methodik durch den Kopf gegangen: Wie soll das denn gehen? Wie sieht das denn konkret aus? Darum soll es jetzt gehen. Vorher aber noch einmal eine kurze Zusammenfassung unserer Kerngedanken:

1. Pädagogische Handlungsfähigkeit hat eine nicht-defizitäre Konstruktion der Lernenden zur Voraussetzung. Das Affiziert-Sein der Lernenden durch die vorgängige Wirklichkeit Gottes ermöglicht eine solche Konstruktion. Sie entlastet Lehrende von gnadenlosen Vermittlungsansprüchen und ermöglicht eine konstruktive Grundhaltung gegenüber den Lernenden.
2. Konfirmandenunterricht ist eine im wahrsten Sinne des Wortes »Vertrauens-bildende« Maßnahme. Er ist ein Projekt religiöser Bildung. Und kein »kleines Theologiestudium«! Er übt ein in die menschliche Muttersprache des Vertrauens – und lehrt keine Fremdsprache des Glaubens!
3. Zu den entscheidenden (Wieder-)Entdeckungen der Reformation gehörte, dass der Mensch die Verantwortung für sein Verhältnis zu sich selbst, zur Welt und zu Gott nicht an Institutionen abgeben kann. Seine Würde liegt gerade darin, dass ihm diese Verantwortung zugetraut und zugemutet wird und er sie vertrauend und lernend wahrnimmt. Die Subjektrolle, die in theologischer Perspektive dem Menschen für seine Selbst-, Welt- und Gottesbeziehung zukommt, spiegelt sich in pädagogischer Perspektive in der Subjektrolle, die Lernende im Rahmen reformpädagogischer Bildungsprozesse einnehmen. Das Frage-Antwort-Schema von Luthers Katechismus trägt diesen theologisch-pädagogischen Einsichten Rechnung.

Über diese Kerngedanken hinaus haben wir in unserem bisherigen Gedankengang immer wieder mit folgenden Begriffen gespielt: Unterrichtende, Lernende, Thema, Bildungsprozess. Im folgenden Abschnitt zur Methodik geht es nun darum, das Zusammenspiel dieser Begriffe präziser als bisher zu fassen. Das ist eine recht abstrakte Angelegenheit, die durch den Rekurs auf ein konkretes Beispiel einiges an Verständlichkeit gewinnt. Deshalb bitten wir Sie, jetzt einige Seiten weiterzublättern und die Projektbeschreibung »Tot – und was dann?« durchzulesen. In der Entfaltung unserer Methodik werden wir immer wieder auf dieses Beispiel zurückkommen. Also: bitte vorblättern! Danke!

Die drei Säulen unserer Methodik: Produkt, Botschaft, Öffentlichkeit

Wenn Sie die Praxisprojekte in diesem Buch lesen, wird Ihnen auffallen, dass sie alle nach einer ähnlichen Rezeptur zusammengestellt sind: Irgendwie geht es immer darum, dass Lernende ein **Produkt** erstellen. In der Einheit »Tot – und was dann?« sind es z. B. die Jenseitskisten und die OHP-Collagen. Diese Produkte haben spezifische **Botschaften**, die die Lernenden mit Hilfe der ihnen zur Verfügung gestellten Lerngegenstände im Rahmen der Produktherstellung selbst erarbeitet haben. Die Produkte mit ihren spezifischen Botschaften werden irgendwann immer in eine **Öffentlichkeit** gestellt. Diese Öffentlichkeit kann ein Gottesdienst, eine Schule, eine Zeitung, eine Internetseite und – wie bei der Einheit »Tot – und was dann?« auch – an erster Stelle das Gruppenplenum selbst sein.
Unser methodisches Handeln ruht in aller Regel auf diesen drei Säulen. Die Gründe dafür wollen wir Ihnen im Folgenden kurz darstellen, bevor wir dann zu detaillierteren Fragen der Methodik weitergehen.

➲ *Das Produkt:*

a) Bei den Produkten gilt die Regel: Produkt ist nicht gleich Produkt. Da gibt es nämlich auf der einen Seite Produkte wie z. B. die allseits beliebte und beschäftigungstherapeutisch hochinteressante Streichholzbibelbibliothek. (Für jedes Buch der Bibel eine Streichholzschachtel, in die eine kurze Zusammenfassung des Inhalts geklebt wird.) Man könnte auch an das weihnachtliche »Hilfediehердmannskommenkrippenspiel« denken. Bei diesem Typ Produkt besteht der »Lerneffekt« im Wesentlichen in seiner Anfertigung bzw. Einübung. Das Produkt gibt jedoch keine Auskunft darüber, wie die Herstellenden selbst zu dem Thema stehen, das durch das Produkt repräsentiert wird. Man bekommt eine Idee davon, was den Lehrenden wichtig ist. Was aber den Lernenden die Bibel bedeutet oder wie sie zu Weihnachten stehen, das wird man anhand dieser Produkte kaum erfahren.

Um solche Produkte geht es in unserem KU nicht! Wir erstellen mit den Konfis Produkte, die eine von ihnen selbst erarbeitete Botschaft zum Thema des Bildungsprozesses zur Darstellung bringen. Dazu aber mehr unten unter »Botschaft«. Jetzt bleiben wir erst einmal bei der Funktion der Produkte für unsere Bildungsprozesse.

b) Eine wichtige Funktion solcher Produkte für den Bildungsprozess ist es, ihn zu strukturieren. Um sich diese Funktion zu verdeutlichen, können Sie sich das Produkt als eine Art Staubsauger vorstellen, der aus der Zukunft den Bildungsprozess an sich saugt. Ein in diesem Sinne attraktives und »zug-kräftiges« Produkt ermöglicht Lernenden, ihre Bildungsprozesse weitestgehend selbst zu strukturieren und zu kontrollieren. Denn das Produkt hilft ihnen zu entscheiden, was wie und an welcher Stelle in den Bildungsprozess Eingang finden soll. Zur Verdeutlichung: Erinnern Sie sich noch einmal an die Jenseitskisten und stellen Sie sich Folgendes vor: Im Rahmen einer Fortbildung für Pfarrerinnen und Pfarrer zum Thema »Jenseitsvorstellungen« bieten Sie zwei Arbeitsgruppen an. Die AG »Gespräch« hat die Aufgabe, wichtige Jenseitsvorstellungen in der AG zu erheben und zu diskutieren. Die AG »Jenseitskisten« dagegen baut die Kisten aus unserer Einheit. Beide AGs treffen sich nach 60 Minuten, um die Ergebnisse ihrer Arbeit einander vorzustellen … . Ihre Phantasien von dieser Begegnung führen Ihnen vielleicht die strukturierende Kraft von Produkten vor Augen. Produkte ziehen Bildungsprozesse konsequent auf sich zu – vorausgesetzt natürlich, das Produkt ist für die Konfis attraktiv.

c) Was macht aber ein Produkt für Konfis attraktiv? Zu dieser Frage möchten wir auf unterschiedlichen Ebenen ein paar Hinweise geben:
   - Das Arbeiten mit Produkten entspricht der Entwicklung der Konfis: Es nimmt eine Fähigkeit – den von E. Erikson so genannten »Werksinn« – in Anspruch, die sich die meisten von ihnen in den letzten Entwicklungsjahren erarbeitet haben. Es knüpft damit an einen Bereich ihrer Persönlichkeit an, in dem sie Kompetenzen und Erfahrungen mitbringen. (Man kann über Eriksons Identitätstheorie und insbesondere über seinen Identitätsbegriff unterschiedlicher Meinung sein. Aber seine Vorstellung von der Entwicklung des Werksinns, also der Fähigkeit, etwas gut und schön herstellen zu können, deckt sich schlicht und einfach mit unserer Erfahrung.)
   - Wichtige Schlagwörter aus der Diskussion zur Lebenswelt der Jugendlichen aus den letzten Jahren sind folgende: »Welt aus zweiter Hand« (Thema: Medien) und »fertige Welt« (Thema: keine Gestaltungsräume).

Sollten diese Schlagwörter tatsächlich eine Lebenswirklichkeit der Jugendlichen beschreiben, so würde ihnen das Arbeiten mit Produkten eine interessante Alternative anbieten (und nicht – wie z. B. »Internetcafés« usw. – ihre übliche Lebenswelt einfach verdoppeln).

- Wenn Sie mit diesem Buch arbeiten, sind die Produkte im Prinzip vorgegeben. Wir haben uns bemüht, Produkte zu finden, die für Jugendliche attraktiv sind, und hoffen, dass sich dies auch in Ihrem KU zeigt. Am besten funktioniert das Arbeiten mit Produkten allerdings, wenn Ihre Konfis selbst das Produkt bestimmen. Deshalb ist unser Buch eigentlich nur eine Anregung für Bildungsprozesse, die auch nicht mehr durch dieses Buch eingeschränkt sind.

➲ *Die Botschaft*

a) Im vorhergehenden Abschnitt haben wir gesagt: Wir erstellen in unserem KU Produkte, die eine von den Konfis selbst erarbeitete Botschaft zum Thema des jeweiligen Bildungsprozesses zur Darstellung bringen. Wenn Sie sich die Jenseitskisten und die OHP-Collagen vor Augen halten, dann leuchtet Ihnen dieser Satz (hoffentlich ☺) ein: Die Jenseitskisten spiegeln Hoffnungen, Ängste und Erfahrungen ihrer Erbauer und Erbauerinnen zum Thema Jenseits. Die OHP-Collagen zeigen ihr Verständnis bestimmter biblischer Hoffnungsbilder. Die Produkte sind Botschaftsträger für ihre Hersteller und Herstellerinnen. Aber welche Botschaften werden dort eigentlich transportiert? Haben die überhaupt etwas mit dem christlichen Glauben zu tun? »Ist das nicht doch alles sehr beliebig, was da entsteht?« haben uns Teilnehmende an unseren Fortbildungen immer wieder einmal gefragt. Dazu ein paar Stichpunkte, die Ihnen darüber Auskunft geben, wie wir uns die Sache denken:

b) Die Tatsache, dass unterschiedliche Menschen unterschiedliche Überzeugungen auch und gerade in Bezug auf die Wirklichkeit Gottes haben, *entsteht* nicht durch unsere Art und Weise pädagogischen Arbeitens, sondern wird durch sie *an die Oberfläche des Lerngeschehens gebracht*. Darin sehen wir einen Vorteil gegenüber anderen Arten der Organisation von Lernen: Denn was sichtbar an der Oberfläche ist, kann selbst zum Thema des Lernens werden. Das halten wir gerade in Bezug auf das Phänomen unterschiedlicher religiöser Überzeugungen für ausgesprochen wichtig und werden es unter d) noch ein wenig näher erläutern.

c) Die Botschaft der Produkte entsteht durch eine Begegnung zwischen den Konfis einerseits und bestimmten, von Ihnen (oder wenn Sie mit diesem Buch arbeiten: von uns) ausgesuchten Lerngegenständen andererseits.

Die Auswahl dieser Lerngegenstände ist weder zufällig noch beliebig. Man könnte sogar sagen: Die Auswahl der Lerngegenstände ist DIE zentrale didaktische Aufgabe schlechthin. Auf sie muss man die längste Zeit und den dicksten Hirnschmalz bei der Planung einer Themenerarbeitung verwenden. Warum? Weil »Wirklichkeit Gottes« eben nicht einfach schon immer das ist, was wir uns darunter vorstellen: z. B. der Gott, der immer alles sieht, oder der süße »liebe Gott« oder was Ihnen sonst noch so einfällt. In all seinen verschiedenen Ausprägungen behauptet das Christentum, dass Gott sich in Jesus von Nazaret ein für alle Mal auf eine bestimmte Wirklichkeit festgelegt hat. Das ist zwar ein bisschen peinlich (vgl. 1 Kor 1 & 2), lässt sich aber nicht mehr ändern. Es wäre ja schon irgendwie viel intellektueller, allgemein über Gott reden zu können. Aber im Raum des Christentums kommt man um Jesus Christus nun einmal nicht herum. Deshalb müssen die Lerngegenstände diese spezifische, mit dem Namen Jesus Christus verbundene Wirklichkeit repräsentieren. Nur weil und wenn die Lerngegenstände diese spezifische Repräsentationsfunktion haben, können durch die Auseinandersetzung mit ihnen individuelle Aktualisierungen der genannten Traditionen entstehen.
Denken Sie noch einmal an das Beispiel Jenseitskiste: Die Lerngegenstände, die wir für den Bau der Jenseitskiste ausgesucht haben, machen zwei Dinge nahezu unmöglich. Zum einen: nicht-lineare, zirkuläre Jenseitsvorstellungen (Stichwort: Reinkarnation) zum Ausdruck zu bringen; zum anderen: teuflische Höllen zu bauen. Die Lerngegenstände haben ein deutliches Gefälle in Richtung auf lineare Jenseitsvorstellungen und auf positive Brechungen gegenwärtiger Wirklichkeit als Annäherungen an das Jenseits des Todes. Damit repräsentieren die Lerngegenstände zentrale Aussagen der jüdisch-christlichen Tradition zum Thema »Jenseits«, die dann ja im zweiten Teil der Einheit explizit benannt werden. So weit, so gut! Aber es gibt da immer noch ein Problem:
Diese spezifische Wirklichkeit, die sich mit dem Namen Jesus Christus verbindet, steht ja nicht einfach so zu unserer Verfügung: Ob ein bestimmter Lerngegenstand tatsächlich die Wirklichkeit repräsentiert, auf die sich Gott in Jesus Christus festgelegt hat, bleibt unter den Bedingungen von Raum und Zeit oft strittig. Unter Umständen konnten Sie das gerade selbst an dem Widerspruch spüren, der sich vielleicht bei Ihnen durch den Rekurs auf die Jenseitskisten bemerkbar gemacht hat. Denn zweifellos kann man das alles ja auch noch einmal ganz anders sehen. Das wäre durchaus ein Gespräch unter Unterrichtenden wert, aus dem sich wahrscheinlich neue Lerngegenstände zum Thema »Jenseits« ergeben würden – die ih-

rerseits wiederum für andere Christen und Christinnen strittig wären. Um diese grundsätzliche Strittigkeit kommt man unter den Bedingungen von Raum und Zeit nicht herum. Wer sie in Eindeutigkeit auflöst, tappt in die Fundamentalismusfalle: Er oder sie versieht notwendigerweise Relatives mit Absolutheitsansprüchen. Wichtige Traditionen des Christentums haben die Auflösung dieser Strittigkeit deshalb dem heiligen Geist überlassen und damit auf zwei Dinge hingewiesen:
erstens, dass letztlich allein Gott selbst lehren kann, wer oder was Gott ist; zweitens, dass gerade deswegen, weil nur Gott allein dies lehren *kann*, der Tradierungsprozess, der durch die Begegnung von Menschen und bestimmten Traditionen entsteht, nicht bloßer Zufall ist.

d) Was bedeutet all dies für das Thema »inhaltliche Beliebigkeit in unseren Bildungsprozessen«? Dazu noch drei Gedanken:
   - Neben der grundsätzlichen Strittigkeit menschlicher Rede über die Wirklichkeit Gottes finden wir es hilfreich, sich auch noch Folgendes vor Augen zu halten: Der breite Strom der jüdisch-christlichen Tradition hat Ufer und damit Grenzen. Nicht jede Überzeugung kann in diesem Strom ihren Ort finden – Reinkarnationsvorstellungen z. B. gehören dort nicht hinein.
   - Noch wichtiger als dieser Punkt ist für uns aber folgender, der dem Phänomen »Beliebigkeit« (oder besser »Vielfältigkeit«) einen religiösen Sinn abgewinnt: Im Unterricht und anderswo werden Konfis zweifellos erleben, dass unterschiedliche Menschen unterschiedliche Überzeugungen haben. Sie werden aber auch erleben, dass für viele dieser unterschiedlichen Menschen die eigene Überzeugung eine hohe Verbindlichkeit behält – und zwar auch angesichts der vielen möglichen anderen Überzeugungen. Viel verbindlicher als eine absolute Meinung ist der von seinem Glauben überzeugte Mensch. Ein solcher Mensch verhindert die Auflösung von weltanschaulicher Vielfältigkeit in Beliebigkeit. Denn er verbürgt in seiner Person die Verbindlichkeit seiner Weltanschauung.
   - Dieses Phänomen muss unseres Erachtens unbedingt und immer wieder mit den Konfis thematisiert werden. Nutzen Sie jede Gelegenheit darüber zu reden. (Übrigens: Die Themenerarbeitung »Gibt's Gott wirklich?« macht dieses Phänomen explizit zum Thema.) Denn anhand dieses Phänomens können die Konfis sozusagen am eigenen »Gruppenleib« erfahren, dass das Wesen von Glauben nicht im Wissen, sondern im Vertrauen liegt. Sie können eine Ahnung davon bekommen, dass Glauben tatsächlich bedeutet zu sagen: »Ich weiß es nicht, aber

aus mir selbst unerfindlichen Gründen vertraue ich darauf!« Vielleicht können Sie mit Ihren Konfis sogar entdecken, dass genau diese Unerfindlichkeit des Vertrauens (, gegen das ja tatsächlich viel Wissen und so manche Tatsachen sprechen) Christen veranlasst hat, zu behaupten: Dieses Vertrauen kommt von Gott selbst. Es ist nicht ihr eigenes Werk.

Wir möchten Sie gern dafür gewinnen, vielfältige Produktbotschaften in Ihrem KU zuzulassen und mit ihnen zu arbeiten. Denn gerade dadurch entstehen Situationen, in denen Grundzüge des christlichen Glaubens greifbar und anti-fundamentalistische Haltungen entwickelt werden können.

e) Übrigens: Was wir hier für pädagogische Zusammenhänge beschrieben haben, geschieht auf ähnliche Weise in jeder Predigt und den meisten Bibelkreisen: In Begegnungen zwischen Personen und biblischen Texten oder ihren Repräsentationen entstehen Aktualisierungen dieser Texte im Lebenszusammenhang der beteiligten Personen. Auf diese Weise tradiert sich christlicher Glaube und entsteht und lebt Kirche. Warum also nicht auch im KU in der Arbeit mit Jugendlichen?

➲ *Die Öffentlichkeit*

Die dritte Säule, auf der unser methodisches Handeln ruht, nennen wir »Öffentlichkeit«. Welche Funktionen sie für den Bildungsprozess hat, halten wir im Folgenden kurz fest::

a) Die Produkte der Konfis werden meistens nicht nur in Gruppenarbeit erstellt, sie werden darüber hinaus mit ihren spezifischen Botschaften irgendwann immer in einer weiteren, größeren Öffentlichkeit zur Schau und Diskussion gestellt. Diese Öffentlichkeit kann ein Gottesdienst, eine Schule, eine Zeitung, eine Internetseite oder auch – wie bei den Themenerarbeitungen in diesem Buch – das Gruppenplenum selbst sein. Diese Öffentlichkeit ist uns deshalb wichtig, weil christlicher Glaube von seinem Wesen her auf den Austausch mit anderen angelegt ist. Kirche ist die Kommunikation des Evangeliums – und genau dies inszenieren wir mit der Säule Öffentlichkeit in unserem Unterricht.
b) Nach unserer Beobachtung und Einschätzung wissen häufig nur sehr wenige Konfis, warum sie lernen sollen, was sie lernen sollen. Was Lehrende Ihnen vermitteln wollen, hat für sie oft keinen plausiblen Sitz im eigenen Leben. Das finden wir unbefriedigend. Auch die Auskunft, Konfis könnten ja später einmal (vorzugsweise im Schützengraben kommender Krankhei-

ten und Unglücke) begreifen, was an den vermittelten Inhalten so wichtig ist, überzeugt uns nicht. Ob etwas der Aneignung wert ist, entscheidet sich für heutige Konfis an der gegenwärtigen Relevanz des Anzueignenden. Deshalb ist es gut, diese gegenwärtige Relevanz nicht allein durch didaktische Entscheidungen (dazu haben wir schon eine ganze Menge gesagt), sondern auch durch Maßnahmen im methodischen Bereich zu fördern. Man kann sozusagen gar nicht genug dafür tun, dass Konfis Lust an der Arbeit bekommen, weil sie ihren Sinn verstehen. Hier kommt die Öffentlichkeit ins Spiel: Bei jeder neuen Themenerarbeitung überlegen wir mit unseren Konfis, in welche Öffentlichkeit ihr Produkt im Laufe des Bildungsprozesses gestellt werden soll. Regelmäßig erleben wir dadurch einen Motivationsschub. Die Aussicht, anhand einer Produktbotschaft befragbar, identifizierbar zu werden, verleiht der eigenen Arbeit einen Zweck. Anderen (in der Gruppe, der Schule, der Zeitung usw.) zu zeigen, zu sagen oder zu erklären, was ich mir bei einem Produkt gedacht habe, gibt dem Bildungsprozess so etwas wie einen »sekundären« Sitz im Leben.

Die Säule Öffentlichkeit hat einen theologisch ekklesiologischen und einen methodischen Sinn. Wir halten sie inzwischen aus theologischen Gründen und aufgrund von unterrichtspraktischer Erfahrung für unverzichtbar. Manchmal tun sich KU-Gruppen etwas schwer, selbst entwickelte Botschaften in der KU-Gruppe zur Diskussion zu stellen. Das ist für Sie ein wichtiger Hinweis darauf, dass aus dem Haufen Konfis noch keine integrierte Gruppe geworden ist. Wir schlagen Ihnen vor, in solchen Situationen zuerst eine attraktive Öffentlichkeit für die Gruppenbotschaften zu suchen: Mieten Sie eine Plakatwand im Dorf oder erstellen Sie eine eigene Internetseite mit Gästebuch. Nach unserer Erfahrung haben Konfis Spaß daran, in eine prestigeträchtige Öffentlichkeit zu gehen. Und diese Erfahrungen mit prestigeträchtiger Öffentlichkeit stärken oft die Gruppenidentität und fördern die Fähigkeit, miteinander über Gott und die Welt zu reden.

So weit ein paar erläuternde Hinweise zu den drei Säulen. Was wir Ihnen noch schuldig sind, ist eine detaillierte Beschreibung des methodischen Geschehens im Rahmen der Botschaftserarbeitung. Darum soll es im nächsten Abschnitt gehen.

Methoden, Ziele und das ganze Drumherum

Stellen Sie sich folgendes Arrangement vor: Gut 20 Personen sitzen auf einer Fortbildung in einem Stuhlkreis. In der Mitte liegt ein altes Abschleppseil. Auf dem Boden daneben kleben ein paar beschriftete Schilder; ungefähr so:

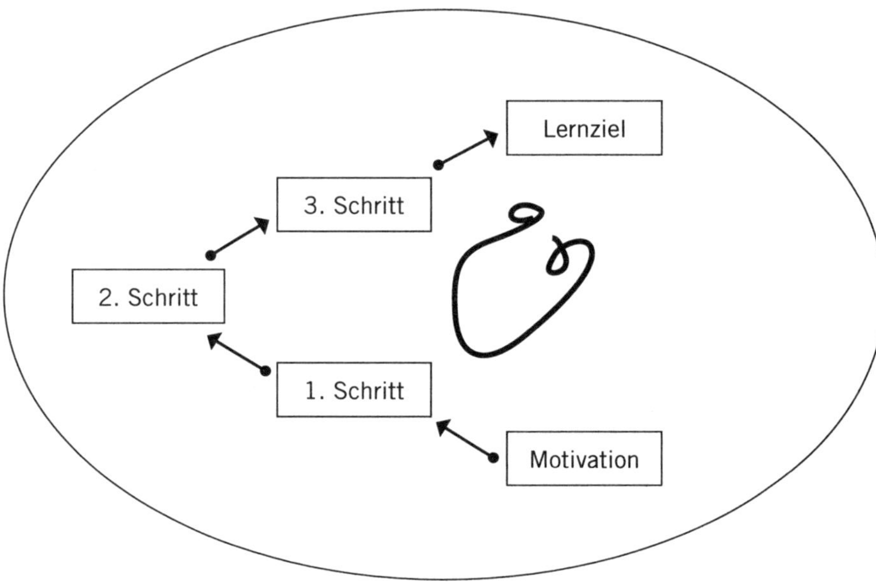

Wir bitten die Teilnehmenden (alle 20), das eine Ende des Abschleppseils in die Hand zu nehmen. Wir nehmen das andere Ende in die Hand. Dann stellen wir uns auf das erste Schild »Motivation«. Die Teilnehmenden stehen irgendwo rechts im Stuhlkreis. Dann geht es los: Wir begrüßen unsere »Konfis«: »Guten Morgen. Wie schön dass ihr da seid. Wir haben uns für heute 'was Tolles ausgedacht. Kommt doch mal mit.« Wir ziehen an unserem Seilende und bewegen uns von dem ersten auf das zweite Schild zu. Wir kommen genau 20 cm weit. Wir mühen uns mit allen Kräften. Aber gegen den Gegenzug der »Konfis« haben wir keine Chance. Plötzlich geben sie ein wenig nach. Bevor wir wissen, wie uns geschieht, sind sie um uns herumgelaufen und haben uns mit unserem eigenen Abschleppseil eingewickelt. Wie gefesselt stehen wir zwischen »Motivation« und »1.Schritt«. Schnell rufen wir: »O.k., das reicht!« Zum Glück hören sie auf uns. Als alle sitzen, fragen wir: »Kommt

euch diese Situation bekannt vor? Wenn ja, woher?« Nach fünf Minuten sind wir Mitten in einer intensiven Diskussion über Methoden, Ziele und Störungen im Unterricht.
Wozu machen wir diese kleine Übung auf unserer Fortbildung? Wir glauben, dass sie ein landläufiges Methodenverständnis gut veranschaulicht, nämlich folgendes: Mit Hilfe von Methoden sollen Lernende Schritt um Schritt zu einem bestimmten Lernziel hingeführt werden. Methoden wirken wie Abschleppseile: Sie führen Lernende von A nach B (und C und D und E ...), die aus eigener Kraft (und eigenem Willen) kaum dorthin kommen würden. Zugleich veranschaulicht diese Übung, was im Gefälle eines solchen Methodenverständnisses im Unterricht häufig passiert: Plötzlich führen Methoden nicht nach C, sondern nach Pusemuckel! Dazu aber später mehr: ...
Nach unserem Eindruck verzerrt dieses Methodenverständnis (zumindest) an einer wichtigen Stelle die Wahrnehmung davon, wie Lernen oder Lernende funktionieren:
Unser menschliches Gehirn funktioniert ja nicht konsequent zielgerichtet, sondern chaotisch-assoziativ. Das merken Sie beim Lesen dieses Buches. Ständig gehen Ihnen irgendwelche Dinge durch den Kopf, die durch bestimmte Wörter angeregt sind, aber häufig mit dem von uns intendierten Gedankengang des Buches wenig oder auch gar nichts zu tun haben. Auch alle Menschen, die mit real-existierenden Konfis zu tun haben, wissen um das Chaotische unserer Gedankengänge: Auch bei Ihnen führen ja bestimmte Inputs nicht notwendigerweise zu dem sorgfältig geplanten Ziel (»erwartetes Schülerverhalten«), sondern zu einem ganzen Feuerwerk von Reaktionen. (Deswegen sind ja auch Unterrichtsproben so nervenaufreibend.)
Solange Sie der Ansicht sind, dass Methoden dazu dienen, Lernende schrittweise von A über B, C und D nach E zu führen, erschrickt Sie dieses chaotisch-assoziative, sich jeglicher Planung widersetzende Feuerwerk. Dieses Methodenverständnis bewirkt, dass Sie – je nach Persönlichkeitstyp – eine »falsche« (also außerhalb Ihrer Planungen liegende) »Schülerreaktion« Ihrer fehlerhaften Planung oder des Schülers Dummheit, Unaufmerksamkeit usw. zuschreiben. Mit anderen Worten: Ein solches Methodenverständnis sortiert die unterrichtliche Wirklichkeit in *eine* richtige und unendlich viele falsche Möglichkeiten. Natürlich kann man sich die Lernwelt so denken, aber besonders handlungsfähig wird man dadurch nicht. Deshalb schlagen wir Ihnen vor, sich das Ganze ein wenig anders zu denken:
Dazu brauchen wir einen weiteren Begriff, der in aller Regel immer in der Nähe des Methodenbegriffs auftaucht und den wir gerade schon ein paar Mal nebenbei erwähnt haben – nämlich den Begriff des Ziels.

Der oben geschilderte Methodenbegriff (»A, B, C ...) verknüpft sich – nicht immer in der Theorie, aber fast durchgängig in der Praxis – mit dem Begriff des Lernziels. Vereinfacht gesagt ist das Lernziel das, wo sich nach Ansicht der Lehrenden möglichst alle Lernenden am Schluss des Bildungsprozesses befinden sollen – und zwar am besten noch überprüfbar, indem man testet, ob die Konfis in der Lage sind bestimmte Lautfolgen mit ihren Stimmbändern zu produzieren: »där här is main Hiätä ...«. Ist diese Fähigkeit erreicht, gibt man sich glücklich der Illusion hin, die Konfis hätten etwas gelernt.

Die leichte (und zugegebenermaßen nicht ganz faire) Polemik hat Sie schon ahnen lassen, was wir von diesem Lernzielbegriff halten: Wir sind dagegen! Denn unseres Erachtens kleistert dieser Begriff eine wichtige, in jedem Lerngeschehen zu beobachtende und wirkmächtige Differenz zu: nämlich die Differenz zwischen den Zielen der Lehrenden einerseits und denen der Lernenden andererseits. Obige »Lernziele« tun so, als ob mit Recht angenommen werden könnte, dass die Ziele von Lehrenden und Lernenden im Unterricht deckungsgleich wären oder zumindest in Deckung gebracht werden könnten. Stellt sich durch un-»erwartetes Schülerverhalten« heraus, dass diese Deckung weder gegeben noch herstellbar ist, wird üblicherweise ein sehr beliebtes Interpretament zur Deutung von unterrichtlicher Wirklichkeit herangezogen: Man behauptet, es läge eine Störung vor. Und weil – wie man ja weiß – Störungen Vorrang haben, darf man nur mit schlechtem Gewissen weiter unterrichten ...

Wir möchten Sie davon überzeugen, sich Lernen ein wenig anders vorzustellen. Wir bitten Sie, in Ihrem Denken der Differenz zwischen Ihren Zielen für den Unterricht und den Zielen Ihrer Konfis einen Ehrenplatz einzuräumen. Fangen Sie dort an zu denken: Sie wollen etwas Bestimmtes in Ihrem Unterricht. Das ist gut so und das soll auch so sein. Ihre Konfis wollen auch etwas Bestimmtes. Und auch das ist gut und richtig so. Dies Bestimmte, das beide Gruppen wollen, bewegt sich auf ziemlich unbestimmten und unterschiedlichen Ebenen:

Konfis wollen z. B. keine Hausaufgaben, eine gute Freizeit, einmal neben Tim sitzen (»Der ist so süß!«), gehört werden, ein gutes Gefühl in der Gruppe haben, wissen, ob Steffi mich liebt ...

»Genau«, denken Sie jetzt vielleicht, »und was hat all das mit meinem Unterricht zu tun?« Bitte warten Sie noch einen Augenblick. Schauen wir doch erst einmal, was Lehrende wollen: nette Konfis, die einem das Leben nicht schwer machen, mehr Schlaf auf der Freizeit als im letzten Jahr, das Gefühl, doch noch nicht so alt zu sein, ein paar gelungene Gottesdienste mit Jugendlichen, vor den Kollegen als jemand dastehen, der/die das eigentlich ganz gut kann …

Also, und was hat DAS alles mit Unterricht zu tun? Lehrende wie Lernende bringen Ziele mit in den Unterricht, die themenfremd sind. Darin unterschieden sie sich nicht! Diese themenfremden Ziele bestimmen immer wieder, phasenweise vielleicht sogar vorrangig, das Unterrichtsgeschehen. Aber es wäre falsch, eine der beiden Seiten, auf diese themenfremden Ziele zu reduzieren. Gehen Sie doch versuchsweise einmal davon aus (sozusagen im Rahmen einer nicht-defizitären Konstruktion der Konfis ☺), dass Ihre Jugendlichen – wie verborgen auch immer – themenbezogene Ziele in den Unterricht mitbringen. Was geschieht nun dort?

Dort treffen diese Ziele von Lernenden, die wir behelfsweise einmal *Unterrichtetenziele* nennen, auf Ihre Ziele, die wir (mit Hilbert Meyer) *Lehrziele* nennen. (Übrigens, bitte machen Sie Hilbert Meyer nicht für den Rest unseres Denkens verantwortlich!) Die Differenz dieser Ziele lässt eine Spannung entstehen, die den Unterrichtsprozess am Laufen hält. (Dieser Gedanke ist schon einmal aufgetaucht: Vielleicht erinnern Sie sich an das, was wir zur Rolle der Distanz zwischen Lehrenden und Lernenden im Abschnitt zur »DuichstreichledichganzsanftamOberarm« Variante gesagt haben.) Im Gefälle der Begegnung dieser unterschiedlichen Ziele entstehen die Lerninhalte. Sie stehen also nicht von vornherein fest, sondern sind das Ergebnis dieses Begegnungsprozesses. (So wird auch verständlich, warum unterschiedliche Gruppen im Rahmen derselben didaktischen und methodischen Entscheidungen sowie bei denselben Lehrenden Unterschiedliches lernen.)

Nun noch einmal kurz zurück zum Methodenbegriff: Im Gefälle dieser Zielbegriffe kann die Funktion von Methoden nicht mehr als Führung (von A über B und C nach … – Sie erinnern sich) beschrieben werden. Methoden sollen vielmehr als Steuerungselemente für die Begegnung zwischen Lehrzielen und Unterrichtetenzielen entworfen und eingesetzt werden. Wir schlagen Ihnen also mit unserem Methodenbegriff keine neuen Methoden vor: Auch bei uns gibt es Rollenspiele und – von uns aus auch Lückentexte. Was wir Ihnen vorschlagen, ist, sich die Funktion von Methoden ein wenig anders zu denken, als Sie es vielleicht bisher gewohnt waren.

Damit haben wir den Punkt erreicht, wo wir alle Begriffe eingeführt haben, um einen Bildungsprozess – wie wir ihn verstehen – zu beschreiben. Wir stellen das Ganze noch einmal kurz zusammen:

Unterrichtende stellen Lernenden Lerngegenstände zwecks einer methodisch gesteuerten Bearbeitung zur Verfügung. Die Lerngegenstände repräsentieren

ein Thema, das Unterrichtende aufgrund didaktischer Entscheidungen gewählt und auf ein benennbares Lehrziel hin zugespitzt haben.
Lernende bearbeiten die Lerngegenstände mit Hilfe der vorgeschlagenen Methoden und erstellen mit ihrer Hilfe ein vorzeigbares Produkt. Die Bearbeitung der Lerngegenstände wird geleitet durch die Unterrichtetenziele der Konfis.
Im Rahmen dieser Bearbeitung entstehen Lerninhalte, die sich als Produktbotschaft in einer Öffentlichkeit präsentieren lassen.
Bleibt nur noch die Frage, wie Sie eigentlich eine Methode finden, um Ihre Lerngegenstände bearbeiten zu lassen. Dazu eine kurze Anregung im nächsten Abschnitt.

Wo krieg ich bloß meine Methoden her? Hilfestellungen für gute Einfälle

Wir haben in unserem Buch eine kleine Sammlung mit gängigen Methoden zusammengestellt. Diese Sammlung ist nach einem Schema gegliedert, auf das wir durch unsere Auseinandersetzung – mit wem wohl? – na klar, mit Hilbert Meyer gekommen sind. So sieht das Schema aus:

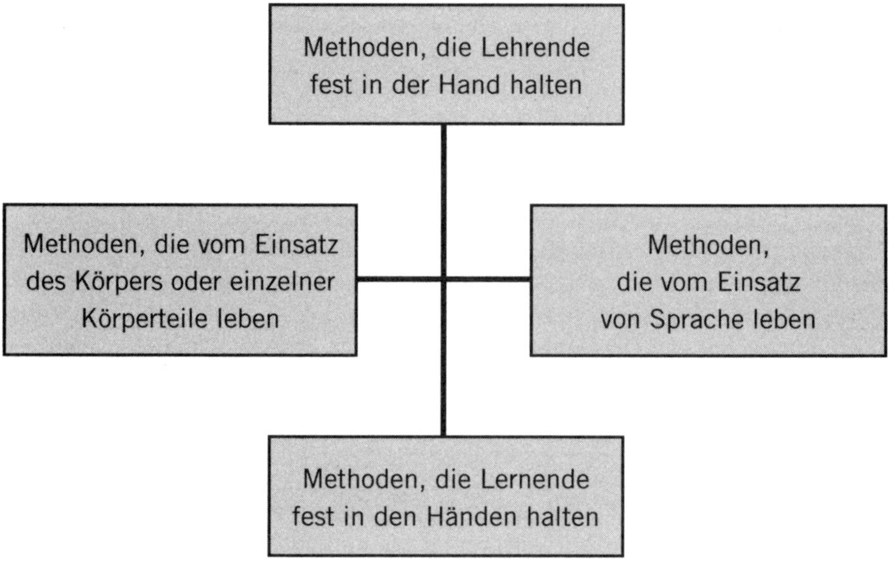

Wir schlagen Ihnen vor, sich dieses Methodenschema auf einen großen Plakatkarton zu malen. Legen Sie sich auch einen Vorrat von diesen kleinen gelben Klebezetteln an, die man überall hin pappen und wieder ablösen kann. Dann schreiben Sie einfach ein paar vertraute Methoden, mit denen Sie gute Erfahrungen gemacht haben, auf diese Zettel (immer eine Methode pro Zettel) und pappen den Zettel in eines der vier Felder auf dem Plakatkarton. Sammeln Sie auf diese Weise Methoden, die Ihnen einleuchten.
Wenn Sie dann wieder einmal eine neue Themenerarbeitung konzipieren, Klarheit über Ihr Lehrziel gewonnen und erste Ideen haben, welche Lerngegenstände Sie zum Einsatz bringen wollen, dann holen Sie diesen Plakatkarton hervor. Fragen Sie sich:

- Kann ich meiner Gruppe schon die Verantwortung für die methodische Bearbeitung der Lerngegenstände in die Hand geben? Dann suchen Sie Methoden in der unteren Hälfte. Glauben Sie, dass die Gruppe noch ein wenig Führung braucht, suchen Sie Methoden in der oberen Hälfte.
- Wo liegt eigentlich eine Begabung meiner Gruppe, die ich entwickeln möchte? Tut es Ihnen gut, den Umgang mit Sprache stärker einzuüben? Dann suchen Sie sich eine Methode auf der rechten Hälfte aus. Wäre es besser, die Konfis arbeiten mit ihrem Körper? Suchen Sie eine Methode auf der linken Hälfte.

So können Sie mit diesem Schema Ihr Methodenwissen verbreitern und präsent halten. Wenn es Ihnen wie uns geht, besteht Ihr Problem gar nicht darin, dass Sie wenige Methoden kennen, sondern dass Ihnen zwischen all dem anderen Kram in Ihrem Alltag nicht immer die richtigen Methoden zur richtigen Zeit einfallen. Das Schema hilft Ihnen, mit diesem Problem umzugehen.
So, das war's zur Pädagogik von unserer Seite. Danke, dass Sie sich durch unsere Gedankenwelt gearbeitet haben! Wenn Sie noch nicht genug Theorie haben, können Sie gern noch unseren Abschnitt zum Thema Konfirmation lesen. Die Grundentscheidungen, die wir hier in pädagogischer Hinsicht getroffen haben, wenden wir dort auf die Konfirmation an.
Auf jeden Fall wünschen wir Ihnen beim KU viel Spaß und ein gutes Gespür für die wirklich wirkende Wirklichkeit Gottes in Ihrem KU!

II. Das ganze Drumherum

1. Kontrakte in der Konfirmandenarbeit

Einleitung

Zur Situation gegenwärtiger Konfirmandenarbeit gehört nach unserer Einschätzung auch Folgendes: Was es heute bedeutet, Konfirmandin bzw. Konfirmand zu sein, versteht sich nicht einfach von selbst. Dieser Satz gilt nach unserer Wahrnehmung nicht nur für Konfirmandinnen und Konfirmanden, sondern auch für alle anderen am Arbeitsfeld KU Beteiligten: für Eltern, Kirchenvorstände und Unterrichtende. Zu vielgestaltig sind Organisationsformen und Zielsetzungen für die Konfirmandenarbeit geworden, als dass Gemeindekirchenratsmitglieder oder Eltern heutige Konfirmandenarbeit auf dem Hintergrund ihrer eigenen KU-Erfahrungen wie selbstverständlich angemessen verstehen könnten. Auch die in der Schule unter den Jugendlichen ausgetauschten Informationen über den KU in Nachbargemeinden spiegeln häufig wenig verlässlich die Wirklichkeit, die die Jugendlichen in ihrer eigenen Gemeinde erwartet.
Wie kann man mit solch einer Situation der Diffusität sinnvoll umgehen? Eine Möglichkeit besteht darin, zu versuchen, sie durch Kontrakte für alle Beteiligten transparenter zu machen. Der Prozess eines Kontraktabschlusses bietet die Möglichkeit, Erwartungen und Wünsche verschiedener Personen(gruppen) aneinander zu formulieren und sich über konkrete Absprachen für ein gemeinsames Unterfangen zu verständigen. Ziel ist, dass alle Beteiligten wissen, was sie voneinander zu Recht erwarten können und was nicht.

Vor der Beschäftigung mit Kontraktkonzeptionen und -modellen, halten wir es allerdings für sinnvoll, sich zunächst über die Motive für den Versuch eines solchen Kontraktabschlusses Rechenschaft zu geben. Denn wer in Kontrakten v.a. ein Mittel zur Disziplinierung von widerwilligen Konfirmandinnen und Konfirmanden oder von ihre Unterstützung versagenden Eltern sieht, wird vermutlich enttäuscht werden. Kontrakte verändern das Machtgefälle im Arbeitsfeld KU nicht prinzipiell: Konfirmandinnen und Konfirmanden sowie deren Eltern bleiben »am längeren Hebel«. Verweigern sie ihre Kooperation, können Kontrakte sie nicht erzwingen! Sie können nur eine allen Beteiligten bekannte Basis zur Lösung eines Konflikts zur Verfügung stellen. Dadurch tragen sie dazu bei, das konstruktive Potenzial von Konfliktsituationen zu nutzen.
Die folgenden Überlegungen sind in drei Abschnitte gegliedert: Es folgt zunächst der Abschnitt »Begründungen«. In ihm geht es darum, pädagogisch relevante Gründe für die Arbeit mit KU-Kontrakten zu formulieren. Daran schließt sich an der Abschnitt »Konzeptionelle Überlegungen«, der das hier vorausgesetzte Kontraktmodell erläutert. Der letzte Abschnitt unter der Überschrift »Kontrakte« dokumentiert einige konkrete Beispiele, die Sie auch auf der CD-ROM zum Buch finden (im Ordner »Kapitel II_Das ganze Drumherum« unter 1). So können Sie sie Ihren Vorstellungen entsprechend verändern.

Konzeptionelle Überlegungen

Unsere konzeptionellen Überlegungen stellen wir in drei Unterabschnitten dar. In Abschnitt a) geht es darum, zu beschreiben, was wir unter einem Kontrakt verstehen. Im Abschnitt b) präsentieren wir unseren Vorschlag für KU-Kontrakte in seinen Grundzügen. Der Abschnitt c) setzt sich mit der Frage nach Sanktionen bei Kontraktverstößen auseinander.

a) Was ist eigentlich ein Kontrakt in dem hier gemeinten Sinn? Wir möchten diese Frage beantworten, indem wir versuchen, die Funktion eines Kontraktes zu beschreiben. Wir bemühen mich, möglichst kurz und knapp darzustellen, worum es mir geht:
Die Funktion eines Kontraktes ist es, Verbindlichkeit unter Kontraktpartnerinnen und -partnern zu begründen. In einem Kontrakt verbinden sich Personen(gruppen), um ein klar begrenztes, gemeinsames Vorhaben nach allen Beteiligten bekannten Regeln durchführen zu können. Das Charakteristische für einen Kontrakt in Bezug auf die Begründung von Verbindlichkeit liegt nun in Folgendem: Die Entscheidung, ob bestimmte

Personen(gruppen) sich zwecks eines Vorhabens durch einen Kontrakt verbinden wollen, trifft jede Person(engruppe) letztlich unabhängig von der Entscheidung der anderen Beteiligten. Nur wenn alle Beteiligten sich für das anvisierte Vorhaben entscheiden, kommt es zu einer Verbindung der Personen(gruppen) in einem Kontrakt und entsprechend zur Durchführung des Vorhabens unter Beteiligung dieser Personen(gruppen).
Es gibt andere Formen der Begründung von Verbindlichkeit unter Personen(gruppen). Sie lassen das Charakteristische des Kontrakts deutlicher hervortreten. Deshalb führen wir sie kurz an:

- Eine andere Möglichkeit der Begründung von Verbindlichkeit ist das Gebot. Beim Gebot geht der bzw. die Gebietende davon aus, dass das Tun des Gebotenen letztlich nicht in der Entscheidung dessen steht, an den sich das Gebot richtet. Die Verweigerung des Gebotenen bedeutet eine Infragestellung der Autorität des bzw. der Gebietenden.
- Eine weitere Möglichkeit der Begründung von Verbindlichkeit ist die Sitte. Bei der Sitte ist davon auszugehen, dass die Frage, ob einer Sitte gefolgt wird oder nicht, gar nicht erst entsteht. Die Sitte begründet eine im wahrsten Sinne des Wortes selbst-verständliche Verbindlichkeit.

Ein Beispiel: In einem Vertrag über den Kauf eines Gebrauchtwagens verbinden sich Händlerin und Käufer, um das Besitzverhältnis in Bezug auf einen bestimmten Wagen durch Bezahlung eines vereinbarten Geldbetrags zu verändern.
Dabei hat die Händlerin nicht das Recht, dem Käufer den Kauf des Wagens zu gebieten. (»Sie verlassen dieses Gebäude nicht, bevor Sie den Wagen gekauft haben!«) Der Käufer wiederum hat nicht das Recht, den Preis für den Wagen zu diktieren. (»Sie bleiben so lange hier, bis Sie mir den Wagen für € 150,– verkauft haben.«) Ein Gebot kann diesen Vorgang nicht legitimerweise regeln.
Andererseits können beide Personen nicht auf eine Sitte zurückgreifen, um diesen Handel miteinander zu tätigen; etwa nach dem Motto: Jeder und jede weiß doch, dass ein Renault, Baujahr 2005, nach drei Jahren für 12.000,– € verkauft wird. Der Handel kommt nur zustande, wenn beide Personen sich je für sich entscheiden sich in einem Kaufvertrag zu verbinden.
Im Gegenüber zu diesen beiden anderen Formen der Begründung von Verbindlichkeit ist vielleicht Folgendes deutlich geworden: Der Kontrakt begründet Verbindlichkeit, indem er eben diese Verbindlichkeit (nur) als eine Möglichkeit darstellt. Er geht nicht davon aus, dass das im Kontrakt anvisierte Vorhaben sich von selbst versteht. Gerade dadurch

erhöht er aber seltsamerweise die Verbindlichkeit des im Kontrakt Geregelten.
Voraussetzung für einen Kontraktabschluss – und das ist für unseren Zusammenhang sehr wichtig – ist nicht, dass den beteiligten Personen(gruppen) die gleiche Machtfülle zukommt, sondern vielmehr dass alle Beteiligten darin übereinstimmen, sich gegenseitig als Handlungssubjekte von gleicher Würde anzuerkennen. In der Anerkennung dieser Gleichheit der Würde liegt das Motiv für alle Personen(gruppen), insbesondere aber für die von höherer Machtfülle, die Ausübung ihrer Macht allein im Rahmen der durch den Kontrakt gesetzten Grenzen auszuüben, da alles andere letztlich zu einer Verletzung der Würde der Kontraktpartnerinnen und -partner führen würde.

b) So viel zur Theorie. Jetzt kommen wir zu dem Konzept, das wir für KU-Kontrakte vorschlagen. Wir halten es für sinnvoll, zwischen Rahmenkontrakten einerseits und Gruppenkontrakten andererseits zu unterscheiden:

Rahmenkontrakte

Rahmenkontrakte stecken den Rahmen ab, innerhalb dessen die Arbeit beteiligter Personen(gruppen) geschieht. Sie verpflichten Unterrichtete und Unterrichtende. Sie werden von Unterrichtenden bzw. KU-Teams in den Prozess eines Kontraktabschlusses eingebracht. Sie enthalten die Regelungen, die nach Ansicht der jeweiligen Unterrichtenden für das Gelingen ihrer Konfirmandenarbeit unverzichtbar sind. Regelungen der Rahmenkontrakte sind deshalb auch prinzipiell nicht diskutabel. Wer sich an der Konfirmandenarbeit dieser Gemeinde beteiligen möchte, muss sich auf die im Rahmenkontrakt festgelegten Regelungen einlassen.
Wir vermuten, dass sich bei dem einen oder der anderen an dieser Stelle ein gewisses Unwohlsein einstellt: Ist das nicht doch sehr autoritär, solche Vorgaben zu machen? Wir teilen dieses Unwohlsein. Wir nehmen es als Anregung, genau zu prüfen, ob eine bestimmte Regelung wirklich unverzichtbar für das Gelingen meiner Konfirmandenarbeit ist oder ob dahinter eventuell unser Wunsch nach einem möglichst reibungslosen KU oder nach einem an den Lebensformen der sogenannten Kerngemeinde orientierten Beteiligungsverhalten von Eltern und Jugendlichen steht.
Auf solche »autoritären« Rahmenkontrakte zu verzichten, erscheint uns nicht praktikabel. Unterrichtende wollen mit ihrem KU etwas Bestimmtes. Das sollen sie möglichst offensiv vertreten, damit für alle anderen Betei-

ligten transparent wird, worauf sie sich eigentlich einlassen, wenn sie sich zu diesem KU anmelden.
Wir haben solche Rahmenkontrakte mit Konfirmandinnen und Konfirmanden, aber auch mit ihren Eltern und mit ehrenamtlich bzw. hauptamtlich Mitarbeitenden abgeschlossen. Die Erfahrungen waren sehr überzeugend. Beispiele für solche Rahmenkontrakte finden Sie im Abschnitt »4. Beispiele«.
Von den Rahmenkontrakten möchten wir die Gruppenkontrakte unterscheiden. Mit den Gruppenkontrakten regelt die Gruppe die Gestaltung der Beziehungen der Gruppenglieder untereinander. Sie werden deshalb von der Gruppe selbst erarbeitet. Unterrichtende machen in Bezug auf diese Gruppenkontrakte keine inhaltlichen Vorgaben. Sie bieten vielmehr (nur) eine Methode der Kontrakterarbeitung an. Ihre Rolle im Zusammenhang eines Gruppenkontraktabschlusses ist die einer aufmerksamen, wertschätzenden und zu Klärungen helfenden »Begleitperson«. Diese Rolle kommt Unterrichtenden in Bezug auf die Gruppenkontrakte nicht nur während des Kontraktabschlusses, sondern auch im weiteren Umgang mit dem Kontrakt zu. Wie diese Rolle zu gestalten ist, wird im 4. Abschnitt im Zusammenhang der Vorstellung von Methoden zur Erarbeitung eines Gruppenkontraktes genauer beschrieben.

Gruppen-kontrakte

Bevor wir auf der nächsten Seite zur Frage nach Sanktionen bei Kontraktverstößen kommen, fügen wir zur Verdeutlichung des Konzepts einen kurzen tabellarischen Überblick an:

Tabellarischer Überblick: KU-Kontrakte

	Rahmenkontrakte	**Gruppenkontrakte**
Wer bringt den Kontrakt ein?	Unterrichtende	Die Gruppe selbst
Was ist Inhalt des Kontrakts?	Rahmenbestimmungen, innerhalb deren der KU nach Einschätzung von Unterrichtenden gelingen kann.	Regelungen zur Gestaltung der Beziehungen der Gruppenglieder untereinander.
Rolle der Unterrichtenden?	»ProduktanbieterIn«	»Begleitperson«
Mögliche AdressatInnen?	KonfirmandInnen Eltern Mitarbeitende in KU-Teams	v. a. KonfirmandInnen

c) Eine der schwierigsten Fragen im Zusammenhang der KU-Rahmenkontrakte ist folgende: Was passiert eigentlich, wenn sich bestimmte Kontraktpartnerinnen bzw. -partner nicht an den Rahmenkontrakt halten? Wie können Rahmenkontraktverstöße sanktioniert werden?
Es ist uns wichtig, darauf hinzuweisen, dass sich die Frage nach Sanktionen ja auch dann immer wieder einmal stellt, wenn man nicht mit Kontrakten arbeitet. Diese Frage entsteht also nicht erst durch die Arbeit mit Kontrakten. Kontrakte machen es aber (zum Glück!) schwieriger, dieser Frage durch nicht-öffentliche Mauschellösungen auszuweichen.
Auf der anderen Seite müssen wir allerdings zugeben: Die Arbeit mit Kontrakten verschärft die Frage nach möglichen Sanktionen, weil sie sich auf alle beteiligten Personen(gruppen) beziehen kann – auf Unterrichtete wie Unterrichtende.
Der Fall, dass Unterrichtete der Ansicht sind, ihre Unterrichtenden würden sich nicht an die Regelungen des Rahmenkontrakts halten, macht Fol-

gendes deutlich: Die Lösung, die einem vielleicht beim ersten Blick auf den Problemkreis »Sanktionen« in den Sinn kommt – nämlich: »Wer sich nicht an den Rahmenkontrakt hält, wird eben nicht konfirmiert!«, löst dieses Problem nicht. Denn Unterrichtende sind ja (in der Regel) bereits konfirmiert. ☺

Es muss also (nicht nur aus diesem Grund!) eine andere Lösung her. Wir schlagen Folgendes vor:

(1) In einer Gemeinde, die mit KU-Kontrakten arbeitet, könnte so etwas wie ein KU-Beirat eingerichtet werden. In ihm sind mit jeweils einer Person vertreten: die Eltern, die Konfirmandinnen und Konfirmanden, die Unterrichtenden und das Presbyterium. Die Leitung hat eine weitere, möglichst nicht der »Kerngemeinde« zugehörige Person mit Gruppen- und Konfliktkompetenz (eine Mitarbeiterin aus der TS, ein Mitarbeiter aus einer Beratungsstelle, eine Vertrauenslehrerin aus einer benachbarten Schule …), auf keinen Fall jedoch einer bzw. eine der Unterrichtenden.

(2) Dieser Beirat kann von allen am Arbeitsfeld KU Beteiligten einberufen werden (auch von den Konfirmandinnen und Konfirmanden), wenn eine zufriedenstellende Konfliktregelung nicht unter den Beteiligten selbst gefunden werden kann. Der Beirat fungiert in solchen Fällen als Klärungsstelle, indem er nach Anhörung aller am Konflikt Beteiligten mit ihnen eine möglichst einvernehmliche Lösung ausarbeitet.

Ganz egal, ob die Einrichtung eines KU-Beirats unter den jeweiligen örtlichen Bedingungen möglich ist oder nicht: wer mit Rahmenkontrakten arbeitet, muss einen Ort außerhalb des Unterrichtssettings schaffen, wo Konfliktfälle geregelt werden können – ganz gleich wie dieser Ort im Einzelnen auch immer aussieht.

Noch ein Letztes zum Thema Sanktionen: Wichtig scheint uns zu sein, dass Unterrichtende auf die Zurückstellung von der Konfirmation als Sanktionsmittel grundsätzlich verzichten. Zurückgestellt wird als ultima ratio bei krassen Verstößen gegen den Rahmenkontrakt nicht von der Konfirmation, sondern von der Konfirmandenarbeit. Ein Jugendlicher bzw. eine Jugendliche darf nicht erst im Zusammenhang der Konfirmationsvorbereitung von einer möglichen Zurückstellung erfahren. Er bzw. sie muss unmittelbar im Zusammenhang des Verstoßes (durch den Beirat) erfahren, welche Konsequenzen nun eintreten.

Die Frage nach möglichen Sanktionen bleibt schwierig. Nach den von uns gesammelten Erfahrungen mit der Arbeit mit Kontrakten stellt sie sich allerdings nur äußerst selten: Die Kontrakt basierte Konfirmandenarbeit scheint eine tragfähige Basis für Konfliktlösungen im Gespräch zu haben. So viel können wir nach zehn Jahren Kontraktarbeit feststellen ... Ist doch schön!

2. Ehrenamtliche in der Konfirmandenarbeit: mehr Leute = mehr Spaß für alle!

Was sowieso schon jeder weiß – ein paar allgemeine Hinweise

Das Thema »Ehrenamtliche in der Konfirmandenarbeit« verdient eigene Bücher – und die gibt es ja inzwischen auch: Teamer in der Konfirmandenarbeit: Schulungsmodule für Ehrenamtliche (Broschiert) von Heinz Adler (Autor), Hartmut Feußner (Autor), Karin Schlenker-Gutbrod (Autorin) sowie das Teamer-Handbuch von ku-praxis: Das Teamer HandBuch. Für Ehrenamtliche in der Konfirmandenarbeit (Broschiert) von Olaf Trenn (Herausgeber), Christian Witting (Herausgeber). In diesen Büchern ist eigentlich (fast) alles gesagt, woran Sie bei diesem Thema denken müssen. Wir wollen an dieser Stelle nur ein paar allgemeine und pragmatische Tipps zu diesem Thema loswerden:

Wir halten es für sinnvoll, die Arbeit mit Ehrenamtlichen jahrgangsweise zu organisieren. Alle Ehrenamtlichen verpflichten sich (per Kontrakt – s. dazu in dem entsprechenden Kapitel oben) für einen Jahrgang KU. Wer möchte, kann sich für einen weiteren Jahrgang verpflichten.

Leider fallen Ehrenamtliche nicht vom Himmel – jedenfalls nicht zu Beginn und nicht in Borchen oder in Pommern. (Sollte das bei Ihnen doch der Fall sein, bitten wir um eine kurze Benachrichtigung. Wir kommen dann ernten. Danke!) Man muss sich Mühe geben, um sie zu gewinnen und bei der Stange zu halten. Einige Erfahrungen, die dies erleichtern, haben wir einmal für Sie zusammengestellt:

1. Die Gewinnung von Ehrenamtlichen für die Konfirmandenarbeit gelingt am leichtesten über »Schnupperangebote« – nach dem Motto: »Probier's doch mal. Du legst dich auf nichts fest. Aber wenn's dir gefällt, hast du schon einen guten Einstieg.« Solche »Schnupperangebote« können z. B. sein:

- Freizeiten (Wochenendfreizeiten mit KU-Gruppen)
- Praktika

- Projekte (begrenzter & überschaubarer Zeitraum; erlebnisorientiert. Bsp.: Aktion sauberer Wald im Zusammenhang. der Einheit Schöpfung)
- Einzelne KU-Blocktage

2. Grundsätzlich gilt:
- Je begrenzter und kalkulierbarer der monatliche Zeitaufwand ist, umso wahrscheinlicher wird die Gewinnung von Ehrenamtlichen. Deshalb haben Gemeinden mit Blockmodell größere Chancen, Ehrenamtliche zu gewinnen als Gemeinden mit Wochenstundenmodell – und Gemeinden mit einem Campmodell wiederum größere als Gemeinden mit Blockmodellen.
- Ehrenamtliche sind auf jeden Fall die besseren Werbeträger für Ehrenamtliche als Hauptamtliche! Deshalb übernehmen sie auch den Erstkontakt mit potenziellen neuen Ehrenamtlichen.

3. Die Arbeit der Ehrenamtlichen muss in der Gemeinde einen guten Ruf haben:
- Sie hat überhaupt einen Ruf in der Gemeinde.
  Es gibt Öffentlichkeit für diese Aufgabe durch Gemeindebriefartikel, öffentliche Einführungen in Gottesdiensten, Mitarbeiterfeste, Aktionen, die in Lokalzeitungen aufgenommen werden.
- Sie ist attraktiv.
  Die Ehrenamtlichen werden gut aus- und fortgebildet (auch durch Teilnahme an überregionalen Fortbildungen (kostenfrei!)). Die Ehrenamtlichen übernehmen in ihren Augen wichtige Aufgaben im Zusammenhang der KA. Sie besetzen Orte von Verantwortung. Das Team hat ein eigenes Gruppenleben (→ gemeinsam arbeiten, gemeinsam lernen, gemeinsam feiern).
- Die Arbeitsbedingungen sind klar und absolut unantastbar.
  Kostenregelungen, Arbeitszeiten, Anfang und Ende der Beschäftigung sind von vornherein klar geregelt.

4. Ein paar Warnschilder:
- Ehrenamtliche brauchen v. a. in der Anfangsphase zahlreiche Erfolgserlebnisse.
  Deshalb müssen sie die Methoden, die sie im Unterricht anwenden, wirklich beherrschen. Das »gelenkte Unterrichtsgespräch« sollte nicht in ihrer Verantwortung liegen.
- Ehrenamtliche sind besonders in der Anfangsphase oft unsicher. Hauptamtliche verstärken durch ihre Gegenwart häufig diese Unsicherheit.

Gut ist es, etablierte Ehrenamtliche mit neuen Ehrenamtlichen in Zweierteams zusammenarbeiten zu lassen. Hauptamtliche sollten sich von Ehrenamtlichen bewusst fernhalten.

- Je länger eine Gruppe von Ehrenamtlichen ohne Abgänge oder Neuzugänge zusammenarbeitet, umso schwieriger wird es, neue Ehrenamtliche zu gewinnen.
  Jedes Jahr sollten deshalb zwei neue Ehrenamtliche gewonnen werden. Dieses Ziel sollte allen Teammitgliedern bekannt sein und im Team zu einem festgelegten Zeitpunkt besprochen werden.
- Ehrenamtliche müssen »in Ehren« aus ihrer Tätigkeit entlassen werden können.
  Eine Gemeinde muss dafür einen öffentlichen Ritus entwickeln. Dafür finden Sie in den nächsten beiden Kapiteln ein paar Vorschläge.

Vorschläge zur liturgischen Einführung und Verabschiedung von ehrenamtlich Mitarbeitenden im KU

a) Einleitung

Die folgenden Liturgievorschläge haben ehrenamtlich Mitarbeitende im Blick, die über einen gesamten Jahrgang hinweg regelmäßig im KU mitarbeiten. Für diese Mitarbeitenden gehört eine gottesdienstliche Einführung bzw. Verabschiedung zur Mitarbeitendenpflege. Denn in solchen liturgischen Handlungen kommt an zentraler Stelle im Gemeindeleben die Anerkennung zum Ausdruck, die die Gemeinde und Gott selbst ihrer Arbeit zukommen lassen. Wer ehrenamtlich im KU Mitarbeitende auf die folgende oder andere Weise einführt und verabschiedet, wird sich früher oder später mit etwa folgenden Fragen konfrontiert sehen: »Warum denn nur für diese Mitarbeitenden liturgische Handlungen anbieten? Was ist denn mit all den anderen Ehrenamtlichen in der Gemeinde?« Eine Diskussion dieser Fragen ist wichtig. Ihr Ergebnis wird von Gemeinde zu Gemeinde unterschiedlich ausfallen (müssen). Zu welcher Lösung Sie in Ihrer Gemeinde auch immer kommen, Folgendes darf unserer Meinung nach nicht geschehen: nämlich der völlige Verzicht auf gottesdienstliche Einführung und Verabschiedung der Ehrenamtlichen im KU, um bloß niemanden zu verprellen.
Auf ein Zweites möchten wir Sie noch hinweisen: Zur Einführung gehört die Verabschiedung wie der Auspuff zum Motor. Wir sind davon überzeugt, dass wir in unseren Kirchen eine Kultur des »In-Ehren-Gehen-Lassens« entwickeln müssen. Wir halten dies aus vielen Gründen für wichtig – u.a. auch ganz

einfach deswegen, damit mehr Menschen mehr Gelegenheiten bekommen können, durch aktive Mitarbeit einen höheren Grad an Identifikation mit ihrer Gemeinde und ihren Überzeugungen entwickeln zu können. Diese Möglichkeit entfällt, wenn dieselben Personen Mitarbeitsplätze über Jahre hinweg besetzen.

b) Einführung von Ehrenamtlichen:
Der folgende Vorschlag für die Einführung eines bzw. einer ehrenamtlich Mitarbeitenden im KU findet einen organischen Platz im Rahmen der Gottesdienstliturgie unmittelbar vor den Fürbitten. Andere Verortungen sind auch denkbar. Ein idealer Ort für die Einführung ist der Gottesdienst zur Vorstellung der Katechumeninnen und Katechumenen. Die Liturgie finden Sie auch noch einmal auf der CD-ROM (im Ordner »Kapitel II_Das ganze Drumherum« unter 2). Dann können Sie sie leichter an Ihre Gegebenheiten anpassen ...

1. Vorstellung und Willenserklärung:

PfarrerIn und/oder JugendpresbyterIn sowie »alte« Teammitglieder stehen vor dem Altar.

PfarrerIn und/oder JugendpresbyterIn an die Gemeinde:

»Liebe Gemeinde!
Ich freue mich/Wir freuen uns, dass wir in diesem Gottesdienst folgende Personen in ihr Amt als Mitarbeiterin und Mitarbeiter in der Konfirmandenarbeit einführen können:
Namen.«

Mit der Nennung ihres Namens treten die jeweiligen Personen nacheinander vor den Altar.

PfarrerIn und/oder JugendpresbyterIn an die Einzuführenden:

»Liebe Schwestern! Liebe Brüder!
Die Konfirmandenarbeit spielt in unserer Gemeinde eine wichtige Rolle. Sie gibt den Konfirmandinnen und Konfirmanden viele Gelegenheiten, eigene Überzeugungen zu entwickeln und der Wirklichkeit Gottes in dieser Welt nachzuspüren.
Damit unsere Konfirmandenarbeit gelingen kann, braucht sie Mitarbeiterin-

nen und Mitarbeiter, die den Jugendlichen ihre eigenen Überzeugungen von Gott und der Welt durch Zuhören, Fragen, Handeln und Reden zugänglich machen.
Wollt Ihr das für die Konfirmandinnen und Konfirmanden dieses Jahrgangs tun, so antwortet: »Ja, mit Gottes Hilfe!«?«
Antwort der Einzuführenden

2. Segenshandlung

PfarrerIn und/oder JugendpresbyterIn:
»Eure Arbeit im KU tut ihr nicht allein. Ihr seid Teil eines Teams, in dem jeder und jede Unterstützung für seine bzw. ihre Arbeit bekommt.
Darüber hinaus sollt Ihr wissen: Eure Arbeit steht unter dem Segen Gottes. Gott wird dafür sorgen, dass euer Zuhören und Fragen, euer Handeln und Reden bei den Konfirmandinnen und Konfirmanden Gutes bewirken. Mit diesem Segen Gottes stärken wir euch jetzt für eure Arbeit:

Die Einzuführenden knien nieder. Handauflegung durch PfarrerIn, JugendpresbyterIn und »alte« Teammitglieder. Jeder/jede Einzuführende erhält seinen/ihren Segensspruch.
Abschluss der Segenshandlung durch PfarrerIn und/oder JugendpresbyterIn:

»So segne und behüte euch Gott, der Allmächtige und der Barmherzige, der Vater, der Sohn und der heilige Geist! Amen!

3. Fürbittempfehlung:

Die Eingeführten erheben sich und drehen sich zur Gemeinde
PfarrerIn und/oder JugendpresbyterIn:

»Liebe Gemeinde! Konfirmandenarbeit macht Spaß und ist trotzdem nicht leicht. Diese neuen Mitarbeiterinnen und Mitarbeiter brauchen auch eure Unterstützung. Sie müssen sich darauf verlassen können, dass andere für sie beten. Bitte vergesst das nicht!«

Zu den Eingeführten:

»So geht nun im Frieden des Herrn! Der Herr ist mit euch!«

Die Eingeführten und die Gemeinde:

»Amen!«

Die Eingeführten setzen sich! In das anschließende Fürbittengebet werden sie (namentlich) aufgenommen. Ein Kirchencafé bietet sich an.

c) Verabschiedung von Ehrenamtlichen
Der folgende Vorschlag für die Verabschiedung eines bzw. einer ehrenamtlich Mitarbeitenden im KU findet einen organischen Platz im Rahmen des Konfirmationsgottesdienstes nach der »Einsegnung« der Konfirmandinnen und Konfirmanden. Andere Verortungen sind auch denkbar.

1. Einleitung:

PfarrerIn, JugendpresbyterIn, zwei VertreterInnen der Konfirmandengruppe stehen vor dem Altar.

PfarrerIn und/oder JugendpresbyterIn:

»Liebe Gemeinde!
In diesem Gottesdienst verabschieden wir folgende Personen aus ihrem Amt als Mitarbeiterin oder Mitarbeiter in der Konfirmandenarbeit:
Namen.«

Mit der Nennung ihres Namens treten die jeweiligen Personen nacheinander vor den Altar.

PfarrerIn und/oder JugendpresbyterIn an die zu Verabschiedenden:

»Liebe Schwestern! Liebe Brüder!
Ihr habt in den vergangenen Jahren eure Zeit, eure Kraft, eure Begabungen und euer Wissen dafür eingesetzt, dass diese Konfirmandinnen und Konfirmanden eigene Überzeugungen entwickeln und der Wirklichkeit Gottes in dieser Welt nachspüren konnten.

Ich bin/Wir sind davon überzeugt, dass euer Zuhören und Fragen, euer Handeln und Reden den Jugendlichen neue Verständnisse von Gott und der Welt zugänglich gemacht haben.
Dafür **danken wir/danke ich** euch im Namen Gottes!
Eure Arbeit im KU ist jetzt getan. Es ist Zeit, euch in allen Ehren gehen zu lassen.
Von dem Segen, zu dem ihr für die Konfirmandinnen und Konfirmanden geworden seid, geben sie euch nun etwas zurück.«

2. Segenshandlung:

Die zu Verabschiedenden knien nieder. Die VertreterInnen der Konfis treten vor sie und legen ihnen die Hände auf. Jeder/jede zu Verabschiedende erhält seinen/ihren Segensspruch. Abschluss der Segenshandlung durch PfarrerIn und/oder JugendpresbyterIn:

So segne und behüte euch Gott, der Allmächtige und der Barmherzige, der Vater, der Sohn und der heilige Geist! Amen!

Die Verabschiedeten erheben sich. Die Konfirmandinnen und Konfirmanden überreichen ihnen ein Geschenk.

PfarrerIn und/oder JugendpresbyterIn:

»So geht nun im Frieden des Herrn! Der Herr ist mit euch!«

Die Verabschiedeten und die Gemeinde:

»Amen!«

Die Verabschiedeten setzen sich! In das Fürbittengebet werden sie (namentlich) aufgenommen.

3. Rituale in der KA – Anfang und Ende gut, alles gut!

Eingangsrituale – auf die Gruppe bezogen

KU-Bibel

Material: Bibel, Textmarker

Eine besonders gestaltete Bibel macht in der KU-Gruppe während der gesamten KU-Zeit die Runde. Wer sie mit nach Hause nimmt, sucht sich einen Text oder auch nur einen Vers aus, der ihn oder sie besonders anspricht, abstößt, fasziniert. Dieser Vers wird mit einem Textmarker von dem bzw. der jeweiligen Konfi angestrichen.

Zu Beginn der KU-Stunde setzen sich alle auf den Boden in einen Kreis. Der bzw. die Konfi mit der KU-Bibel zündet eine Kerze in der Mitte des Kreises an. Ein Lied wird gesungen oder ein Musikstück gehört. Dann liest der bzw. die Konfi ihren Text/Vers vor. Noch einmal wird ein kurzes Musikstück gespielt. Die Gruppe kann während dieser Zeit den Text auf sich wirken lassen. Anschließend können alle Konfis ihren Eindruck zu dem Text sagen oder dem bzw. der aussuchenden Konfi eine Frage zu dem Text stellen (Warum hast du den Text ausgesucht? Wie lange hast du gesucht? Wo steht der Text? ...). Diese Runde kann mit Hilfe eines Redesteins gestaltet werden. Am Schluss gibt der bzw. die Konfi, die einen Text vorgelesen hat, die KU-Bibel an eine Person ihrer, bzw. seiner Wahl weiter. Danach löscht diese Person die Kerze. Die Gruppe setzt sich auf die Stühle.

Vor der Konfirmation stellen die Unterrichtenden alle Texte, die in diesem Rahmen in der Gruppe gelesen worden sind, in einem kleinen Heft zusammen. Evtl. kann ein Foto aus der Kirche o.Ä. das Deckblatt für das Heft sein. Zur Konfirmation erhalten alle Konfis eine Kopie dieses Heftes. Den Konfis ist von Anfang an bekannt, dass es dieses Heft geben wird.

Ich fühle mich wie ...

Viele Unterrichtende suchen nach einer Möglichkeit, den Konfis am Beginn der KU-Stunde Gelegenheit zu geben, ihre jeweilige Befindlichkeit auszudrücken und sich evtl. auch etwas von ihr zu distanzieren, um arbeitsfähig zu werden. Die Idee ist gut, die Umsetzung schwierig. Hier muss mit der Gruppe gemeinsam experimentiert werden, um zu sehen, was funktioniert und was nicht. Es ist deshalb wichtig, den Konfis die Funktion solcher Rituale zu erläutern, ihre Zustimmung einzuholen und mit ihnen zu überlegen, wie das gehen könnte. Ein paar Ideen für solche Rituale sollen kurz vorgestellt werden. Voraussetzung für ihre Durchführung ist, dass die KU-Stunde nicht wesentlich weniger als 90 Minuten dauert!

a) Stein oder Kerze:
Material: Kieselsteine, Teelichter, große Kerze auf einem Tuch, Tisch, Streichhölzer.
Die Gruppe sitzt in einem Sitzkreis auf dem Boden des KU-Raumes. In der Mitte steht eine große Kerze. Um sie herum steht eine Reihe Teelichter. Außerdem liegt eine Reihe von Kieselsteinen in verschiedenen Größen um die Kerze.
Ein bzw. eine Konfi zündet die große Kerze an. Der bzw. die Unterrichtende beginnt das Ritual etwa folgendermaßen: Schön, dass Ihr jetzt hier seid. Ihr habt heute schon eine ganze Menge erlebt. Wie ist es euch dabei ergangen: eher gut oder eher nicht so gut. Wählt euch einen Stein, wenn ihr nicht so gut drauf seid. Wählt euch ein Teelicht und zündet es an, wenn es euch eher gut geht. Ich fange an.
Der bzw. die Unterrichtende wählt sich Stein oder Kerze und ruft das nächste Gruppenmitglied auf. Wenn alle sich einen Stein oder ein Teelicht gewählt haben, deutet der bzw. die Unterrichtende kurz den Gesamteindruck. Dann gibt er bzw. sie Gelegenheit, die jeweilige Wahl zu begründen. Wichtig: Niemand muss eine Begründung für seine bzw. ihre Wahl geben. Evtl. kann der bzw. die Unterrichtende unaufdringlich nachfragen, wenn jemand sich z. B. einen besonders großen Stein oder gleich zwei Teelichter genommen hat.
Zum Abschluss legen alle Gruppenmitglieder ihren Stein bzw. ihr Teelicht auf einen Tisch in einer Ecke des Raumes. So bleibt die Gruppenstimmung während der KU-Stunde symbolisch präsent.

b) Stimmungswaage:
Material: Eine große (unbewegliche) Holzwaage mit zwei Waagschalen (zwei Baulatten auf einem Ständer über Kreuz, zwei Holzschalen am Querbalken mit Nylonfaden angebunden), Wattebäuschchen, Steine.
Dieses Ritual ist besonders gut für große Gruppen (etwa im Rahmen von Block-KU) geeignet.

Ein Halbstuhlkreis ist auf eine große Waage hin geöffnet (Ein großes Holzkreuz mit zwei Tellern an Drähten reicht. Die Waage muss nicht beweglich sein, sollte sie sogar nicht!) Vor der Waage stehen ein Eimer mit Kieselsteinen und ein Eimer mit Wattebäuschchen.
Der bzw. die Unterrichtende beginnt das Ritual etwa folgendermaßen: Schön, dass Ihr jetzt hier seid. Ihr habt heute schon eine ganz Menge erlebt. Wie ist es euch dabei ergangen: eher gut oder eher nicht so gut. Wählt euch einen Stein, wenn ihr nicht so gut drauf seid. Wählt euch eine Wattewolke, wenn es euch eher gut geht. Ich fange an. Legt euren Stein oder eure Wolke auf die Waage.
Die Konfis führen den Auftrag gleichzeitig aus. Haben alle ihren Stein bzw. ihre Wolke auf der Waage abgelegt, deutet die Gruppe das Ergebnis. Ist die Gruppe gut integriert, kann sie sich evtl. auch Konsequenzen für die jeweilige KU-Stunde überlegen.
Zum Abschluss des Rituals wird der Stuhlkreis geschlossen. Die Waage bleibt unverändert im Raum stehen. In einem Schlusskreis kann die Waage wieder in den Kreis einbezogen werden. Evtl. kann ein Gebet die Stimmungslage aufnehmen oder ein Segensspruch darauf Bezug nehmen.

Rituale mit Themenbezug

Thema: Beten – Fürbittangebot:
Voraussetzung für dieses Ritual: Jedes Gruppentreffen schließt mit einer Schlussrunde – möglichst im Altarraum der Kirche.
Beten spielt im Leben der Jugendlichen eine erstaunlich große Rolle (s. dazu die Einleitung zur Themenerarbeitung »Beten«). Diese Rolle des Betens im Leben der Jugendlichen kann in Ritualen gestaltet werden:

Erste Möglichkeit:
Material: DIN-A6-Zettel oder Karten mit Umschlägen, »Gebetsmühle« (= interessant gestalteter Kasten mit Einwurfschlitz; evtl. von der Gruppe selbst gebaut!)
Die Jugendlichen können anonym oder unter Nennung von Namen Probleme, Ängste, Wünsche und Hoffnungen auf einem Blatt Papier festhalten. Die Blätter der Jugendlichen werden in einer »Gebetsmühle« gesammelt, die im KU-Raum steht und wöchentlich von Unterrichtenden geleert wird. Die Blätter der Jugendlichen werden von den Unterrichtenden an zwei oder drei ausgewählte Gemeindeglieder weitergegeben, die sich verpflichten, diese

Anliegen der Jugendlichen im Laufe der Woche an Gott weiterzugeben. Im Rahmen der Einheit »Gebet« trifft sich die Gruppe mit diesen Gemeindegliedern: Sie tauschen sich darüber aus, was es für die jeweiligen Personen bedeutet hat, ihre Anliegen weiterzugeben bzw. die weitergegebenen Anliegen in ihre Fürbitte aufzunehmen.

Zweite Möglichkeit:
Material: Stellwände oder Kartons oder Spanplatten für eine Wand; DIN-A6-Zettel in einem Kasten, Stifte, Tesa-Film oder Heftzwecken (je nach Wandmaterial), Zettelkasten
Die Jugendlichen richten im Zusammenhang der Gestaltung eines Gottesdienstes zum Thema Gebet eine Gebetswand in der Kirche ein, auf der Gemeindeglieder (Wenn die Kirche geöffnet ist, während der Woche, ansonsten Sonntags) ihre Ängste, Wünsche, Hoffnungen etc. auf kleinen Zetteln festhalten können.
Diese Zettel werden im Rahmen einer Abschlussrunde des jeweiligen Gruppentreffens von der Gebetswand gelöst und im Kreis der Jugendlichen verteilt. Im Rahmen eines Fürbittengebets nennen die Jugendlichen das Anliegen ihres Zettels. Für jeden Zettel wird eine Kerze auf dem Altar angezündet. Nach dem Fürbittengebet werden die Zettel in einem Kasten gesammelt. Die Abschlussrunde schließt mit einem Segen.
Der »Zettelkasten« wird am Ende der KU-Zeit bzw. des Themas in der letzten gemeinsamen Schlussrunde geöffnet. Die Zettel werden noch einmal durchgesehen. Ein paar Gedanken oder Erinnerungen zu einzelnen Zetteln können ausgetauscht werden. Diese Schlussrunde endet mit einem Vertrauenspsalm.

Thema: Gott – Ausstellung zusammentragen: »Was mir heilig ist ...«
Material: Evtl. ein selbstgebauter Altar, Kerze, Tuch, Streichhölzer, farbigen Bastelkarton, Klebstoff, Scheren, Draht, Wachsmalstifte, Filzschreiber, Ton, Wollfäden, Stoffreste, kleine Plastikfiguren, getrocknete Blumen, Moos, Zweige, Samen, Tannenzapfen, Steine, Muscheln, Gräser, Federn, Aluminiumfolie usw.; außerdem Papier und Bleistift, Kerze auf einem Tuch, Streichhölzer.
Voraussetzung für dieses Ritual: Jedes Gruppentreffen schließt mit einer Schlussrunde – möglichst in der Kirche.
(Mögliche Vorbereitung des Rituals: Im Rahmen der Einheit »Gemeinde und Kirche kennen lernen« bauen die Jugendlichen einen kleinen Altar (Dabei klären sie Fragen wie: Was gehört zu einem Altar? Was ist eigentlich ein Altar? Warum stehen in christlichen Kirchen immer Altäre? Etc.).)

Jeweils ein bzw. eine Konfi bringt zur Schlussrunde eines Gruppentreffens einen Gegenstand oder ein Bild eines Gegenstandes oder einer Person oder auch eine Kopie bzw. Abschrift eines Textes mit, der/das/die ihm bzw. ihr »heilig« ist.
Die Jugendlichen sitzen in einem Sitzkreis auf dem Boden des Chorraumes der Kirche. Ein bzw. eine Konfi zündet eine Kerze auf einem Tuch o.Ä. in der Mitte des Sitzkreises an. Die bzw. der Unterrichtende führt das Ritual ein: »Heute hat uns N.N. etwas mitgebracht, was ihr bzw. ihm wichtig ist. Wir wissen noch nicht, was es ist. N.N. wird es uns jetzt zeigen.«
Der bzw. die Konfi stellt ihren Gegenstand etc. vor, indem er bzw. sie ihn durch den Kreis an allen anderen Konfis vorbeiträgt. Sie bzw. er legt ihn anschließend neben die Kerze auf das Tuch und setzt sich. Sie bzw. er erklärt jeweils in einem Satz, warum ihr bzw. ihm der mitgebrachte Gegenstand etc. heilig ist.
Sie bzw. er darf jemanden aussuchen, der bzw. die den Gegenstand aus der Mitte des Sitzkreises auf den (selbstgebastelten (s.o.)) Altar legen darf. Beim Ablegen auf dem Altar wird dieser Vorgang durch folgenden Satz interpretiert (Der Satz ist vorher mit den Konfis diskutiert worden.): »Was uns wichtig ist im Leben, ist bei dir, Gott, gut aufgehoben!«
Am Ende der Einheit »Gott« kann der Altar noch einmal betrachtet und interpretiert werden durch Psalm 146,4: »Die Erde ist des Herrn und alles, was darinnen ist. Gott ist nichts fremd. Er kennt uns. Er weiß, was uns wichtig. Er weiß, was für uns wichtig ist.«

Rituale mit Bezug auf die Arbeit der Gruppe

Fingerspitzengefühl
Material: Geldstück (ab € 1,00)
Dieses Ritual kann helfen, Gruppen auf einen Arbeitsschritt einzustimmen, bei dem es um genaue Wahrnehmung geht.
Die Gruppe steht in einem Kreis. Ein Zweieurostück wird von Zeigefinger zu Zeigefinger weitergegeben, ohne dass eine weitere Hand oder ein weiterer Finger beim Weitergeben benutzt werden darf.
Ist das Geldstück einmal durch den Kreis gelaufen, deutet der bzw. die Unterrichtende das Geschehen: »Für das, was wir jetzt vorhaben, brauchen wir etwas Fingerspitzengefühl ...«

Jonglierende Gruppe

Material: Ca. 10 Tennisbälle (oder, besser, Erbsensäckchen)

Dieses Ritual kann, nachdem es über einige Wochen hinweg eingeübt worden ist, Gruppen auf einen Arbeitsschritt einstimmen, bei dem Kooperation besonders wichtig ist.

Die Gruppe steht in einem Kreis. Alle erheben ihre rechte Hand. Ein Tennisball durchläuft nun die Gruppe so, dass jeder bzw. jede den Ball einmal in der Hand gehalten hat. Der erhobene rechte Arm ist das Zeichen dafür, dass der bzw. die Betreffende den Ball noch nicht gehabt hat. Hat jemand den Ball gehabt, nimmt er bzw. sie den Arm herunter. Jeder bzw. jede merkt sich, von wem er bzw. sie den Ball bekommen hat und zu wem er bzw. sie den Ball geworfen hat.

Ist der Tennisball so einmal durch die Gruppe gelaufen, veranlasst der bzw. die Spielleitende einen zweiten Testlauf in derselben Reihenfolge. Die Arme werden nun nicht mehr erhoben.

Sind alle Unklarheiten beseitigt, beginnt das Spiel: Nach und nach gibt der bzw. die Spielleitende immer mehr Bälle in die Gruppe, die in der immer gleichen Reihenfolge die Gruppe durchlaufen. In der Regel schafft es eine Gruppe, drei oder vier Bälle am Laufen zu halten. Ist das Spiel geübt, stellt sich bald ein eigener Gruppenrhythmus ein, der auch über das Spiel hinaus erhalten bleibt.

Ist die Gruppe sehr groß (über 13), kann sie geteilt werden. Das dadurch entstehende Wettbewerbsmoment (»Welche Gruppe kann mehr Bälle am Laufen halten?«) konzentriert das Spiel weiter und hilft auch unruhigen Gruppen, sich zu konzentrieren.

Das Spiel kann auch im Sitzkreis gespielt werden. Die Bälle werden dann zugerollt.

4. Konfirmation – »Also wenn Sie mich fragen …«

Das Konfirmationsbekenntnis als öffentliche Darstellung der Religionsmündigkeit in einer Momentaufnahme

Hinweis:
Eine Predigtidee zur Konfirmation finden Sie auf der CD-ROM im Ordner »Kapitel II_Das ganze Drumherum« unter 3 als Word-Datei. So können Sie die Predigt Ihren Wünschen entsprechend anpassen.

Einleitung

Den hier folgenden Gedankengang habe ich (Hans) gemeinsam mit Kollegen aus Pädagogischen Instituten anderer Landeskirchen (Volker Elsenbast, Jörg Schirr, Hanfried Victor – vielen Dank, Jungs! Hat wirklich Spaß gemacht!) entwickelt. Dieser Gedankengang versucht, auf den Ritus der Konfirmation anzuwenden, was uns auch didaktisch wichtig ist: nämlich Religion als Funktion von Lebensvollzügen zu explizieren oder – in einem anderen Jargon – Gottes Wirklichkeit in ihrer Beziehung zur menschlichen Lebenswirklichkeit ins Spiel zu bringen.

Wir haben diese Gedanken mit einer Reihe von Unterrichtenden diskutiert. Immer wieder haben wir dabei die Rückmeldung erhalten: »Das überfordert die Jugendlichen total.« Diese Rückmeldung hat uns darauf aufmerksam gemacht, dass unser Gedankengang missverständlich ist. Deshalb hier ein kurzer Vorspann, der Ihnen sozusagen eine Brille als Lesehilfe für den folgenden Text aufsetzen soll:
In der Konfirmation feiern alle möglichen Personen(gruppen) alles Mögliche: das Wiedersehen mit Oma, das viele Geld und die schönen Geschenke, das erste Bier oder der erste Korn, die Erhaltung von A 13 oder A 14 durch neue Kirchensteuerzahler, die Gewinnung neuer Ehrenamtlicher für die Jugendarbeit, den Abschied von Anna, neben der ich so gern einmal sitzen wollte, das Gefühl, ein Stückchen erwachsener zu sein, die Zuversicht, dass mich im

Leben noch etwas anderes hält als die Anerkennung durch meine Eltern oder die peer-group ...

Es gibt kein Definitionsmonopol für die Konfirmation – und für diese Tatsache auch kein Änderungsmonopol. Die Einsicht in diesen Sachverhalt ist in der Konfirmationstheologie der letzten Jahrzehnte vor allem dadurch wirksam geworden, dass man sich bemüht hat, in Segenshandlung und Fürbitte die (angeblichen) Hauptmotive von Eltern und Konfis in der Konfirmationsfeier zu gestalten. Das war nicht falsch, sondern in höchstem Maße »dran«! Falsch war unseres Erachtens jedoch, dass weithin die Bereiche des Konfirmationsgottesdienstes, die sich nicht auf den ersten Blick als aus den Motiven von Konfis und Eltern entspringend interpretieren ließen, an den Rand des Konfirmationsgottesdienstes und der Konfirmationstheologie gedrängt wurden. Hier setzt unser Gedankengang an, indem wir fragen, wie denn nun eigentlich das Konfirmationsbekenntnis zu entfalten ist.

Der Untertitel dieses Kapitels gibt an, wie wir uns das vorstellen: Das Konfirmationsbekenntnis ist *eine* wichtige Gelegenheit für Konfis, darzustellen, wie sie sich die Beziehung von Wirklichkeit Gottes und Wirklichkeit der Welt vorstellen.

Damit das Missverständnis einer Überforderung der Jugendlichen durch eine solche Aufforderung zur Darstellung nicht aufkommt, bitten wir Sie, Folgendes beim Lesen des Textes im Blick zu behalten:

Die genannte Darstellung der Beziehung von Wirklichkeit Gottes und Lebenswirklichkeit von Menschen geschieht jeweils mit den Mitteln, die den real existierenden Konfis zur Verfügung stehen: manchmal durch Worte, manchmal durch Musik, manchmal durch Bilder, vielleicht auch nur Gesten.

Sie zeigt eine Momentaufnahme in einem lebenslangen Prozess, der durch den wechselseitigen Austausch solcher Momentaufnahmen seinen inneren »Drive« erhält und behält.

Die Darstellung bewegt sich jenseits von Gut und Böse, von richtig und falsch. Sie ist Aufforderung und Einladung an den Rest der Gemeinde, in den genannten Austausch einzutreten und gemeinsam Neues und Bewährtes je für sich und füreinander zu entdecken.

Diesen Gedankengang historisch (angesichts der Geschichte der Konfirmation und der Konfirmandenarbeit) und theologisch zu entfalten, ist Absicht des folgenden Textes:

Bedeutungen und Funktionen der Konfirmation – ein kurzer Rückblick

Jede Konfirmationstheologie steht vor dem Problem, dass sich die Bedeutung der Konfirmation nicht eindeutig aus ihrer Geschichte ergibt. Das liegt zum einen daran, dass sich für die Konfirmation keine normierende Ursprungssituation – so wie etwa für die Taufe oder das Abendmahl – ausmachen lässt. Die Konfirmation ist eben nicht eine Idee des Jesus von Nazareth, sondern eine Erfindung der Kirche. Zum anderen vergaß der Erfinder der Konfirmation, ein Patent bzw. ein Copyright auf seine Erfindung anzumelden. Deshalb konnte sie im Laufe ihrer Geschichte immer wieder überarbeitet werden, um ihre Leistungsfähigkeit in sehr unterschiedlichen historischen und (religions-) gesellschaftlichen Situationen zu steigern oder sogar erst zu gewinnen. Dieser Vorgang soll anhand von drei historischen Schlaglichtern erläutert werden.

1) In protestantischen Kirchen gab es zwar schon immer – wenigstens dem Anspruch nach – einen Zusammenhang zwischen der Zulassung zum Abendmahl und einer kirchlichen Unterweisung. Allerdings war die Konfirmation in vorpietistischer Zeit auf dem Gebiet des heutigen Deutschland eher die Ausnahme als die Regel. Die erste belegbare Konfirmation in Bayern fand 1734 in Franken statt; in Hamburg lässt sie sich sogar erst ab 1832 nachweisen.
2) Im Pietismus wurde das Potenzial der reformatorischen Erfindung erkannt und im Sinne seiner Theologie gedeutet: Hier diente sie der Bildung und/oder Stärkung des religiösen Individuums, das sich und die Gemeinde in der Konfirmationsfeier seines Glaubens vergewisserte.
3) Eine flächendeckende Konfirmationspraxis entwickelte sich erst in der ersten Hälfte des 19. Jahrhunderts. Sie geht Hand in Hand mit dem Übergang von der ständischen zur bürgerlich-bildungsbestimmten und kapitalistisch-geldbestimmten Gesellschaft. Im Gefälle der Lockerung des Familienverbundes durch industrialisierte Produktionsprozesse sowie aufgrund des Bildungsinteresses des seiner selbst bewusst gewordenen Bürgertums kam es nach und nach zur Durchsetzung der allgemeinen Schulpflicht. Aus dieser Pflicht wurden die evangelischen Jugendlichen mit der Feier der Konfirmation entlassen. Taucht in dieser Zeit der Begriff Unterricht im Zusammenhang mit der Konfirmation auf, so bezieht er sich in aller Regel nicht auf eine gemeindliche Veranstaltung, sondern auf den (religiös geprägten) Schulunterricht. Der harte Übergang in die ökonomi-

sche und soziale Selbstständigkeit war bis ins 20. Jahrhundert für die Konfirmation Sitz im Leben.

Wie andere gute Erfindungen wurde also auch die Konfirmation erst 200 bis 300 Jahre nach ihrer »Erfindung« zu einem Erfolg – dies aber nicht ganz im Sinne der Reformatoren, für die das Unternehmen Konfirmation und Konfirmandenunterricht seinen Sinn vor allem aus der Praxis der Kindertaufe und der Abgrenzung gegen ein schwärmerisch-täuferisches Christentum bezog.
Diese wenigen Schlaglichter aus der Geschichte veranschaulichen den oben formulierten Sachverhalt: Die Konfirmation hat ihre Bedeutung sowohl zu unterschiedlichen Zeiten als auch in unterschiedlichen Bezugssystemen (Kirche, »ecclesiola«, bürgerliche Gesellschaft, ...) je neu gewinnen müssen. Ihre Anpassungsfähigkeit an vielfältige historische und (religions-)gesellschaftliche Bedürfnislagen begründete ihren Erfolg. Zugleich ist damit auch auf die Aufgabe hingewiesen, die uns heute gestellt ist: nämlich den Streit über die Adaptation des uns überlieferten Ritus an unsere historische und religionsgesellschaftliche Bedürfnislage zu führen.

Was leistet der Ritus Konfirmation für das System Kirche?

In den folgenden Überlegungen soll die Funktion der Konfirmation für das System Kirche geklärt werden. Andere Bezugssysteme, die – wie geschildert – in der Geschichte der Konfirmation auch eine Rolle gespielt haben (bürgerliche Gesellschaft, Schule, aber auch Familie), werden zunächst zurückgestellt. Der Gedankengang setzt an bei der Taufe: von hier aus lässt sich in historischer und theologischer Perspektive, die Leistung des Konfirmationsritus für das System Kirche entfalten:

Kirchen, die Kinder taufen, setzen Menschen in ein Verhältnis zur Gott, ohne dass diese Menschen sich bereits selbst in einem solchen Verhältnis verstehen (können).

Dies ist kein Problem, solange die Verantwortung für die Ausprägung des gesetzten Verhältnisses nicht den einzelnen Christinnen und Christen übertragen ist, sondern dauerhaft bei der Institution bleibt. Dann kann die Institution durch entsprechende Handlungen die Verhältnissetzung herbeiführen, erneuern und garantieren, ohne dass das Selbstverständnis eines Christen/

einer Christin jemals ausdrücklich zum Thema werden muss. Diese »Lösung« bestimmt die römische Kirche über weite Teile ihrer Geschichte.
Die Probleme sind auch dann noch relativ begrenzt, wenn den Christinnen und Christen zwar die Zuständigkeit für die Verhältnissetzung übertragen ist (und sie damit zu religiösen Subjekten) werden, sie sich aber in einer religiös homogenen Umwelt vorfinden. Denn dort ist die Ausprägung einer bestimmten Religiosität durch Tradition und Sitte weitgehend alternativlos vorgegeben.
Probleme entstehen für die deutschen protestantischen Kirchen, da sie beide Wege nicht als Lösungen in Anspruch nehmen konnten:
Der erste Weg verbot sich aufgrund reformatorischer Ekklesiologie, der zufolge das religiöse Subjekt in einem Verhältnis der Unmittelbarkeit zu Gott steht. Damit trägt die Reformation zur Etablierung der Idee eines eigenverantwortlichen Subjekts in der Moderne bei bzw. vollzieht diesen Vorgang für Kirche und Glauben.
Der zweite Weg war durch die Etablierung protestantischer Kirchen auf deutschem Boden unmöglich geworden: In der Folge der Reformation löste sich die Homogenität der religiösen Umwelt endgültig auf, ohne dass die protestantischen Kirchen dies beabsichtigt hätten. Der Versuch, eine solche Homogenität durch die westfälische Friedensformel am Ende des 30-jährigen Krieges wenigstens regional wiederherzustellen, änderte nichts an der Tatsache, dass die Mehrheit der Menschen auf dem Gebiet des heutigen Deutschland unterschiedliche institutionelle Ausprägungen von Religiosität im wahrsten Sinne des Wortes am eigenen Leib erfahren hatte.
So standen (und stehen) die protestantischen Kirchen vor der Aufgabe, *Orte zu schaffen, an denen sich das in der Kindertaufe gesetzte Gottesverhältnis unter Anerkennung der in der Unmittelbarkeit zu Gott begründeten Verantwortung des religiösen Subjekts ausprägen kann.*
Die Konfirmation ist *ein* besonders hervorgehobener Ort, an dem sich protestantische Kirchen dieser Aufgabe stellen und sich die Bedingungen schaffen, die einer sinnvollen Bearbeitung dieser Aufgabe dienen. Zu diesen Bedingungen gehört v.a. eine enge Verbindung von Konfirmation und Unterricht. Es darf nicht als historischer Zufall betrachtet werden, dass Unterricht und Konfirmation durch ihre gesamte Geschichte hindurch Hand in Hand gegangen sind (was ja z. B. auf die römische Firmung nicht zutrifft). Die Verbindung der beiden Größen war vielmehr protestantisches Programm im Gefolge des Priestertums aller Getauften: Die Bildungsmaßnahme »Kirchlicher Unterricht« sollte die persönlich verantwortete Aneignung des in der Taufe gesetzten Verhältnisses ermöglichen. So werden die Getauften in den

Katechismen in der bis dahin nicht selbstverständlichen Rolle von Lernenden gesehen, die nach dem Glauben fragen. Die »Prüfung« war der Ort der Feststellung des Gelingens dieser persönlichen Aneignung, die Konfirmation der Ort ihrer *Darstellung*. Sie ist deshalb nicht einfach ein feierliches »Anhängsel« an den Unterricht, sondern sozusagen sein öffentlicher *Kulminationspunkt*.

Das Konfirmationsbekenntnis

Seit ihrer Erfindung spielt das *Bekenntnis* der Konfirmandinnen und Konfirmanden in der Konfirmation eine deutlich herausgehobene Rolle. Liturgische Rahmungen – z. B. durch Fragen oder Erklärungen der Jugendlichen – sind ein Hinweis auf die besondere Bedeutung, die protestantische Kirchen dem Konfirmationsbekenntnis stets zugemessen haben. Ein anderer Hinweis darauf ist in der Tatsache zu sehen, dass bis in das 20. Jahrhundert hinein das Konfirmationsbekenntnis in vielen Regionen das einzige Glaubensbekenntnis war, das ein Christ bzw. eine Christin selbst im Rahmen eines Gottesdienstes sprach. Im regulären Sonntagsgottesdienst blieb das Sprechen des Bekenntnisses dem ordinierten Pfarrer vorbehalten.
Die besondere Bedeutung des Konfirmationsbekenntnisses resultiert daraus, dass sich in ihm die Verantwortung des religiösen Subjekts für die Gestaltung seiner Religiosität zu einer öffentlich wahrnehmbaren Gestalt verdichtet. Insofern erkennen die protestantischen Kirchen im Konfirmationsbekenntnis öffentlich an, dass der/die Einzelne für die spirituellen, individuellen und sozialen Ausprägungen seines/ihres Glaubens selbst zuständig ist. Als Resultat eines spezifischen Bildungsprozesses dient es der Darstellung der eigenen Religionsmündigkeit.
Ohne Frage hat es im Laufe der Geschichte auch Interpretationen der Funktion des Bekenntnisses im Rahmen der Konfirmation gegeben, die in ihm nicht eine Darstellung der eigenen Religionsmündigkeit gesehen haben. Unterrichtende, Gemeinden oder Kirchen haben unter anderem auf den stetig zunehmenden gesellschaftlichen Pluralisierungsdruck damit reagiert, das Konfirmationsbekenntnis als Instrument der möglichst nahtlosen Einpassung der Konfirmandinnen und Konfirmanden in das jeweilige gemeindlich-binnenkirchliche Glaubensverständnis zu verstehen. Umgekehrt haben sich viele Konfirmatoren und Konfirmatorinnen gegen einen solchen als repressiv empfundenen Gebrauch des Bekenntnisses abgegrenzt, indem sie die Konfirmation vor allem als Segensfeier entfalteten. Die Interpretationskategorie des Passageritus gab ihnen dafür wichtige theoretische Argumente an die Hand.

Mit ihr kann die Konfirmation unter Einbeziehung der Perspektive der Jugendlichen und ihrer Familien wahrgenommen und gestaltet werden – nämlich als Lebensbegleitung. Darin liegt ein nicht aus dem Blick zu verlierender Gewinn für die Konfirmationstheologie.
Zugleich führte die Anwendung dieser Interpretationskategorie zur Etablierung einer problematischen Alternative: In der konfirmationstheologischen Diskussion entstand zumindest der Eindruck, als repräsentierten Segenshandlung und Bekenntnisfeier alternative Konfirmationsverständnisse, Kirchenverständnisse und Bilder von den Jugendlichen. Diese Alternative hätte um einer fruchtbareren Diskussion willen durch eine protestantische Kritik an dem hier als repressiv charakterisierten Gebrauch des Bekenntnisses überwunden werden können. Denn die theologische Alternative zu diesem Bekenntnisgebrauch lautet nicht Segenshandlung, sondern »Bekenntnis als öffentliche Darstellung der Religionsmündigkeit«.

Bekennen und Bekenntnis im gegenwärtigen gesellschaftlichen Zusammenhang

Im folgenden Abschnitt soll nun überprüft werden, ob das Verständnis des Konfirmationsbekenntnisses als Darstellung der Religionsmündigkeit auch außerhalb des Bezugssystems Kirche plausibel ist. Mit dieser Überprüfung wird der zu Beginn beschriebene Sachverhalt aufgenommen, dass die Konfirmation durch ihre gesamte Geschichte hindurch ihre Bedeutung in unterschiedlichen Bezugssystemen gewonnen hat.
Solange mehr oder weniger alle zur Konfirmation gehen, weil es Sitte und damit selbstverständlich ist, ist die Konfirmationsteilnahme ein gesellschaftlich unauffälliges Verhalten, das nur im Ausnahmefall begründungspflichtig wird. Symptomatisch für diese Situation ist zum Beispiel auch das geringe Interesse daran, nach der Bedeutung zu fragen, die die Konfirmation für die Jugendlichen hat.

Das ist in einem entkirchlichten Gesellschaftskontext anders. Hat die Konfirmation ihren Status als gesellschaftliche Sitte erst einmal verloren und ist zu (nur) einer Handlungsoption unter anderen geworden, sagt bereits die schlichte Wahl der Option »Konfirmation« etwas über die Wählenden aus. In einem entkirchlichten Kontext wird die Konfirmation zu einem gesellschaftlich auffälligen Verhalten, das grundsätzlich (also nicht unbedingt im Einzelfall) begründungspflichtig ist und mit Nachfragen und Legitimationsdruck rechnen muss. Durch diese Wahl werden Wählende auf einen Sachverhalt hin identifizierbar, der freilich durch die Wahl allein inhaltlich noch nicht klar bestimmt ist.

So gewinnt die Teilnahme an der Konfirmation in einer Säkulargesellschaft »konfessorischen« Charakter. Der Begriff »konfessorisch« bezieht sich nicht auf ein vorausgegangenes Bekehrungserlebnis, sondern sehr viel unspektakulärer auf die Tatsache, dass sich Menschen durch die wahrscheinlich sehr unterschiedlich begründete Wahl der Handlungsoption »Konfirmation« öffentlich in ein Verhältnis zu Religion, Christentum und Kirche setzen.

In Westdeutschland ist die Teilnahme an der Konfirmation zurzeit noch kein im oben beschriebenen Sinn auffälliges Verhalten. In den östlichen Bundesländern liegt der Sachverhalt schon anders: Hier ist der Wahlcharakter der Konfirmation den Konfirmandinnen und Konfirmanden und ihrem gesellschaftlichen Umfeld bewusst.

In den kommenden Jahren ist unseres Erachtens zu erwarten, dass sich in den alten Bundesländern die Verhältnisse in diesem Bereich denen in den neuen Bundesländern angleichen. Der konfessorische Charakter der Teilnahme an der Konfirmation wird durch solche und ähnliche Entwicklungen auch in Westdeutschland in den nächsten Jahren steigen. So ist bereits jetzt z. B. in einigen Teilen des ehemaligen Westberlin zu beobachten, dass die selbstverständliche Teilnahme an der Konfirmation drastisch zurückgeht und stattdessen säkulare Jugendfeiern als Alternative angenommen werden.

Als Ergebnis dieses Abschnittes lässt sich festhalten: Die Entfaltung des Konfirmationsbekenntnisses im Sinne einer öffentlichen Darstellung der eigenen Religionsmündigkeit bietet Möglichkeiten, zentralen gesellschaftlichen Entwicklungen Rechnung zu tragen. Sie bietet Möglichkeiten, den religiösen Sinn dieser kirchlichen Handlung *gesellschaftlich* plausibel zu machen. Plausibilität auch für die Einführung des Begriffs der Mündigkeit in diesem Zusammenhang zu gewinnen, darum geht es im folgenden Abschnitt.

Mündigkeit – als Momentaufnahme dargestellt

In einer demokratischen Gesellschaft beschreibt der Begriff der *Mündigkeit* auf der einen Seite die *Selbstverpflichtung der Gesellschaft, alle Stimmen der für mündig erklärten Personen unterschiedslos im gesellschaftlichen Diskurs zu hören und zu erwägen.* Dieser Selbstverpflichtung der Gesellschaft korrespondiert auf der anderen Seite die *Verantwortung der für mündig er-*

klärten Person für ihr Reden und Handeln gegenüber der Gesellschaft. Wer jemanden für mündig erklärt, muss dessen Stimme auch hören. Wer sich für mündig erklären lässt, muss sich dann auch in der Gemeinschaft der Mündigen verantworten: Er bzw. sie muss Rede und Antwort stehen für sein bzw. ihr Reden und Handeln. In diesem Sinne ist Mündigkeit keine Leistung, Fähigkeit oder Persönlichkeitseigenschaft des/der Mündigen, sondern Ergebnis gesellschaftlicher Zuschreibung.

Die Zuschreibung der Mündigkeit setzt aufgrund gesellschaftlicher Vereinbarung allein die verantwortungsvolle Einübung in den spezifischen Gesellschaftsdiskurs voraus, ohne dabei bestimmte Mehrheitsmeinungen verpflichtend zu machen. In dieser prinzipiell offenen Diskurseinübung liegt die Leistung demokratischer Bildungssysteme.

Der Protestantismus kann die in diesem Mündigkeitsbegriff gefasste Gegenseitigkeit und Gleichheit theologisch interpretieren: zunächst allgemein durch den Schöpfungsgedanken, der jedem Menschen unterschiedslos eine unhintergehbare, weil nicht in seinen Fähigkeiten und Leistungen, sondern im Schöpfungsakt Gottes begründete Würde zueignet; sodann in Bezug auf die Kirche durch die Vorstellung des »neuen Seins in Christus«, welches dem Christenmenschen gleichfalls nicht aufgrund eigener Leistung, sondern durch Zusprechung zukommt. Der oben beschriebene Mündigkeitsbegriff lässt sich so als säkularisierte Form biblischer Gleichheits- und Gegenseitigkeitsvorstellung verstehen.

Was folgt daraus für das Verständnis des Konfirmationsbekenntnisses? *Religionsmündigkeit* beschreibt die *Selbstverpflichtung der Gemeinde, die Stimmen aller Konfirmierten in Sachen Religion unterschiedslos zu hören und zu erwägen.* Darüber hinaus bezeichnet der Begriff den Sachverhalt, *dass prinzipiell alle, die sich haben konfirmieren lassen, von der Gemeinschaft der Konfirmierten für ihr Reden und Handeln in Sachen Religion zur Verantwortung gezogen werden können.* Aufgrund kirchlicher Vereinbarung ist die verantwortungsvolle Einübung in den spezifisch christlichen Diskurs Voraussetzung für die Zuschreibung der Religionsmündigkeit im Akt der Konfirmation. Eine Verpflichtung auf bestimmte Mehrheitsmeinungen innerhalb dieses Diskurses darf Konfirmandenunterricht dagegen nicht intendieren.

Das Konfirmationsbekenntnis ist die Darstellung der Religionsmündigkeit zu einer bestimmten Zeit und an einem bestimmten Ort. Zu bekennen, was es mir bedeutet, in dieser Welt als Christ bzw. Christin zu leben, ist und bleibt notwendigerweise ein Prozess. Das unhintergehbare zeitliche Nacheinander von beziehungsrelevanten Erfahrungen führt unweigerlich zu Veränderungen in der Beziehung. Deshalb ist ein Glaubensbekenntnis angemessen nur dann verstanden, wenn es als Momentaufnahme einer Beziehung angesehen wird. Auf diese Momentaufnahme hin darf der bzw. die Bekennende nur als Ausgangspunkt für weitere Entwicklungen angesprochen werden. Ihn oder sie ein für alle Mal darauf festzulegen, würde bedeuten, die im Bekenntnis zur Darstellung kommende Gottesbeziehung zum Tode zu verurteilen. Die Formel vom Konfirmationsbekenntnis als Darstellung der Religionsmündigkeit bedarf deshalb der Ergänzung. Unter Einbeziehung des letzten Gedankens muss sie vollständig lauten: Das Konfirmationsbekenntnis als *öffentliche Darstellung der Religionsmündigkeit in einer Momentaufnahme.*

»Ja, kann denn hier jeder glauben, was er will?« oder »Das musst du schon glauben!«

Bisher haben wir sehr formal argumentiert, um das Konfirmationsbekenntnis auf eine ganz bestimmte Weise in den Konfirmationsritus einbinden zu können. Diese formale Argumentation hat vielleicht den Eindruck hervorgerufen, wir wären der Ansicht, im Konfirmationsbekenntnis könne nun jeder und jede bekennen, was er oder sie will. Dieser Eindruck stimmt und stimmt auch wieder nicht:
Er stimmt, insofern Glaube – wie oben bereits beschrieben – protestantisch verstanden persönlich zu verantworten ist. Damit stehen auch inhaltliche Füllungen des Phänomens Glauben in der persönlichen Verantwortung der Person, die glaubt. Trotzdem ist es aber nicht als Ergebnis des hier vorgetragenen Bekenntnisverständnisses möglich, dass ein Konfi im Konfirmationsgottesdienst sagt: »Ich glaube an den großen Grumps!«
Diesen Satz kann er oder sie im KU selbst sagen und damit einen (vielleicht wichtigen) Lernprozess der Gruppe anstoßen. Im Konfirmationsgottesdienst hat er jedoch nicht seinen Ort: Denn hier gibt es die individuell nicht zur Disposition stehende Vereinbarung, dass zur Sprache gebracht wird, wie sich Menschen zur Wirklichkeit eines bestimmten Gottes, nämlich der des dreieinigen, stellen. Sein Name ist schließlich zu Beginn des Gottesdienstes an- und ausgerufen worden. Deshalb ist auch das persönliche Bekenntnis der Konfis auf diesen bestimmten Gott zu beziehen: Was von diesem Gott geglaubt wird, ist Gegenstand des Konfirmationsbekenntnisses. Und insofern kann hier zwar »jeder glauben, was er will«, aber trotzdem nicht einfach sagen, was er will: Denn das Gesagte muss sich auf diesen bestimmten Gott beziehen. Dabei gilt allerdings wiederum: Kein Konfi muss glauben, was die

christliche Tradition von diesem bestimmten Gott sagt. Jeder und jede Konfi hat das (im Glaubensbegriff selbst begründete) Recht, Nähen und Distanzen zu dieser Tradition zu benennen.

Ja, müssen wir denn dann alle konfirmieren?

Mit dem letzten Gedanken stellt sich natürlich die Frage, ob denn ein Konfi konfirmiert werden kann, der größte Distanz zu diesem bestimmten Gott zum Ausdruck bringt. Diesen Sachverhalt möchten wir folgendermaßen entschlüsseln:

Nehmen wir einmal an, ein Konfi entscheidet sich dafür, seine gespürte Distanz zu diesem bestimmten Gott in einem Konfirmationsbekenntnis darzustellen. Dann hat dieser Konfi bereits konfirmiert: er hat öffentlich dargestellt, wie er sich das Verhältnis von Wirklichkeit Gottes und Wirklichkeit der Welt vorstellt. Er hat damit der Gemeinde eine Aufforderung und eine Einladung zu einem Gespräch gegeben. Jetzt ist sie an der Reihe, diese Aufforderung und Einladung anzunehmen.

Bleibt noch die Frage nach dem Segen: Soll ein solcher Konfi gesegnet werden? Auch hier gilt unseres Erachtens: Entscheidet sich dieser Konfi dafür, sich trotz seiner verspürten und dargestellten Distanz unter den Segen Gottes zu stellen, dann kann die Kirche ihm diesen nicht verwehren. Denn Segen ist prinzipiell voraussetzungslos. Ob dieser Segen der Kirche für den Konfi auch tatsächlich zum Segen des dreieinigen Gottes wird, steht nicht mehr in ihrer Hand und ihrer Verantwortung.

Und wie wird all das konkret?

In der Themenerarbeitung zum Credo haben wir Ihnen eine Möglichkeit angeboten, wie Sie die Gestaltung von individuellen Bekenntnissen unterrichtlich inszenieren können. Wir schlagen Ihnen vor, die Ergebnisse dieser Erarbeitung je nach Gruppengröße in Gänze oder auch nur exemplarisch in den Konfirmationsgottesdienst aufzunehmen. Sollte (z. B. wegen der Gruppengröße) nur eine exemplarische Aufnahme möglich sein, sollten alle Ergebnisse auf einem Gottesdienstprogramm oder als Ausstellung im Gottesdienstraum präsent sein. Die exemplarische Auswahl müssen die Konfis natürlich selbst treffen: Sie entscheiden, wer mit welchen Worten für Ihre Gruppe sprechen darf.

Übrigens: Will ein Konfi tatsächlich seine große Distanz zum christlichen Glauben zum Ausdruck bringen, wäre es hilfreich, ihn oder sie zu bitten, einen Satz an sein bzw. ihr Bekenntnis anzufügen, der erklärt, warum er

oder sie sich trotzdem unter den Segen des dreieinigen Gottes stellen möchte.
Weitere Anregungen zur Gestaltung des Konfirmationsgottesdienstes gibt es zuhauf in der Literatur. Besser können wir das auch nicht und wollen deshalb auch nur eine kleine Idee dazu beitragen.

III. Jetzt wird's konkret: Unsere Themenerarbeitungen

1. Das Jesus-Brett

»Jesus Christus« ist ein Standardthema im KU. Trotzdem haben wir bei der Erarbeitung dieses Themas in unserem KU oft das Gefühl gehabt, irgendwie im Trüben zu fischen. Obwohl kaum ein anderes Thema so häufig in KU und RU bearbeitet wird, bleibt Jesus von Nazareth für viele Konfis eine seltsam konturlose Figur, über die es wenig präzises Wissen gibt und zu der selten eine bedeutungsvolle Beziehung entwickelt wird.
Woran liegt das? Unsres Erachtens sind die Gründe für dieses Phänomen vielfältig. Uns scheint jedoch, dass uns in dieser Konturlosigkeit auch – um viele Ecken vermittelt – die langjährige exegetische Ratlosigkeit in Bezug auf diesen Jesus von Nazaret sowie folgenreiche theologische Differenzierungen, z. B. die zwischen dem historischen Jesus und dem Christus des Glaubens, begegnen. Nicht nur für Konfis ist Jesus wenig greifbar. Wir haben den Eindruck: Auch viele Lehrende wissen nicht so recht, was sie von ihm mit guten Gründen wissen, halten oder auch glauben können.
Viele Themenerarbeitungen versuchen die Konfis für Jesus zu begeistern, indem er als eine Art religiöser Hero, Jesus Christ Superstar, dargestellt wird (– in einer Reihe mit anderen Jugendidolen, deren Namen man kaum nennen kann, weil sie so schnell wechseln): Sein Mut im Umgang mit Außenseitern und Außenseiterinnen trotz möglicher (religions-)politischer Sanktionen, sein Reden von der Zuwendung Gottes zu allen Menschen spielen bei diesem Zugang zum Thema in aller Regel eine zentrale Rolle. Und natürlich ist eine solche Herangehensweise nicht falsch, verhandelt man dabei doch durchaus einen nicht unwesentlichen Teil von Jesu Botschaft und Leben. Aber trotzdem

bleibt ein schaler Nachgeschmack: »Irgendwie« wird man dem Thema nicht gerecht, weil vieles andere dabei eben nicht vorkommt: Kreuz und Auferstehung fallen in solchen Konzepten (unnötigerweise!) oft unter den Tisch. Konfis lernen mit diesem Zugang Jesus als tollen Typen oder wichtigen Menschen – etwa in der Kategorie »Martin Luther King« oder »Mutter Teresa« – kennen. Aber warum Christen und Christinnen glauben, in Jesus von Nazareth der Himmel auf die Erde gekommen ist, wird nicht plausibel.

Wie können wir das ändern?

Eins ist uns völlig klar: Unser erstes Interesse muss sein, die Konfis mit der Person Jesus von Nazaret, seinem Leben, Reden und Handeln vertraut zu machen. Wir können von Konfis nicht mit Recht erwarten, dass sie sich zu einer Person verhalten, ohne ein klares Bild von ihr zu haben. Aber es muss mehr geschehen: Es muss deutlich werden, dass *alles*, was Christen und Christinnen über Gott sagen, irgendwie mit dieser Person Jesus von Nazareth zu tun hat. Deshalb schlagen wir Ihnen in Bezug auf eine Einheit zum Thema »Jesus Christus« vor: Machen Sie's doch einfach *nicht*. Lassen Sie es sein! Ein wenig differenzierter gesagt: Es wird nicht angemessen gelingen, »Jesus Christus« als ein Thema neben anderen abzuhandeln. Denn wenn es stimmt, dass Jesus DER Bürge schlechthin für unser Reden von Gott ist, dann muss er *immer* dann auftauchen, wo von Gott die Rede ist: Beim Thema »Gottesbilder« genauso wie beim Thema »Tod«, bei den Themen »Beten« und »Schuld« genauso wie beim Thema »Theodizee« usw. Das alles sind eben auch originäre Christus-Themen.
Deshalb handeln wir Jesus nicht als ein Thema unter anderen in einer Unterrichtseinheit ab und legen es dann ad acta. Wir lassen vielmehr das Thema »Jesus Christus« den roten Faden sein, der sich während der kompletten Konfizeit durch das Arbeiten der Gruppe zieht: und zwar als Jesus-Brett. Dabei handelt es sich um ein Brett, eine Stellwand oder auch eine Raumwand im KU-Raum, auf der alles, was im Laufe der Konfizeit an »Jesus-Produkten« entsteht, Platz findet. Wie sie genau aussieht, beschreiben wir weiter unten. Durch das Jesus-Brett ist im Konfi-Raum immer präsent, was die Gruppe (oder auch mehrere Gruppen, s.u.) sich zum Thema erarbeitet hat.
Wir führen das Jesus-Brett ein, wenn das erste Produkt erstellt ist, in dem eine Geschichte, ein Satz, historische oder theologische Aussagen usw. in Bezug auf Jesus vorkommen. Wir haben in diesem Buch überall die Hinweise auf das Jesus-Brett markiert.

Ein Beispiel:
Beim Thema »Gottesbilder« geht es um die vielen verschiedenen Erfahrungen, die Menschen in der Bibel und eben auch die Konfis mit Gott gemacht haben. Auch Jesus spricht in Bildern über Gott. Er nennt ihn z. B. seinen »Vater«. Hier können Sie anfangen, das Brett zu gestalten.
Im Laufe der beiden Jahre füllt sich das Brett mit vielen Informationen, Geschichten, Inhalten von und über Jesus. Es geht uns darum, Handeln und Leben Jesu im ganzen KU so zu profilieren, dass Jugendliche Stellung zu ihm beziehen können. Das gelingt, weil wir Jesus nicht von den anderen Themenbereichen abschneiden, sondern in allen Themenbereichen auf seine Rede von Gott, sein Handeln oder sein Geschick rekurrieren. So haben die Konfis vielfältige Gelegenheiten, Jesus als die Person wahrzunehmen, durch die Beziehungen zwischen Gott und Mensch differenziert beschrieben werden können.

Das Brett kann folgendermaßen aussehen:

Wir erstellen eine Jesus-Umrissfigur. Dazu benötigen sie eine/n Mitarbeiter/in. Diese Person legt sich dann auf ein großes Tuch (sie können auch braunes Packpapier verwenden).
Sie ziehen dann den Umriss dieser Person auf das Material. Das müssen sie zweimal machen (für Vorder- und Rückseite). Fertig ist die Jesus-Umrissfigur.
Beschriften sie dann folgende Körperteile:
Augen-Ohren-Mund-Hände-Rücken-Füße
Sie stehen für bestimmte Fragestellungen zur Person Jesu:

Augen: Wen hat Jesus gesehen? Wem ist er begegnet? Was hat er gesehen?
Ohren: Wem hat Jesus zugehört? Auf wen hat er gehört?
Mund: Das hat Jesus gesagt, erzählt …
Hände: Rechts: Wen hat Jesus berührt? Links: Was hat er getan?
Rücken: Das hat Jesus ertragen …
Füße: Dahin ist Jesus gegangen …

Die Umrissfigur wird dann an einer großen Spanplatte (das Brett) befestigt und im Konfi-Raum aufgehängt.
Im Laufe der Konfizeit können die Konfis diese Umrissfigur füllen: mit Karten, auf denen sie ihnen wichtige Sätze notiert haben, mit Bildern, die sie irgendwo gefunden haben, mit Produkt(teilen) aus Ihrem KU.

Das Jesus-Brett wird von Katechumenen und von Konfis genutzt. Deshalb ist es wichtig, dass jede Gruppe eine eigene Farbe erhält, die ihre Beiträge zum Jesus-Brett kenntlich macht. Die Gruppen können so mitverfolgen, was die anderen Gruppen »so rausgefunden« haben.
Wenn die Umrissfigur zu klein werden sollte (das kann durchaus der Fall sein, wenn erst mal alle Infos zusammenkommen), besteht auch die Möglichkeit, die einzelnen Körperteile getrennt aufzuhängen, und sie erst am Ende zu einer Person zusammenzufügen. So gewinnt man viel Platz.
Zum Jesus-Brett gehören auch noch Fragezeichen. Dabei geht es um Folgendes:
Die Konfigruppen erhalten ein Kontingent von Fragezeichen. Sie können als Gruppe Fragezeichen auf Äußerungen, Beobachtungen, Kommentaren der jeweils anderen Konfigruppe setzen (pro Sitzung nur eines. Sonst wird der Zeitaufwand zu hoch). Die mit einem Fragezeichen versehene Gruppe hat dann die Aufgabe, das nicht Verstandene der anderen Gruppe zu erläutern. Entweder kann ein Abgeordneter oder eine Abgeordnete in die andere Gruppe geschickt oder ein Brief/Mitteilung geschrieben werden. So können die unterschiedlichen Konfigruppen miteinander kommunizieren.
Darüber hinaus ist auch Folgendes möglich: Andere Gemeindegruppen wie Frauenhilfe, Posaunenchor usw. können Fragezeichenkontingente bekommen und sich auch an der Kommunikation über die Person Jesus beteiligen. Dafür ist es natürlich erforderlich, das Jesus-Brett auch bei den anderen Gemeindegruppen einzuführen, auf jeden Fall bekannt zu machen.

Das können Sie mit dem Brett machen: Sie können es …

1. als Thema ihres Vorstellungsgottesdienstes einbringen
2. mit ihren Konfis auswerten für ein zu erstellendes Konfirmationscredo. »Was ich von Jesus glaube«
3. in Teilen (jede Karte/jedes Produkt einzeln) unter der Überschrift »was ich bei Jesus am wichtigsten finde …« Dies können die Konfis auch mit echtem Geld tun und den Erlös als Konfigabe einem guten Zweck zuführen.

Probieren Sie doch das Jesus-Brett einmal aus. Wir sind sicher, dass es Ihnen helfen wird, die Person Jesus von Nazaret für die Konfis greifbarer werden zu lassen.

2. Gottesbilder: »Wie isser denn wirklich?«

Kein Bilderverbot!

Kennen Sie dieses Kinderlied noch: »Pass auf, kleines Auge, was du siehst, denn der Vater im Himmel schaut herab auf dich?«
Dieses Lied hat mein (Burkhardts) Bild von Gott in meiner Kindheit und Konfizeit entscheidend geprägt, und zwar in meiner Version: »... haut herab auf dich.«
Mein Gottesbild war geprägt von Furcht und Angst vor einem alles sehenden, alles wissenden, alles bestrafenden Gott.
Wie hilfreich wäre es für mich gewesen, mit anderen über die Erfahrungen in Austausch treten zu können, die sie mit Gott in unterschiedlichsten Lebenssituationen gemacht haben.

In unserer Themenerarbeitung gehen wir von einer einfachen Annahme aus:
Menschen, ob sie nun an Gott glauben oder nicht, tragen eine Reihe von Bildern von Gott in sich. In diesen Bildern sind ihre Erfahrungen mit Religion, Glauben, Gott, Kirche usw. eingefangen. Zugleich steuern diese Bilder ihre Wahrnehmungen dieser Bereiche: Sie bilden die Vergleichspunkte, zu denen neue Erfahrungen in Bezug gesetzt werden. Darin liegt die Kraft und auch die Macht dieser Bilder – und zugleich auch der Grund für ihre Ambivalenz: Ohne Bilder von Gott können wir bestimmte Erfahrungen kaum als religiöse deuten. Deshalb ist es gut, Gottesbilder im Kopf und im Herzen zu tragen. Darum ist auch die Bibel voller Bilder von Gott: Gerade weil Gott nicht »einfach so« in unserer Wirklichkeit vorfindlich ist, sind wir auf Bilderrede angewiesen. Aber aufgrund unserer Gottesbilder deuten wir unter Umständen eben nur sehr bestimmte Erfahrungen als religiöse. Unsere Bilder legen Gott fest: »... haut auf dich herab!« Das Bilderverbot des AT warnt deshalb vor einer Festlegung Gottes auf ein bestimmtes Bild. Das Bewusstsein für die Differenz zwischen unseren Gottesbildern und Gott selbst erzeugt die Freiheit, Gott zu

den unterschiedlichsten Lebenserfahrungen in eine konstruktive Beziehung zu setzen.
In unserer Themenerarbeitung heben wir die Gottesbilder der Konfis ins Bewusstsein und machen ihren Erfahrungsbezug deutlich. Durch ein kleines Spiel (, welches – nebenbei gesagt – das Produkt dieser Einheit ist,) helfen wir den Konfis, die Bedeutung der gerade genannten Differenz zu entdecken.
Das Ganze hat sich – in Ausschnitten dargestellt – in einer Gruppe so abgespielt (den detaillierten Verlauf finden Sie im nächsten Abschnitt!):

Schlaglichter aus der Themenerarbeitung:

Wie denn anfangen ...
Über Gottesbilder zu reden, gehört nicht zum alltäglichen Gesprächstoff. Es ist gut, den Konfis ein paar Anknüpfungspunkte zu bieten: Wir stellen also Guckkisten auf. Das sind offene Schuhkartons, um die wir Butterbrotpapier gewickelt haben. In die Stirnseite haben wir ein kleines Loch gebohrt (ca. 2 cm Durchmesser). Auf der gegenüberliegenden Seite steckt eine Karte mit einem der Bilder, die Sie auf der beiliegenden CD-ROM finden. Die Karten kann man rausziehen, dann lässt sich die Guckkiste noch für andere Aktionen verwenden.
Die Guckkisten stehen im Raum verteilt. Wir erklären den Konfis kurz, was wir von ihnen wollen (s. M1). Dann laufen sie los. Es dauert nicht lange, bis alle etwas auf ihrem Arbeitsblatt festgehalten haben.

Die Holzfliesen ...
»Holzfliesen?«, fragen Sie vielleicht, »was ist das? Und wozu?« Die Fliesen, die wir meinen, können Sie sich in jedem Baumarkt in der Holzabteilung zuschneiden lassen. Schauen Sie einfach nach, welches Holz gerade das billigste ist. Wir empfehlen Ihnen, einfache, mit weißem Kunststoff beschichtete Platten, die in der Regel um 8,50 €/qm kosten. Darauf kann man am besten malen – und zwar mit Waschmalern, Eddings, Buntstiften. Zugleich sind sie dick genug, um auch kleine Nägel usw. hineinschlagen zu können. Lassen Sie sich Fliesen in Größen zwischen 20 x 20 bis 33 x 33 cm schneiden – und zwar ungefähr doppelt so viele, wie Sie Konfis in Ihrer Gruppe haben.
Was machen Sie mit den Fliesen? Geben Sie jedem/jeder Konfi eine Fliese in die Hand. Bitten Sie sie, ihr gewähltes Gottesbild auf dieser Fliese darzu-

stellen – durch Malen oder auch Basteln mit Holzstückchen, Streichhölzern, Teelichtern, Stofffetzen usw. Es gibt nur eine Bedingung: Die Darstellung darf nicht über den Rand der Fliesen hinausreichen. Sagen Sie den Konfis, dass sie Ihre Fliese mit nach Hause nehmen können, nachdem sie – zusammen mit allen anderen – in der Kirche, im Gemeindehaus, in der Schule, in der Sparkasse, … – ausgestellt worden ist (Stichwort: Öffentlichkeit ☺).
Warum wir mit den Fliesen arbeiten? Nun, einmal brauchen wir sie für unser Spiel. Dazu mehr weiter unten. Zum anderen werden Sie aber feststellen: Das Material lädt Konfis dazu ein: die Aufgabenstellung viel ernster zu nehmen, als wenn Sie mit Papier arbeiten: Die Fliese ist Material für ein »echtes Kunstwerk«. Und irgendwie ist das allen klar.

… und was wir damit machen:
Sind alle Fliesen gemalt oder gebastelt, bitten wir die Konfis, sich zwei bis drei PartnerInnen zu suchen. Mit diesen sitzen sie zusammen und überlegen: Welche Handlungen wären eigentlich typisch für den Gott, der auf Hennings Fliese zu sehen ist? Sie sammeln so lange, bis sie vier »Tuwörter« gefunden haben, die Henning überzeugen. Sie halten je ein Wort mit einem Edding an einer Kante der Fliese fest. Dann kommt der oder die Nächste dran.
Sind alle Fliesen beschriftet (und sind noch weitere Gruppen-fremde Fliesen hergestellt worden – s. dazu den Verlaufsplan), kommt die Gruppe wieder im Plenum zusammen. Auf dem Boden im Plenumsraum liegt ein aus zwei Baulatten zusammengenagelter rechter Winkel. In diesen rechten Winkel legen die Konfis ihre Fliesen – vielleicht immer vier oder fünf in einer Reihe. Das sieht dann so aus:

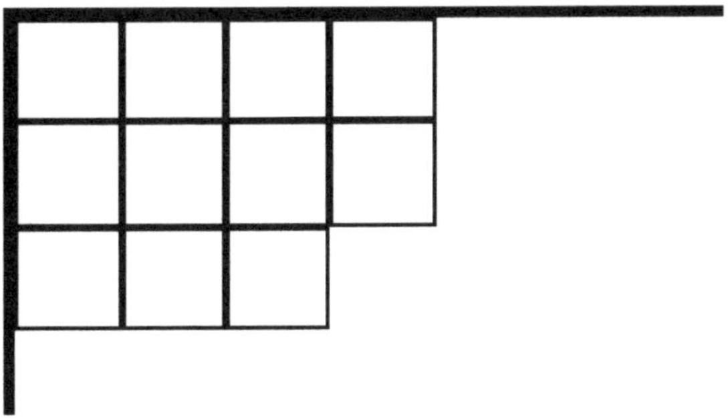

Liegen alle Fliesen im rechten Winkel, wird mit Hilfe einer weiteren Baulatte der Eindruck eines Rahmens erzeugt. Das sieht dann so aus:

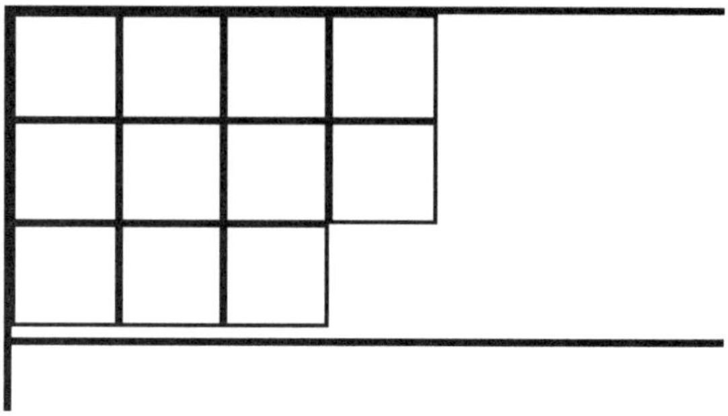

Wichtig ist, dass ein Platz frei bleibt. Denn den brauchen wir für ...

... das Schiebespiel:
Wir bringen eine Reihe von Geschichten mit in den KU, jeweils mit unterschiedlichem emotionalem Gehalt.
Beispiele:

1. Jens hat in der Mathearbeit eine Drei. Dadurch bleibt er nicht sitzen
2. Carolin hat sich beim Reiten verletzt. Sie liegt mit einer Gehirnerschütterung im Krankenhaus.
3. Die Schwester von Maik heiratet am kommenden Samstag. Alle freuen sich auf eine Riesenparty.
4. Kristina ist traurig. Ihre Freundin Ann-Kathrin will mit ihr nichts mehr zu tun haben, weil sie mitbekommen hat, dass Kristina ein wichtiges Geheimnis ausgeplaudert hat.
5. Sie oder die Konfis haben bestimmt noch eigene konkrete »Geschichten aus dem Leben« im Kopf ...

Die Konfis überlegen nach jeder Geschichte: Wenn Kristina, Carolin, Maik oder Jens in ihrer jeweiligen Situation an Gott denken würden, das Gottesbild welcher Fliese würde für ihn oder sie an erster Stelle stehen? Wer eine Idee hat, schlägt eine bestimmte Fliese vor. Hat niemand eine bessere Idee, wird diese Fliese in den linken oberen Rand auf die »erste Stelle« geschoben. Bei jeder Geschichte werden unterschiedliche Bilder an die erste Stelle gerückt.

Dabei ist uns eines besonders wichtig: Die anderen Bilder werden nicht beiseitegeschoben oder gar weggelegt, sie werden lediglich von der ersten Stelle weggeschoben. Sie sind jedoch weiter da. Aber zuerst spielen wir das Schiebespiel mit den Konfis auf Zeit – als Wettspiel.

»Ach so! Bloß nix festlegen!«
Am Ende legen wir mit einer weiteren, unbearbeiteten Fliese die freie Fläche zu und warten ab, was passiert.
Viktoria (13): So einfach ist das?
Genau. So einfach. Wir stellen fest: Wir müssen nichts mehr erklären. Es fällt den Konfis wie Schuppen von den Augen.
Sobald die letzte Fliese den freien Platz bedeckt und die letzte Geschichte vorgetragen ist, gibt es ein Aha-Erlebnis auf das andere:
»Ich würde das Bild mit ... auf den ersten Platz setzen.«
»Geht doch gar nicht mehr. Wir können nicht mehr schieben.«
»Stimmt. Jetzt ist Gott festgelegt.«
»Genau – und für Maik kann Gott nix bedeuten in seiner Situation. Also, die Fliese muss weg!«
»Genau. Du sollst dir kein Bild von Gott machen. Wenn wir unsere Gottesbilder im Kopf nicht mehr schieben können, gibt es nur noch ein Bild.«
»Stimmt. Und dann ist Gott festgelegt – und wir irgendwie auch.«

In sämtlichen Gruppen, mit denen wir dies ausprobiert haben, gab es ähnliche Diskussionen. Ohne dass wir noch einmal eingreifen müssten. Aber selbstverständlich können sie auch M3 als Impuls in die Mitte legen.
Dieses wird dann zusammen mit der letzten Geschichte, mit der letzten Fliese auf den Boden gelegt.

Verlaufsplan: Soundauchanders

Wann und wo	Was	Wie
Stuhlkreis 15 Minuten	**1. Öffnungsphase:** *Ihr seht im Raum verteilt eine Reihe von Guckkisten. Ihr habt folgende Aufgabe: Welches Bild hast du vor Augen, wenn du an Gott denkst, wenn du von ihm sprichst? Lass dir einen Moment Zeit, bis ein Bild in dir entsteht. Dann ist es Zeit, in die Guckkisten zu schauen und dein Bild mit denen, die dort drin sind, zu vergleichen. Wenn es dir schwerfällt, ein Bild von Gott so spontan in dir entstehen zu lassen, kannst du auch direkt mit den Guckkisten anfangen. Sie helfen dir, deinem Bild von Gott auf die Spur zu kommen.*	Guckkisten (mit M2) im Raum verteilt. (Zur Anfertigung von Guckkisten lesen Sie bitte den Einführungstext zur Themenerarbeitung) Arbeitsblatt M1 zur Strukturierung der Arbeit mit den Guckkisten an jede/n Konfi
Einzelarbeit 45–60 Minuten	**2. Die Holzfliesen** *Jede/r von euch bekommt jetzt eine Holzfliese. Eure Aufgabe ist es, die Bilder, die ihr jetzt von Gott im Kopf habt, sichtbar zu machen. Dazu braucht ihr diese Fliese. Ihr könnt sie bemalen mit einem Bild, ihr könnt sie bebauen, ihr könnt etwas darauf basteln. Eurer Phantasie sind keine Grenzen gesetzt. Es muss allerdings auf die Fliese passen. Das ist wichtig. Nichts darf über die Ränder der Fliese hinausgehen.* Die Konfis arbeiten an ihren Holzfliesen in Einzelarbeit. Wenn alle fertig sind, kann es weitergehen …	Holzfliesen (aus dem Baumarkt, dort zugeschnitten auf eine Größe zwischen 20 und 33 cm Kantenlänge, weiß beschichtet ca. 8,00 €/qm) – für jede/n Konfi eine (auch zu den Holzfliesen haben wir einiges im Einführungstext gesagt). Alles mögliche Kreativzeugs (Knete, Stifte, Wasserfarben, Stoff- und Wollreste, Nägel, Holzreste vom Baumarkt, … und was Sie sonst so alles zum Basteln auf Ihrem Dachboden, in Ihrem Keller oder sonst wo finden. Übrigens: die Wertstoffsammlung Ihrer Stadt ist auch eine gute Bezugsquelle für Bastelmaterial.)
Kleingruppenarbeit 20 Minuten	**3. Sammelphase** *Sucht euch zwei bis drei Personen, mit denen ihr jetzt gern weiterarbeiten wollt. Sucht euch dann einen Platz, an dem ihr ungestört seid. Schaut euch in Ruhe eure fertigen Fliesen an. Entscheidet, mit welcher Fliese ihr beginnen wollt. Versucht die Frage zu beantworten: »Was tut dieser Gott?« Das Arbeitsblatt kann euch dabei helfen, passende Begriffe zu finden. Ihr könnt aber ruhig auch andere wählen. Wenn ihr passende gefunden habt, schreibt diese dann auf den Rand der betreffenden Fliese. So verfahrt ihr dann auch mit den anderen Fliesen.* *Wenn ihr fertig seid, habt ihr eine Pause verdient.*	Arbeitsblatt M3 mit verschiedenen Verben
15 Minuten	Pause	

Kleingruppen-arbeit 4 Gruppen 60 Minuten	**4. Welche Gottesbilder gibt es noch?** *Wir wollen euch auf die Spur von anderen Gottesbildern setzen.* *1. Gruppe: Geht zum Bahnhof (Dorfplatz, Aldi usw.; jedenfalls dahin, wo viel los ist.) Befragt Leute nach ihrem Bild von Gott. Ihr könnt so fragen: Welches Bild haben sie vor Augen, wenn sie an Gott denken? Oder: Bitte vervollständigen sie den Satz: Gott ist für mich wie ... Kommt dann wieder zurück und bearbeitet eine weitere Fliese mit diesen Bildern.* *2. Gruppe: Ihr bekommt den Text von Psalm 23. Unterstreicht in eurem Text die Worte, die Begriffe, die Sätze, in denen bestimmte Gottesbilder zum Ausdruck kommen. Sprecht anschließend darüber und entscheidet, wie ihr die Gottesbilder des Psalms 23 auf einer Fliese darstellen könnt.* *3. Gruppe: Ihr bekommt zwei Textstellen, in denen Jesus beschreibt, welches Bild von Gott er hatte. Sucht diese Bilder heraus und sprecht darüber. Daraus entsteht dann noch eine Fliese. Achtung: Ihr habt auch die Aufgabe, den anderen einen Vorschlag für das* ***Jesus-Brett*** *zu machen.* *4. Gruppe: Wir bieten euch zwei Lieder an, in denen es um Bilder von Gott geht: Hört sie euch gut an. Wie, in welcher Weise wird hier von Gott gesungen? Welche Bilder werden dargestellt? Baut dazu eine weitere Fliese.*	1. Gruppe: Zettel und Stifte 2. Gruppe: Bibel, Stifte 3. Gruppe: Bibeltexte: Lk 11,15ff. (Der verlorene Sohn); Mt 25,14–30 (Gleichnis von dem anvertrauten Geld) • »Nicht von dieser Welt« Xavier Naidoo • »Paradies« Die Toten Hosen
Stuhlkreis 25 Minuten	**5. Klärungsphase** Die Gruppe hat einen Holzrahmen, in den sie ihre Fliesen hineinlegen. Wichtig: Ein Platz bleibt frei. • Schiebespiel: Wir heften auf jede Fliese eine Nummer und legen sie unnummeriert querbeet in unserem Rahmen aus. Auf unser Kommando versuchen die Gruppen, sie durch Verschieben (jede/r Konfi abwechselnd immer nur eine Fliese nur einen Platz) in die richtige Reihenfolge zu schieben. • Wir erzählen »Geschichten aus dem Leben« (einige Ideen zu Geschichten finden Sie im Einführungstext): Bitte überlegt, welches Gottesbild von welcher Fliese zu in dieser Geschichte besonders hilfreich ist. Wenn ihr euch als Gruppe einig seid, dann <u>schieb</u>t diese Fliese auf Platz 1. Nach einer Weile (je nach vorhandener Zeit) legen wir eine Holzfliese auf den freien Platz und tragen eine letzte Geschichte vor. • Der freie Platz: Wir warten Spontanreaktionen der Konfis ab. Anschließend führen wir ein Gespräch über die Funktion des freien Platzes (s. dazu den Einführungstext). Zur Veranschaulichung können wir ein Plakat hinzulegen: »Du sollst dir kein Bild machen!«	Rechter Winkel aus 2 Baulatten, zusammengenagelt mit einem Winkelhaken, eine dritte Baulatte für eine dritte Seite, sobald alle Fliesen im rechten Winkel untergebracht sind. Es entsteht der Eindruck eines Rahmens (s. dazu auch die Skizze im Einführungstext!). M4
5 Minuten	Ergebnis sichern für das **Jesus-Brett**	

3. Die Gottsucherexpedition

1. Die Frage

Wir fragen unsere Konfis: »Was müsste passieren, damit ihr ohne Zweifel an Gott glauben könnt?« Fast alle antworten ungefähr so: »Na ja, irgend so ein Naturereignis, ein Blitz oder so, aus dem dann eine Stimme spricht: Ich bin es, Gott. Dann könnte ich an ihn glauben.«
Konfis hören die Frage nach der Wirklichkeit Gottes auf dem »Gibt-es-dafür-einen-Beweis-Ohr«. Zugleich haben sie aber auch eine Ahnung davon, dass Ihnen niemand einen solchen Beweis liefern kann – und trotz dieser Ahnung ist die Gottesfrage für sie nicht erledigt.
In der Bibel ist diese nicht nur Konfis eigene Ahnung in der Vorstellung eingefangen, dass allein Gott bestimmen kann, wie, wo und wann er sich finden lassen will. Jeremia bringt es auf den Punkt: »Wenn ihr mich von ganzem Herzen suchen werdet« – dann werdet nicht ihr mich finden, sondern »dann will ich mich von euch finden lassen.« Gottessuche ist durch Erfolg gekrönt, wenn und weil Gott selbst aktiv wird.
Unsere Gottsucherexpedition arbeitet im Spannungsfeld zwischen dem »Gibt-es-dafür-einen-Beweis-Ohr« und der im Gottesbegriff selbst begründeten Ahnung, dass es einen solchen Beweis nicht geben kann. Möchten Sie sich mit Ihren Konfis auf diese Expedition begeben, empfehlen wir Ihnen ein kurzes Gedankenexperiment, das Sie auf den Weg mitnimmt, den wir – ein wenig verändert – auch mit unseren Konfis gegangen sind:

a) Fangen Sie noch einmal bei den obigen Überlegungen an. Wir vermuten, dass Sie auf die Frage »Gibt es Gott?« in irgendeiner Weise »Ja!« antworten. Vielleicht sagen Sie »Ich bin davon überzeugt!« – oder »Ich vertraue darauf!« – oder »Ich glaube daran!« – lauter Formen von »Ja!«. Wir bitten Sie, sozusagen einen Schritt von Ihrer Antwort zurückzutreten und sie aus einer angenehmen Distanz zu betrachten. Wie eindeutig ist eigentlich Ihre Antwort? Wir nehmen an: Aus der Distanz müssen Sie – wie wir auch – zugeben: Eindeutig sind Ihre und unsere Antworten nicht. Ob es Gott wirklich gibt, ob Gott wirklich das ist, was Sie mit diesem Wort bezeichnen, entzieht sich jeder Eindeutigkeit. Antworten auf die Frage nach der Wirklichkeit Gottes bleiben in vielfacher Hinsicht mehrdeutig. Und – davon sind wir überzeugt – das zu wissen, ist in dieser Welt eigentlich auch ganz gut so.

Jetzt kommt der zweite Schritt in unserem Gedankenexperiment:

b) Welche Fragen sind für Sie und für Ihr Leben von entscheidender Bedeutung? Sind das eher Fragen, auf die Sie eher eindeutige Antworten erhalten oder eher Fragen, die eine mehrdeutige Antwort provozieren? Zu abstrakt? Okay, ein Beispiel:
   - Liebt Sie Ihr Partner oder Ihre Partnerin wirklich? Sind Sie sich ganz sicher?
     Wir vermuten, dass es auch bei dieser Frage keine Eindeutigkeit in dem Sinn gibt, dass Sie einen Beweis gegenüber anderen antreten könnten. Und doch ist eine zufrieden stellende Antwort für Ihr Leben ungeheuer bedeutsam. Nächste Frage:
   - Werden Sie in naher Zukunft ein neues Auto finanzieren können? Diese Frage ist ungleich leichter zu beantworten, reicht dafür doch ein Blick auf Ihr Bankkonto oder Ihren Gehaltsauszug in der Regel aus. Auf eine solche Frage eine eindeutige Antwort zu finden, die z. B. gegenüber einem Kreditgeber beweisbar ist, ist zwar relativ problemlos, aber – so hoffen wir zumindest – auch deutlich weniger bedeutsam für Ihr Leben.

Was soll dieses Experiment?
Wir behaupten, dass das Verhältnis von Eindeutigkeit und Mehrdeutigkeit einerseits und hoher und niedriger Bedeutsamkeit andererseits in vielen Fällen so verteilt ist wie in unseren Beispielen.

Warum ist das so?
Alle Fragen auf der Ebene von Beziehung provozieren mehrdeutige Antworten. Denn wir haben schließlich unser Gegenüber nicht wie einen Gegenstand in der Hand, den wir analysieren, katalogisieren und einordnen können. Ambivalenz, Zwiespältigkeit und Vieldeutigkeit bleiben wesentliche Kennzeichen der Beziehungen, in denen wir stehen.

Trotzdem sind Beziehungsfragen für unser Leben von hoher Bedeutung. Denn in unseren Beziehungen entscheidet sich, wer wir eigentlich sind.

Die Frage nach Gott kann nur zwiespältige, vieldeutige Antworten produzieren, weil diese Antworten – zumindest aus der Perspektive der Antwortenden – auf eine lebendige Beziehungsgröße rekurrieren. Aber wie bei allen anderen Be-

ziehungsfragen spricht diese zwiespältige Vieldeutigkeit in keiner Weise gegen die Bedeutsamkeit der jeweiligen Antwort auf die Frage.
Nun, wie kriegen wir diesen doch ziemlich anspruchsvollen Gedankengang so inszeniert, dass sich Konfis ihn zu eigen machen können? Wir haben es folgendermaßen versucht (und damit in vielen, aber nicht allen Gruppen gute Erfahrungen gemacht):

2. Gibt es außerirdisches Leben? ...

Wir geben vier Fragen vor, auf die die Konfis möglichst zufrieden stellende Antworten finden sollen. Sie schließen sich zu kleineren Expeditionseinheiten zusammen und führen die Aufgabe auch durch. Sie ziehen los und befragen Leute oder surfen im Internet nach Antworten auf ihre Fragen. Dafür brauchen wir Zeit: mindestens 1–2 Stunden. Wenn wir sie erst einmal auf die Fährte gesetzt haben, gibt es kein Halten mehr. (Wem das zu aufwändig ist, dem schlagen wir später noch eine Trockenvariante vor. Ein bisschen Geduld noch. Danke!)

Folgende Fragen schlagen wir vor:

a) Gibt es in unserer Stadt/unserem Dorf jemanden, der am 24.12. geboren wurde?
Die Antwort, die die Konfis bekommen werden, ist entweder eindeutig ja oder eindeutig nein. Wichtig: Sie müssen es selber herausfinden (mit eigenen Augen sehen!).
Diese Frage läuft auf eine eindeutige, beweisbare Antwort hinaus. Wir fragen die Konfis danach, was sie getan haben, um ihre Antwort zu finden. Bei dieser Frage werden vor allem Verben wie sehen, beweisen, ... eine Rolle spielen. (zu den Verben s. unter 3.)

b) Gibt es in sechs Wochen in ... Regen?
Auch hier gilt: Sie müssen es selber herausfinden. Einen Meteorologen fragen, reicht nicht aus. Sie können sich telefonisch, im Internet oder sonst wo Tipps holen, die sie auf die Fährte bringen. Aber sie müssen erklären können, warum sie sich für eine bestimmte Antwort entschieden haben.
Hier ist eine Eindeutigkeit in der Antwort nicht möglich. Voraussichtlich werden am Ende Verben stehen wie beobachten, vergleichen, berechnen, abwarten ...

c) Gibt es außerirdisches Leben?

Auch hier ist wieder das Internet gefragt. Genauso gut können Menschen auf der Straße interviewt werden, eine kleine Statistik kann erstellt werden. Vielleicht gibt es ja im Dorf/in der Stadt jemanden, der sich in diesen Fragen besonders gut auskennt … .
Hier ist Eindeutigkeit in der Antwort natürlich völlig ausgeschlossen (oder? ☺). Hier bewegen sich die Verben, die wir erfragen, zwischen spekulieren, vermuten und glauben.

d) Gibt es Liebe?
Natürlich sagen die meisten Konfis auf den ersten Blick ja. Aber wie kann man eine Antwort selber herausfinden? Indem sie z. B. Liebespärchen befragen, ihre Eltern, ihre Lehrer usw. Indem sie ihre eigenen Erfahrungen befragen.
Die Antwort wird mehrdeutig sein. Verben wie erleben, erfahren, glauben, sind hier im Vordergrund.

Wenn alle Konfis wieder da sind, gibt es am besten eine Stärkung: Trinken und Essen hält Leib und Seele zusammen. Das Ganze ist ja harte Arbeit. Außerdem sollen wir als Leitung ja auch etwas zu tun haben.
Die Trockenvariante (– von der wir allerdings abraten. Sie ist für die Konfis langweilig!):
Sie können dies alles natürlich auch in Ihrem Gruppenraum spielen. Sie schicken dann ihre Expeditionsteams gedanklich auf die Reise. Die müssen dann alle Schritte, die sie unternehmen *würden*, je auf eine Karte schreiben. Dann können sie danach auch ihre Verben zuordnen. Wichtig: Ergebnisse der Gruppe präsentieren!!!!

3. Das kleine Aha-Erlebnis

Nach der Pause geht es weiter.
In den vier Ecken unseres Gruppenraums hängen die vier Fragen, zu denen sich die einzelnen Teams hinorientieren.
Wir bieten ihnen dann eine Reihe von Verben an mit der Aufgabe, ihre Arbeitsschritte, ihre Art der Expedition mit diesen Verben zu beschreiben. Dieser Schritt ist enorm wichtig. Denn die vier Fragen, denen sie nachgegangen sind, entsprechen in der Art der Antwortsuche genau den Kategorien, mit denen sie ihre Welt erleben: Sehen – beweisen – beobachten – vermuten – spekulieren – glauben – erfahren – erleben. Wenn die Konfis Verben für ihre Aufgabe gefunden haben, fordern wir sie auf, alles beiseitezulegen, was von

ihrer kleinen Expedition da ist und nur die Verbenkarten, die übrig geblieben sind, unter ihre Frage an die Wand zu heften.

Kleben in jeder Ecke Verben unter den Fragen, machen wir den nächsten Schritt. Wir spielen ein Viereckenspiel in mehreren Durchläufen. Zuerst fragen wir, in welcher Ecke sich am ehesten ein eindeutiges Ergebnis einstellt. Die meisten werden sich in die Ecke der »Heiligabendgeburten« begeben. Ein paar stehen auch in der »Regen-Ecke«. Entführungsopfer positionieren sich bei den Aliens …

Dasselbe wiederholen wir mit der »mehrdeutigen« Fragerichtung. Hier werden sich die meisten zur »Liebe-Fraktion« stellen, einige (v. a. Jungs) aber auch für das »außerirdische Leben« entscheiden.

Die nächste Frage gilt der Bedeutsamkeit: »Welche Art der Fragen ist für euch und für euer Leben eher unbedeutend?« Hier eine Tendenz zu vermuten fällt schwer. Bei uns standen die meisten in der Geburtstagsecke und einige in der Regenecke. Auf jeden Fall fragen wir nach: »Warum habt ihr euch hierhin gestellt?« Und reichen ein (nicht angeschlossenes) Mikro herum, um das Antworten zu erleichtern.

Wir wiederholen das Ganze mit der nächsten Frage: »Was ist für euch, für euer Leben eher bedeutsam?« Fast alle Mädchen und die Mehrheit der Jungs steht in der Liebes-Ecke. Einige wenige stehen bei den Aliens. Und auch hier ist es wichtig, nachzufragen, Meinungen einzuholen, – natürlich auch von denen, die nicht in der Liebes-Ecke stehen!

Jetzt ist es Zeit, ein wenig zu provozieren (und auch das Setting zu wechseln: Hinsetzen im Raum ist angesagt – am besten im Kreis, ein Gesprächsstein oder -ball kann jetzt helfen): »Ich verstehe euch nicht: Vorhin habt ihr gesagt: bei der Liebe gibt's am wenigsten Eindeutigkeit. Und jetzt sagt ihr: Die Liebes-Ecke ist am bedeutsamsten! Wie passt das zusammen?«

Die Konfis fassen das Verhältnis von Eindeutigkeit und Bedeutsamkeit in ihre eigenen Worte: »Wenn mein Freund mich liebt, kann ich dir das nicht beweisen. Trotzdem ist das total wichtig für mich!« Wir hören gut zu, fragen nach, lassen das Gespräch laufen. Dann geben wir noch einen Impuls:

Wir legen ein Plakat in die Mitte: »Gibt es Gott?« steht darauf. Welche Ecke passt zu dieser Frage?

Niemand – zumindest so gut wie niemand steht in den »Eindeutigkeitsecken«. Die meisten zeigen auf oder stehen in der Liebes-Ecke. Aber alle haben begriffen: Die Sache mit Gott ist nicht eindeutig, aber das ändert nichts an ihrer Bedeutsamkeit. Einen Gottes-Beweis kann niemand antreten, aber darstellen, wie Gott gefunden und erfahren werden könnte, das können wir trotzdem.

Und genau dies tun wir im nächsten Schritt. Wir machen uns an die »Expeditionsplanung«. Wir suchen nach Erfahrungen, Beobachtungen und Erlebnissen, die die Wirklichkeit Gottes »irgendwie« für uns spürbar machen – auch wenn sie mehrdeutig bleiben. Also: »Jenny kann das auch ganz anders sehen als ich!« Und das ist auch gut so.

4. Die Guckkisten

Um die Guckkisten herzustellen, müssen Sie einfach nur in einen Schuhladen gehen und nach ausrangierten Schuhkartons fragen (vorher anrufen und bestellen ist hilfreich!). Wie das geht, können Sie bei der Themenerarbeitung »Gottesbilder« nachlesen.
Den Konfis macht es Spaß, in jeden Kasten hineinzusehen, das Ergebnis im Expeditionsheft festzuhalten, mit anderen zu vergleichen, sich für eines zu entscheiden. Viele durchlaufen die einzelnen Stationen mehrmals, gucken sich 2, 3, 4x die Bilder an.
Wem die Kisten zu aufwändig sind, bieten wir eine schnellere Variante an.
Die Bilder müssen auf DIN-A5-Größe ausgedruckt und auf einen Tisch geklebt werden. Dann wird ein leeres DIN-A4-Blatt (unteren Rand als Griff nach oben knicken) wie ein Vorhang davorgeklebt (Tesakreppstreifen am oberen Rand), sodass durch Anheben dieses Blattes das Bild dahinter sichtbar, aber nach Betrachtung wieder verdeckt wird.
Am Ende haben die Konfis ein voll geschriebenes Expeditionsheft.
In einem letzten Schritt bitten wir die Konfis, aus den Begriffen, die sie jetzt ausgewählt haben, ein Wortbild zu entwerfen, auf dem durch Größe, Grad der Buntheit oder anderes sichtbar wird, welcher Begriff für sie am Erfolg versprechendsten ist in der Suche nach Gott und welcher von diesen fünf für sie am wenigsten Erfolg verspricht.
Wichtig: In Zweier- oder Dreierteams erzählen sie sich hinterher ihre Bilder, ihre Ergebnisse. Es ist wichtig, dass sie die Erfahrung von Mehrdeutigkeit machen. Jedes Bild ist anders, mit anderer Schwerpunktsetzung. Eben weil die Erfahrungen der Wirklichkeit Gottes je unterschiedlich sind. Denn es geht schließlich um die Beziehung zwischen dem lebendigen Gott und dem lebendigen Konfi. Und die ist immer mehrdeutig.

5. Die letzte Frage

Am Anfang haben wir nach dem Gehalt des Satzes aus Jeremia 29 gefragt. Am Ende legen wir diesen Text aus und bitten die Konfis, sich dazu zu verhalten. Wenn es gelingt, bei den Konfis eine Suchhaltung zu entwickeln, haben wir viel erreicht.

Noch ein Tipp:
Diese Einheit ist ziemlich anspruchsvoll. Trauen Sie Ihren Konfis diese zwei Schritte zu? In unserem KU sind wir mit dieser Einheit auch mal auf die Nase gefallen. Auf der anderen Seite: Hat sie funktioniert, haben die Konfis und unsere weitere Arbeit ungeheuer stark von ihr profitiert. Deshalb raten wir Ihnen Mut zum Experiment. Kündigen Sie doch Ihren Konfis einfach an, dass Sie mal ein neues KU-Buch auf seine Tauglichkeit testen wollen, und bitten Sie die Konfis um ein Feedback. Das entlastet Sie (und macht uns zu den Buhmännern ☺).
Auf alle Fälle sollten Sie die Erarbeitung dieses Themas erst im zweiten Jahr machen. Nicht die Expedition selbst ist kompliziert. Das Herausfinden, Suchen usw. macht wirklich Spaß. Die Auswertung jedoch nach den Kategorien eindeutig-mehrdeutig-bedeutsam erfordert durchaus eine für Konfis ansehnliche Denkleistung. Bei den »Guckkisten« überwiegt dann wieder der Spaß …

Verlaufsplan: Soundauchanders

Wann und wo	**Was**	**Wie**
Stuhlkreis 10 Minuten	**I Gibt es Gott?** 1. Einstimmung: Wir legen das Plakat mit Jer 29,5 in die Mitte. *»Was müsste geschehen, damit ihr Gott finden könntet in unserer Welt?«* *»Wie müsste Gott sichtbar werden, damit er von euch tatsächlich gefunden werden kann?«* Spontanreaktionen? *Wir planen heute zusammen eine Expedition, wie wir Gott finden könnten.*	M1
Teamarbeit 120 Minuten	2. Die Fragen Schilder in vier Ecken verteilen. Von Konfis vorlesen lassen. Bitte, sich hinzustellen. *»Geht bitte jetzt in die Ecke mit der Frage, die bei euch das größte Interesse hervorruft.«* Wenn alle Konfis eine Ecke gefunden haben, geht es weiter: *»Eure Aufgabe ist es jetzt, im Team eine zufrieden stellende Antwort auf eure Frage zu finden. Wen könnt ihr befragen, wen ansprechen und interviewen? Vielleicht müsst ihr eine Umfrage planen und durchführen, vielleicht müsst ihr euch auf den Weg in die Stadt/ ins Dorf machen. Vielleicht findet ihr auch wichtige Informationen im Internet.* *Alles das ist möglich. Überlegt vorher genau, was ihr tun müsst. Wichtig: Ihr müsst genau beschreiben, wie ihr oder ein anderer, den ihr gefragt habt, zu seiner oder ihrer Antwort gekommen ist Wenn ihr in der Regenfragenecke also z.B. beim Wetterdienst anruft, reicht es nicht, zu sagen: Ja, morgen gibt's Regen. Der Wetterdienst hat das gesagt. Ihr müsst beschreiben, wie der Wetterdienst zu dieser Meinung gekommen ist. Was haben die gemacht, um zu dieser Antwort zu kommen. Alles klar?* *Viel Spaß.«* Zeitansage und organisatorische Absprachen nicht vergessen! Dann gehen die Konfis los und arbeiten an ihrer Frage.	In den vier Ecken des Raumes hängen Plakate mit den vier Fragen: (M2) Computer mit Internetzugang
15 Minuten	Pause mit Getränken und Snacks	
Stuhlkreis 25 Minuten	3. Auswertung ○ Jede Gruppe kann ihre Antwort präsentieren. Sie beschreibt, was sie unternommen hat, um diese Antwort zu finden. An diese Beschreibung knüpft der folgende Arbeitsauftrag an: • *»Haltet alle Schritte, die ihr unternommen und gerade beschrieben habt, auf den weißen Karten in eurer Ecke fest. Bestimmt eine/n, der/die alles mitschreibt. Schreibt immer nur ein Verb, ein Tu-Wort auf eine Karte.«* • Konfis sammeln Wörter auf weißen Karten. Wenn alle Gruppen fertig sind, kann es weitergehen:	Arbeitsblatt M3 als DIN-A3-Zettel (vierfach für jede Ecke). Eddings und Stifte Weiße Karten Klebeband

Wann und wo	Was	Wie
	• *Geht jetzt bitte zu der Station, die zu eurer Linken ist. Wir rutschen alle eine Ecke weiter. Schaut euch die Karten, die dort liegen, genau an.«* • Jetzt M3 in jede Ecke geben. • *Findet auf diesem Plakat zwei Wörter, die das am ehesten beschreiben, was die Gruppe unternehmen musste, um eine Antwort auf ihre Frage zu finden. Schneidet sie aus und klebt dann die ausgeschnittenen Stücke als Überschrift über die weißen Karten in der Ecke, in der ihr jetzt seid.*	
Stuhlkreis 15 Minuten	4. Vertiefung: *Seht euch jetzt in Ruhe die Ergebnisse an, die in den einzelnen Gruppen entstanden sind.* *Wir stellen euch jetzt vier Fragen. Wir bitten euch, zu jeder Frage Stellung zu nehmen. Das dauert ein bisschen. Es kann nur funktionieren, wenn ihr mitmacht. Darum bitten wir euch. Denn es ist uns sehr wichtig, mit euch über das zu reden, was jetzt kommt. Wer keine Lust mehr hat, kann aussteigen und sich an den Rand setzen. Wichtig ist nur, dass ihr dann die anderen in Ruhe weiter nachdenken lasst. Denn Nachdenken muss ziemlich genau bei dem, was jetzt kommt. Alles klar? Dann los! Ach ja: Eins ist noch ganz wichtig: In den nächsten 15 Minuten gibt es kein Richtig, kein Falsch. Nacheinander stellen wir folgende Fragen:* – bei welchen Fragen kommt es eurer Meinung nach am ehesten zu einer eindeutigen Antwort? (Plakat mit »eindeutig« in die Mitte usw.) – … am ehesten zu einer mehrdeutigen … – Bei welchen Begriffen, bei welchen Verben würdet ihr sagen: Solche sind für mein Leben eher unbedeutend? – … eher bedeutsam… • Hier wird sich – nach der Erfahrung in unseren Gruppen – der »Widerspruch« zwischen Mehrdeutigkeit und Bedeutsamkeit ergeben. Bitte formulieren Sie diesen »Widerspruch« und bitten Sie die Konfis dazu Stellung zu nehmen. Sie können einen Redeball benutzen, um Konfis konkret abzufragen (Wer den Ball hat, kann reden. Man kann sich um den Ball bewerben oder ihn gezielt zuwerfen.) Bevor sich das Gespräch totläuft, legen wir ein letztes Plakat in die Mitte: »Gibt es Gott?« Wir bitten die Konfis, sich bei dieser Frage in eine der Ecken zuzuordnen: »Bei dieser Frage ist es am ehesten wie …«	Musik im Hintergrund Plakate M4 Plakat M5
5 Minuten	Kurzes abschließendes Gruppengespräch: Impuls für Gesprächsrunde: *Wie bringt ihr zusammen, dass die Frage nach Gott und die eher mehrdeutigen Fragen zusammenhängen? Wie ist das mit den bedeutsamen Fragen?* Formulieren Sie selbst noch einmal Ihr Fazit: *»Auch ich kann euch keine eindeutige Antwort auf die Frage geben, ob es Gott gibt. Ich weiß es nämlich auch nicht. Aber trotzdem ist Gott für mich sehr wichtig. Ich vertraue auf ihn, so wie ihr oder ich darauf vertrauen, dass uns jemand liebt.«*	

10 Minuten	Pause	
Stuhlkreis/ Partner-Innen-arbeit 20 Minuten	**II Die Gottsucherexpedition** *O.k. – niemand von uns wird eine eindeutige Antwort darauf finden, ob es Gott gibt. Aber ihr versuchen würdet, ihn zu finden, was würdet ihr dann machen? Wie würdet ihr eine »Gottsucher-expedition« planen? Versucht es doch einmal! Hier im Raum seht ihr ein paar Guckkisten. In meiner Hand habe ich ein paar Expeditionsplanungsunterlagen.* *Sucht euch einen Partner/eine Partnerin.* Partnergruppenbildung. Sind alle Gruppen gebildet, erhält jede Partnergruppe ein Expeditionsheft. Dann: *Lest euch bitte die zweite Seite in euren Expeditionsunterlagen durch.* Konfis lesen; dann: *Was müsst ihr noch wissen, um eure Expedition zu planen?* Klärung von Rückfragen, Vereinbarung einer Zeit und los geht's.	Guckkisten (M6) auf Tischen im Raum verteilt (Wie Sie die herstellen können, beschreiben wir im Einführungstext). Für jede/n Konfi ein Expeditionsheft M7 ausdrucken (oder kopieren?) pro 2 Konfis und mit zwei Heftklammern zu einem kleinen Heft zusammenheften!) Stifte, Musik im Hintergrund
Einzelarbeit 20 Minuten	Sind alle fertig, geht es folgendermaßen weiter: *Ihr habt jetzt 5 Orte gefunden, an denen es aus eurer Sicht Erfolg versprechend sein könnte, nach Gott zu suchen.* *Malt aus diesen Worten ein Bild. Malt es bitte so, dass das, was für euch am meisten Erfolg verspricht, am größten, buntesten, grellsten ist –* *und das, was am wenigsten Erfolg verheißt, am kleinsten usw. Wie ihr das Bild gestaltet, könnt ihr selbst entscheiden. Ihr könnt etwas mit den Buchstaben der Wörter machen, ihr könnt aber auch eure Wörter in Bilder umsetzen, ganz wie ihr wollt.*	Plakate Malzeugs Musik im Hintergrund
Klein-gruppen-arbeit 10 Minuten	Auswertung: *Setzt euch mit 4 bis 6 Personen zusammen und zeigt euch eure Bilder.* *Lasst euch zunächst erzählen, was andere auf euren Bildern entdecken.* *Am Ende habt ihr Gelegenheit, selber zu sagen, was ihr ausdrücken wolltet.*	
Plenum 5 Minuten	Plakat (Jer 29,5) wird noch einmal in die Mitte gelegt. Abschlussfrage: *Hat sich was verändert, wenn ihr an den Anfang zurückdenkt? Wenn ja, was, wenn nein, warum nicht?*	Plakat M1

4. Orte der Gottesbegegnung

Warum gehen Menschen in die Kirche?

Kirchen sind Räume, die die Wirklichkeit Gottes mitten in der Welt präsent halten. Sie erinnern daran, dass Gott nicht einfach nur jenseitig, sondern eben auch als Jenseitiger diesseitig ist (und umgekehrt ...). Dass Gott da ist und man und frau ihm mitten in der Welt begegnen kann, ist eine Sehnsucht, die Menschen Kirchen bauen und aufsuchen lässt. Dass ich in der Begegnung mit Gott auch mich selbst finde und zugleich von mir entlastet werde, ist eine Hoffnung, die ein Stück Himmel auf Erden spüren lässt. Diese Sehnsucht und diese Hoffnung bauen Kirchen – nicht umgekehrt. Sie definieren den Ort, an dem »Kirche« ist. Wer schon einmal in Griechenland war und Delphi besucht hat, weiß, wovon wir reden. Die alten Griechen hatten ein Gespür für besondere Orte – Orte, die die Begegnung mit dem Göttlichen besonders leicht machen, so wie eine Membran, die nach beiden Seiten durchlässig ist.
Genau darum geht es, wenn wir von Orten der Gottesbegegnung sprechen. Wie müssen diese Orte eigentlich beschaffen sein, damit sie wie eine Membran wirken können?

Machen wir uns damit Gott verfügbar?

Indem wir ernst nehmen, dass Gott in Raum und Zeit Menschen begegnen will, inszenieren wir Orte, die von der je eigenen Gottesbegegnung und -beziehung erzählen. Sie lassen sich anregen von biblischen Geschichten, die solche Orte und solche Begegnungen zum Inhalt haben. Die konkrete Gestalt dieser Orte wird entscheidend davon beeinflusst sein, was die Konfis selbst schon erlebt haben oder was ihrer Hoffnung auf Begegnung am ehesten entspricht.
Und um ihnen ein Bild an die Hand zu geben, das seit Jahrtausenden Menschen als besonders hilfreich erlebt haben, erzählen wir ihnen am Anfang die Geschichte Elias, der auf der Suche nach der Begegnung mit Gott in die

Stille geführt wird. Gott zeigt sich schließlich dem Elia im sanften Säuseln – nicht im Sturm, auch nicht im Erdbeben.
Für Elia – und für viele Menschen seither – war die Stille genau das, was sie brauchten, was ihnen gut tat, was sie besonders durchlässig machte für die Begegnung mit Gott.
Elia war sich dabei permanent der Unverfügbarkeit der Gottesbegegnung bewusst. Das, was ihm Gott mit auf den Weg gab, war ja nicht: Wähle eine bestimmte Methode, damit ich dir begegnen kann, sondern die klare Anweisung: geh zum Berg Gottes. Ich will dir dort begegnen. Gott muss unverfügbar bleiben für unsere Inszenierungsversuche, und zugleich müssen wir wissen, dass es Gottes Wille ist, uns zu begegnen.
Also – ob die Begegnung gelingt oder nicht, steht letztlich nicht in unserer Hand. Gott bleibt Subjekt seines Handelns. Das müssen auch Konfis wissen.
Deswegen ist auch das Wort »am ehesten« für uns so wichtig. Ohne dieses »am ehesten« könnten Konfis auf die Idee kommen, einen Ort zu entwerfen, bei dem sie mit einer bestimmten Methode die Gegenwart Gottes zu erzwingen meinen. Wo wir den Eindruck haben, dass trotz unserer Bemühungen diese Idee in den Konfis Raum greift, ist klar, worum es in der nächsten Einheit gehen muss: Exodus 32.

Nutze das Gelände

Diese Einheit ist aus unserer Sicht besonders für Freizeiten oder Konifcamps geeignet.
Die unterschiedlichen Orte entfalten ihre Wirkung, ihr besonderes Flair besonders dann, wenn sie über einen längeren Zeitraum wahrgenommen und erlebt werden können.
Sie halten so im besten Sinne die Frage nach der Wirklichkeit Gottes wach.
Wir erzählen ihnen unsere Eindrücke und Erfahrungen im Folgenden daher aus Sicht unseres Konficamps (mehr zum Konficamp finden Sie im Kapitel **Expedition Gottsuche. Das Camp**).
Natürlich funktioniert die Einheit auch auf Ihrem Gemeindegelände oder gar im Gemeindehaus.
Wenn Sie das ausprobieren wollen, freuen wir uns über eine Rückmeldung dazu.
Uns geht es in unserer Einheit nicht darum, dass die Konfis kleine Kirchen auf das Gelände bauen. Nutzen Sie die Möglichkeiten ihres Konficamp-Ortes,

um die einzelnen Orte der Gottesbegegnung zu platzieren. Vielleicht eignen sich einige besonders dafür, andere eher weniger.
Wir hatten an unserem Konficamp-Ort z. B. einen recht großen Platz vor dem Speisesaal. Eine Gruppe erhielt also den Auftrag, einen Ort hier vor dem Speisesaal zu inszenieren. Denn genau hier halten sich alle mindestens dreimal pro Tag (vor den Mahlzeiten auf). Das hat zwei Effekte:

1. Wir halten die Frage nach der Wirklichkeit Gottes – nach der Expedition Gottsuche- im Bewusstsein der Konfis, auch wenn wir nicht gerade Jenseitskisten bauen.
2. Der Ort kann von allen ohne größere Anstrengung aufgesucht werden. Bei uns gab's im Wald ein Kreuz auf einem Hügel. Zu diesem Kreuz führt ein Weg aus unserem Campgelände. Wir wussten, dass viele Konfis in der Mittagspause gerne mit anderen durch den Wald auf diesen Hügel klettern würden. Also haben wir eine Gruppe beauftragt, ihren Ort dort zu entwerfen.

Der Ort, den Sie auf dem Foto auf der CD-ROM (Kapitel III_Jetzt wird's konkret; Ordner 4 Orte der Gottesbegegnung) sehen, ist in der Mitte des Camps entstanden. Es ist ein »Stelenfeld«. Jede einzelne Stele (bemalte Schalbretter bekommt man günstig im Sägewerk, die brauchen die Schalbretter nämlich nicht) erzählt, wie Konfis Gott erlebt haben.
Besonders beeindruckend war für uns die Stele eines Mädchens, die uns im ganzen Camp nur Stress gemacht hat. Sie malte auf ihre Stele einen dunklen Wirbel, der im Zentrum hell wurde. Auf die Nachfrage, was sie deutlich machen wollte, sagte sie: »Ich erlebe in meinem Leben so viel Schlechtes (sie wählte ein anderes, für dieses Buch eher ungeeignetes Wort), ich hoffe, dass ihr Recht habt mit Gott. Ich brauche das.«
Das Stelenfeld konnte jederzeit von den Konfis abgeschritten werden im Laufe des Camps.

Das innere Fotoalbum

Nach unserer Erfahrung haben Konfis oft schon ausgeprägte Ideen, wie Orte der Gottesbegegnung aussehen könnten oder müssten – und wie sie diesen Ort so gestalten können, dass er ihrer Gottesbeziehung am ehesten entspricht.
Die Methode »inneres Fotoalbum« war für unsere Konfis sehr hilfreich, um diese Ideen im Detail zu entdecken. Wir nutzen sie darüber hinaus als lei-

tendes Motiv für die gesamte Einheit. So unterstellen wir Elia einfach, dass seine Begegnungsgeschichte am Horeb in seinem inneren Fotoalbum einen besonders kostbaren Platz hat.
Die Methode braucht Zeit, um ihre Kraft, die die ganze Einheit tragen kann, zu entfalten. Sie lässt so etwas wie die »virtuellen Wände« ihres Ortes der Gottesbegegnung entstehen. Die Konfis haben ja aufgrund ihrer eigenen »Fotos« und des »Elia-Fotos« nun eine Ahnung, was an ihrem Ort entstehen kann und was eben nicht.
Erst wenn klar ist, was man sehen, fühlen, hören soll an ihrem Ort und vor allem, was man nicht sehen, hören usw. soll, kann's losgehen. Wenn Sie diesen Arbeitsschritt abkürzen, kann es passieren, dass den Konfis außer »is wie Kirche« wenig einfällt.
Beim Erstellen des Raumes werden Sie gebraucht. Denn Sie sind ausgewiesener und von den Konfis anerkannter Spiritualitäts- Experte. Unsere Konfis haben uns z. B. gefragt, warum immer Kerzen auf dem Altar brennen oder welche liturgische Farbe im Moment dran ist. Nach unserer Erfahrung entwerfen Konfis diese Räume mit großer Sorgfalt. Oft bis ins kleinste Detail müssen Sachen richtig liegen oder aufgehängt werden. Dieser Raum ist ihnen kostbar. Bitten Sie ruhig Ihre Konfis im Laufe des Camps, weiterhin auf ihren Ort Acht zu geben und dafür zu sorgen, dass die Kerzen immer brennen oder die Musik läuft ...

Am Ende gibt's natürlich die Museumszeit. Rechnen Sie dafür auf jeden Fall genug Zeit ein. Je nach Geländegröße kann es dauern, bis alle Orte aufgesucht wurden. Außerdem gibt es nichts Schlimmeres als durch einen Raum zu hetzen, in dem eigentlich Ruhe, Stille und Aufatmen dran sind ...

Verlaufsplan: Soundauchanders

Wann und wo	Was	Wie
Plenum 10 Minuten	**1. Spiel zur Einstimmung:** • Am besten ein Spiel, in dem auch mit einer gewissen Vorsicht Kontakt hergestellt wird: Wandernde Münze, Rücken – Rücken – Auge – Auge – Rücken – Rücken o. Ä.	
Plenum 5 Minuten	**2. Das innere Fotoalbum – Einführung:** • Alle sitzen im Stuhlkreis. • *Seid ihr schon einmal Gott begegnet? (Pause) Kann man Gott überhaupt begegnen?* Und wenn ja, wie fühlt sich das an? Was würdet ihr sehen? Hören? Fühlen? Riechen? (Pause) Vielleicht ist es ja auch so, dass ihr diese Erfahrung noch nicht gemacht habt. Vielleicht wünscht ihr es euch – sehnt euch danach … Vielleicht ist diese Frage euch auch nicht so wichtig oder ihr habt noch nie darüber nachgedacht … Seid ihr schon einmal Gott begegnet? Wir bitten euch heute, eine Antwort auf diese Frage zu suchen. Mal sehen, was ihr am Ende dieses Morgens erlebt, gesehen oder gehört habt. Zu Beginn will ich euch auf eine innere Reise mitnehmen.	Stuhlkreis In gut arbeitsfähigen Gruppen auch liegend im Raum verteilt …
Plenum 15 Minuten	**3. Das innere Fotoalbum – Traumreise** • Für diese Reise braucht ihr nur eure Erinnerungen, bzw. eure Phantasie. Ich bitte euch, während dieser Reise die Augen zu schließen und ein inneres Fotoalbum anzulegen. Jede und jeder von uns hat tausende von Fotos in seinem Innern gespeichert, eine riesige Festplatte. Aus dieser riesigen Menge von Bildern suchen wir gleich eins aus: Bitte schließ deine Augen und setz dich so hin, dass du in den nächsten Minuten bequem sitzen kannst. Such nun in Gedanken den oder die Orte auf, an denen dir schon einmal Gott begegnet ist – oder wenn dies noch nicht der Fall war, den Ort, der dir dafür am Verheißungsvollsten erscheint. • *warten bis der Ort/die Orte Kontur angenommen haben* • Wenn du diesen Ort gefunden hast, dann bitte ich dich, diesen Ort genauer anzugucken. Wie sieht er aus? Was zeichnet ihn aus? Welche besonderen Merkmale hat er?	s. o.

	• *warten, bis alle die besonderen Merkmale vor Augen haben –* • Sei jetzt einmal ganz Ohr. Was hörst du an diesem Ort? Sind es Lieder oder Geräusche, Lachen oder Weinen? Geh dem einen Moment nach. Bist du allein an diesem Ort? Gibt es da noch andere Menschen? Was tust du an diesem Ort? Reden – schweigen, tanzen – spielen, stehst du, sitzt du, liegst du? • *warten* • Sieh dir jetzt noch einmal diesen Ort mit all seinen Details genau an. Lass dir Zeit. Du kennst diesen Ort nun schon ganz gut. Er braucht jetzt noch einen Namen. Wie soll er heißen – gib deinem Ort einen Namen … • Was ist für dich das Kostbarste an diesem Ort? • *warten* • Jetzt ist das Bild komplett. Sieh es dir noch einen Moment an. Mach jetzt mit deinem inneren Fotoapparat davon ein Bild. • – Klick – • Jetzt kannst du es ablegen in deinem inneren Fotoalbum. Du kannst es jederzeit hervorholen und ansehen. Lass dir noch einen Moment Zeit. Öffne nun die Augen und nimm wahr, dass die anderen auch da sind. Streck deine Glieder.	Ein Fotohandy, dessen Kamera »Klick« macht
Plenum Arbeit in 2–3er-Teams 20 Minuten	**4. Elias Fotoalbum** • *Auch der Prophet Elia hat ein solches inneres Fotoalbum. Das Bild, das er vermutlich heute Morgen genauer angeguckt hätte, sah so aus:* • Erzählen der Geschichte 1 Kön 19 Sie müssen entscheiden, ob Sie die Geschichte mit Ihren eigenen Worten erzählen wollen oder aus der Bibel vorlesen. Wenn Sie sich entscheiden, sie vorzulesen, dann müssen Sie die Ausgangssituation vorab erklären, da sich die Geschichte sonst für Ihre Konfis nicht erschließt. • Setzt euch jetzt für eine kurze Zeit zu zweit oder zu dritt zusammen, so wie ihr gerade sitzt und vergleicht doch einmal die Bilder in den Fotoalben. Könnt ihr Ähnlichkeiten entdecken zwischen euren Bildern und dem Bild, das der Prophet Elia in seinem Fotoalbum hat? Wo gibt es Unterschiede? Notiert die Ähnlichkeiten auf roten Karten und die Unterschiede auf grünen. Klebt sie dann an die »Begegnungswand« hier in unserem Raum.	Erzählen oder Lesen von 1 Könige 19,1–13 Grüne, rote Karten, Eddings Eine Wand im Plenumsraum wird als Begegnungswand gestaltet: Dort hängt die Geschichte von Elia zum Nachlesen, evtl. noch weitere bibl. Geschichten, z. B.: 2 Mose 3,1–14/ 1 Mose 28/ Markus 4,35–41/ Psalm 24/2 Mose 34,1–8

Wann und Wo	**Was**	**Wie**
	• Kurzes Plenumsgespräch zu den Ergebnissen. • *Eure Aufgabe ist es gleich, einen solchen Ort zu gestalten, von dem ihr sagen könnt: hier kann für uns am ehesten Begegnung Gottes mit uns stattfinden.* Wenn ihr auf die Wand seht, könnt ihr schon sagen, was euch besonders hilfreich erscheint?	Die grünen und roten Karten werden ringsherum um die Geschichten angeordnet. Wichtig: Ein rotes Plakat mit der Überschrift »Gemeinsames« und ein grünes Plakat »Unterschiede« hängt auch an der Wand
15 Minuten	**Pause**	
Plenum 60 Minuten	**5. Orte der Gottesbegegnung** • Eure Aufgabe: Baut, errichtet, erstellt nun einen Ort der Gottesbegegnung. Bitte arbeitet in Gruppen mit mindestens 8 und höchstens 12 Leuten. Folgendes müsst ihr noch wissen: Der Ort soll für alle – auch für alle anderen auf dem Camp- in der ganzen Woche zugänglich sein. Deshalb darf unser Plenumsraum nicht benutzt werden. Den brauchen wir noch. Folgende Räume stehen euch zur Verfügung ... Ihr könnt auch unser Camp- Gelände ausnutzen. Die Informationen der »Begegnungswand« können euch dabei helfen. Wenn ihr fertig seid, kommt wieder zurück in unseren Plenumsraum. • Achten Sie darauf, dass in jeder Gruppe 1-2 Teamer unterstützend mitarbeiten. Das Arbeitsblatt M2 soll den Gruppen helfen, ihren Ort zu strukturieren.	M1 Krimskrams, Stifte, Eddings, Stoffe, Kerzen, Papier, Farben und Pinsel, CD-Player, was das Gelände so hergibt ...
Plenum 30–45 Minuten	**6. Museumszeit** • Museumszeit: In Teams zu zweit oder zu dritt begehen alle Konfis alle Orte. Wichtig: Sie müssen vorher darüber informiert sein, wo diese Orte sind. Möglich ist Folgendes: Alle Gruppen tragen ihre Orte in eine Geländekarte ein, die an einer zentralen Stelle des Camp-Geländes ausgehängt wird • *Aufgabe: Seht euch in Ruhe alle Orte der Gottesbegegnung an. Sprecht auf dem Weg zum nächsten Ort über eure Eindrücke. Lasst euch Zeit. Ihr habt dafür 30 bis 45 Minuten Zeit (je nach Weitläufigkeit und Anzahl der Orte)*	Camp-Karte mit eingezeichneten Orten
Plenum 15 Minuten	**7. Plenumsgespräch** • Eindrücke sammeln • *Welche Stellen/Orte scheinen euch verheißungsvoll – so dass hier vielleicht Begegnung mit Gott spürbar ist?*	

	• *Was lässt euch ratlos zurück?* • *Was hat euch besonders angesprochen?*	
Einzelarbeit 30 Minuten	**8. Ein neues Foto** • Sucht jetzt jeder noch einmal den Ort auf, der euch am verheißungsvollsten erscheint. Es darf nicht euer eigener Ort sein. Und nutzt einfach die Möglichkeit, dass Gott euch dort begegnen kann. Bevor ihr geht, macht dort noch einmal ein Foto für euer inneres Fotoalbum. Ihr wisst ja jetzt, wie das geht. Dann kehrt zu eurem Ort zurück, den ihr entworfen habt. Unterhaltet euch dort mit den anderen aus eurer Gruppe und den Teamern über eure Eindrücke und eure Erlebnisse. Haltet am Ende eure wichtigste, kostbarste oder schönste Erfahrung auf der »Begegnungswand« fest. Notiert diese auf weißen Karten.	Eddings weiße Karten
	Sie können die entstandenen Räume Ihrer Konfis dazu nutzen, an jedem Morgen oder Abend im Konficamp (wie auch immer Ihr Tagesablauf das ermöglicht) ihr Anfangs – oder Schlussritual an einem entstandenen Ort der Gottesbegegnung zu inszenieren. So, dass Sie am Ende alle entstandenen Orte erlebt haben. Vielleicht sogar haben ja Ihre Konfis Lust, dieses Ritual oder etwas anderes, das ihrem Ort entspricht, mit der Gruppe durchzuführen.	

5. Tot – und was dann?

Unsere Themenstellung meinen wir ganz wörtlich: Wir beschäftigen uns in dieser Einheit nicht mit dem Sterben, sondern mit dem Danach des Todes. Es ist sinnvoll, auch »Sterben« zum Thema im KU zu machen. Wir schlagen Ihnen vor, dieses Thema erst nach dieser Einheit zu erarbeiten. Warum? Weil wir glauben, dass unsere Überzeugungen vom »Danach« des Todes unseren Zugang zum Thema Sterben prägen: Bei der Erarbeitung dieses Themas ist unser eigentliches Thema »Hoffnung«. Wir möchten unseren Konfis Gelegenheiten geben, Hoffnung als eine Perspektive für jeden Bereich ihres Alltags zu entdecken: Sie brauchen Hoffnung, wenn sie sich verliebt haben und nicht genau wissen, ob's denn auch klappt. Sie brauchen Hoffnung aber auch und gerade dann, wenn es ihnen dreckig geht, wenn Freunde mit ihnen Stress haben oder sie in der Schule nicht mehr klarkommen. In solchen Situationen ist Hoffnung eine der entscheidenden Kräfte, das eigene Leben bewusst zu gestalten. Wer keine Hoffnung hat, wird gelebt – oder hört ganz auf zu leben. In dieser Überzeugung liegt für uns der Grund, mit den Konfis nach dem »Danach« des Todes zu fragen. Bewusste und beschreibbare Hoffnungen, die über den Tod hinausreichen, stellen Kraft- und Gestaltungsquellen in allen möglichen Lebenssituationen dar.

Unsere Einheit ist relativ einfach aufgebaut: Sie wird getragen vom Motiv der Tür. Der Frage, was uns hinter der Tür unseres Todes erwartet, gehen wir auf eine zweifache Weise nach: Wir beginnen bei unseren eigenen Hoffnungsbildern: Welche Bilder kommen mir in den Sinn, wenn ich an das Jenseits dieser Tür denke? Diesen Schritt gestalten wir durch Jenseitskisten (dazu mehr weiter unten). Sind diese Bilder erst einmal klar profiliert, machen wir den nächsten Schritt: Wir lassen diese Bilder in den Konfis auf biblische Hoffnungsbilder stoßen. Was dabei herauskommt, binden wir in einer Andacht-ähnlichen Schlussphase zusammen.

Diese Einheit ist – zugegebenermaßen – aufwändig. Wir hoffen, dass Sie sie trotzdem einmal ausprobieren. Unsere Erfahrung mit dieser Einheit war: Selten war die Arbeit in unserem KU so dicht, engagiert und spirituell wie bei dieser Einheit. Übrigens: Die Materialien können Sie mehrmals benutzen. Also: einmal anschaffen, und schon drei (vier? Fünf?) Jahrgänge gestaltet.

O.K., wir hören ja schon auf, Sie zu überreden. Lieber machen wir noch ein paar Anmerkungen zum Verlauf unserer Einheit.

1. Eric Clapton: »Tears in heaven«

Mit diesem Song einzusteigen, hat sich als sehr gut erwiesen. Nicht nur die Melodie, gerade der Text ist ungeheuer tiefgängig. Ein Blick in die Gesichter der Konfis – und es ist sofort klar: Dieses Thema berührt sie. Der Song gibt Ihnen Anregungen, erste eigene – sehr persönliche und eigentlich nie gefühlsduselige – Sätze zur Frage der Einheit zu sagen: »Wie geht's eigentlich weiter- hinter dieser Tür?«
Es ist wichtig, sich für »tears in heaven« Zeit zu nehmen, nicht zu hetzen. Die Konfis sind danach voll im Thema. Sie lassen sich ernsthaft und neugierig auf das Bauen der Jenseitskisten ein.

2. Die Jenseitskisten

»Warum arbeitet ihr mit Kisten?« Das werden wir häufig gefragt. Manche sagen uns: Geht das nicht anders irgendwie schneller und einfacher mit einem ähnlichen Ergebnis? Natürlich kann man das auch anders machen, z. B. Bilder malen lassen und anschließend darüber reden. Aber mal ehrlich: Im Vergleich zu den Kisten ist das doch ziemlich langweilig und macht kaum Spaß. Ach ja, was das eigentlich für Kisten sind? Wir haben normale Umzugskisten benutzt. Sie können aber auch jede andere Kiste von vergleichbarer Größe verwenden. Eine echte Hilfe ist es, wenn die Kisten innen weiß sind. Dann lassen sie sich einfacher und schöner gestalten. Haben Sie solche »Innenweißkisten« nicht – macht nichts: Die Konfis kleben einfaches weißes Papier an die Stellen, wo sie es brauchen.
Mit den Kisten wird aus dem Thema ein echtes Erlebnis. Beim Bauen gilt das Motto: »Es gibt nichts, was es nicht gibt«: Blumige Wiesen, flauschige Teppiche, helle Farben, warmes großes Licht, aber auch buntes Chaos und – manchmal, ganz selten – Höllenvision. Hier ist alles drin. Hätten sie gern einige Beispiele? Diese Kisten haben Konfis gebaut:

a) Die »Alles – wird – gut – Kiste«
Die Kiste ist an der Schmalseite geöffnet. Ein Tor wurde ausgeschnitten. Blickt man hinein, sieht man eine Art Vorhof. Es gibt eine Behindertenrampe,

der Boden ist bedeckt mit weißer Watte. Links vom Eingang befindet sich eine Medikamentenabgabestelle. Begründung: »Die braucht man hinter der Tür nicht mehr!«
Auf der rechten Seite neben dem Eingang liegt eine große Zwiebel. Darüber steht: »no tears in heaven«. An den Seiten dieses »Vorhofs« kleben zerrissene Geldscheine. Daneben steht: »Geld regiert zwar die Welt, aber nicht den Himmel«. Vom Vorhof aus lässt sich durch eine schmale Tür ein Blick in den hinteren Raum erhaschen. Kerzen stehen auf dem Boden, helle Farben sind zu sehen, und eine Schrift an der gegenüberliegenden Wand. Macht Lust auf mehr. Allerdings lässt sich dieser Raum nur von außen durch kleine Fenster betrachten. Die Fenster sind aus OHP-Folie ausgeschnitten und mit Stiften bunt gestaltet. So wird der eigentliche »Himmelsraum« bunt und hell. Es gibt ein großes grünes Fenster, aber auch rote und gelbe.
Im Raum ist alles mit weißer Watte ausgelegt, darauf stehen die Kerzen. Sonst ist der Raum leer, bis auf einen Satz an der Rückwand: »Alles wird (ist durchgestrichen), ist gut!

b) Die Sommer-Alpen-Wiese-Kiste
Die Kiste steht hochkant. Der Blick wird gefangen von einer riesigen gelben Sonne. Ihre Strahlen gehen durch die ganze Kiste und verändern dabei ihre Farbe. Aus gelb wird grün, blau. Usw. »Regenbogen« – denkt man. Auf dem Boden stehen auf einer grünen Filzwiese ganz viele kleine Blumen (auch aus Filz) in allen Farben. (hier hatte jemand besonderes bastlerisches Talent)
Die Wände sind kariert. »Wieso kariert?« »Ist nicht langweilig. Außerdem hatten wir keinen besseren Stoff!« An den Wänden stehen Worte. Liebe. Glücklich sein. Harmonie. Frieden. Die ganze Kiste atmet Buntheit und Fröhlichkeit.

Die Arbeit an den Kisten setzt enorme Kreativität frei. Es ist deshalb gut, sich als Unterrichtender zurückzuhalten und sich in dieser Phase darauf zu beschränken, die Arbeitsgruppen so zu unterstützen, dass sie ausreichendes Material bekommen. Eben auch für ausgefallene Ideen. Übrigens: Dass eine Kleingruppe eine Kiste bauen muss (und nicht jede oder jede Konfi eine eigene), ist volle pädagogische Absicht: Das eine Produkt nötigt zum Austausch, zur Begründung eigener Absichten. So geschieht gerade in und durch die Kleingruppenarbeit eine erste Profilierung der eigenen Vorstellungen.

3. »Anderes Zeugs«

Bestimmte Gegenstände müssen in der Kiste irgendwie verarbeitet werden. Diese Gegenstände (Handy, Geld, Kickerball, Medikamentenschachtel, Lippenstift) sind Symbole für das, was Menschen als wertvoll und sinnstiftend bezeichnen könnten: Kommunikation, Reichtum, Fußball/Spaß, Gesundheit, Schönheit.
Es lohnt sich, bei der Auswertung der Kisten auf diese Symbole einen besonderen Blick zu werfen und zu hinterfragen, welche Rolle die heute sinnstiftenden Werte hinter der Tür haben.

4. »Die Kistengespräche«

Sind die Kisten erst einmal fertig, kommt ihre Präsentation. Verschlossen werden sie in den Plenumsraum gebracht und eine nach der anderen geöffnet. Niemand muss etwas zu den Kisten sagen – aber jeder und jede darf, vorausgesetzt, sie achten die Kiste und ihre Erbauer. Darauf haben wir uns vorher verständigt.
Sind alle Kisten geöffnet, bilden wir Partnergruppen: Immer zwei Kistenteams tun sich zusammen und tauschen ihre Kisten aus. Manchmal dauert es ein bisschen, bis alle verstanden haben, mit welcher Kiste sie im nächsten Schritt arbeiten. Ist es allen klar geworden, gehen wir mit einer Spiegelfliese (von Ikea oder aus dem Baumarkt) vor jeder Kiste her. Wir versuchen zu erreichen, dass alle Konfis jede Kiste einmal im Spiegel gesehen haben. Alle recken ihre Hälse und verrenken sich den Rücken. »Warum macht ihr das?« wollen ein paar wissen. Wir sagen: »Jede Kiste spiegelt etwas von euren Hoffnungen, Ängsten, Träumen wider. Guckt euch mal die Kiste an, die ihr jetzt habt. Welche Hoffnungen etc. spiegeln sich darin? Schreibt ein paar Stichworte draußen auf die Kiste.«
Die Konfis legen los. Irgendwie macht es Spaß, das andere Kistenteam zu analysieren. Aber dass die anderen auch etwas auf die eigene, mit viel Körper und Geisteskraft erstellte Kiste schreiben – das ist schon ein bisschen unverschämt. Das müssen sie begründen. Dazu gibt es auch Gelegenheit: bei den Kistengesprächen. Die Partnergruppen setzen sich zusammen und jetzt können alle alles fragen – zur Kiste, zu den Stichwörtern und überhaupt. Und schon wieder gewinnen die eigenen Vorstellungen an Profil. Zum Schluss kann sich jeder und jede Konfi noch einmal mit seiner oder ihrer Kiste fotografieren lassen. Das Bild geben wir ihnen (beim nächsten Mal) mit nach

Hause – oder kleben es auf ihre Konfirmationsurkunde – oder machen eine Ausstellung damit – oder stellen sie auf unsere Internetseite – oder ...

5. Biblische Hoffnungssätze

Mit der Erarbeitung der biblischen Texte beginnt noch einmal ein neuer Abschnitt. Deshalb werden die Kisten auch erst einmal zur Seite gestellt. (Übrigens: hier wie auch bei den Leidenskisten empfiehlt sich eine größere Öffentlichkeit wie ein Gottesdienst oder eine »Ausstellung« im Gemeindehaus.)
Die Konfis brauchen neue Motivation und Kraft. Deshalb kommt jetzt erst einmal eine längere Pause (oder – auf einer Freizeit – die Nacht?). Bevor wir wieder einsteigen, machen wir ein Spiel, das die Konzentration fördert (s.u. unter Könnwamanspielmachen).
Den Übergang von den eigenen Vorstellungen zu den Hoffnungssätzen der Bibel zu inszenieren, ist wichtig. Die Konfis brauchen den vorhergehenden Arbeitsschritt: Austausch der Kisten. Erfragen der Vorstellungen, Ängste, Hoffnungen, Träume, die hinter der Kiste stecken. Lässt man diesen Arbeitsschritt weg, weil er für überflüssig gehalten wird, so kann keine Beziehung zwischen den eigenen und den biblischen Bildern entstehen.

Die Konfis arbeiten in Gruppen. Ihre Aufgabe: einen biblischen Text in eine DIN-A4-Collage umzusetzen, die wir später auf eine OHP Folie ziehen. Wir geben ihnen ein Arbeitsblatt, einen Stapel Schwarzweißbilder und Bastelzeugs mit. Ist die Collage auf Folie gezogen, können sie noch mit Eddings bestimmte Bereiche kolorieren.

Die biblischen Texte befördern kleine Aha-Erlebnisse: »Genauso haben wir es in unserer Kiste gemacht.« Die Texte zu bearbeiten, macht den Konfis Spaß. Aber auch hier gilt: da braucht's Zeit. Am Ende überraschen uns die Konfis. Wir haben nicht erwartet, Collagen mit solcher Dichte zu erhalten.
Beispiele:
Hesekiel 37:
Als Hintergrund hat die Gruppe eine Strandlandschaft gewählt. Der Blick fällt auf einen länglichen Strand, an dem an den Seiten Dünen aufsteigen.
Auf diesem Hintergrund stehen mit Edding gemalt ganz viele Kreuze.
Im Vordergrund sieht man eine sehr alte Frau tanzen. Links in der Ecke steht der Titel: »Tanzen auf den Gräbern«.

Offenbarung 21:
Hintergrund bildet eine große Stadtlandschaft. Hochhäuser sieht man an den Seiten. Sie verdecken den Himmel. In der Mitte ist gerade die »rush –hour« in vollem Gange.
In der Mitte ist aus der Hochhäuserfront ein trichterartiges Stück entfernt worden. In diesen Trichter purzeln Bäume.
Über dem Trichter sieht man eine Hand, die die Bäume ausstreut und den Satz: »Siehe, ich mache alles neu!«

6. Unsere Hoffnungssätze

Ein Einwand gegen das selbstständige Formulieren von Hoffnungssätzen lautet gemeinhin: »Das klappt nie. Was ist, wenn die Konfis keine Hoffnungssätze finden, bzw. wenn sie Hoffnungssätze haben, die völlig irreführend sind?«
Wir können dazu nur Folgendes sagen: Das stimmt! Es kann wirklich passieren, dass genau das eintrifft, was Sie befürchten. Wir nehmen das in Kauf, haben es selbst aber noch nicht erlebt. Denn die Hoffnungssätze der Konfis entstehen auf dem Hintergrund der Jenseitskisten und der selbst angefertigten OHP-Collagen. Also werden z. B. die Konfis, die in ihrer Kiste die Zwiebel mit dem Satz »no tears in heaven« verarbeitet haben, sehr genau den Hoffnungssatz aus Offb 21 gehört haben: »Und er wird abwischen alle Tränen von ihren Augen«. Der biblische Hoffnungssatz unterstreicht und verstärkt so noch einmal den eigenen Hoffnungssatz. Anders, aber nicht weniger dicht, ergeht es jenen, die in ihrer eigenen Vorstellung wenig Gutes hinter der Tür erwarten. Sie können sich von den biblischen Hoffnungssätzen inspirieren lassen, Hoffnung zu entdecken. Konfis machen so oder so die Erfahrung, dass Sätze aus der Bibel eine hohe Qualität für ihr persönliches Leben entfalten können.
Aber was geschieht nun eigentlich am Schluss dieser Einheit? Während die Konfis ihre Collagen anfertigen, gestalten wir den Plenumsraum: Wir bauen einen Stuhlhalbkreis auf. In die Mitte dieses Halbkreises legen wir eine Tür aus Plakatkarton. Die Konfis kennen sie schon. Sie hat bereits beim Hören des Liedes von Eric Clapton in der Mitte gelegen. Auf die Tür stellen wir einige Teelichter. Ans offene Ende des Stuhlhalbkreises hängen wir eine Baufolie (gibt's in jedem Baumarkt). Am einfachsten geht das, indem wir 2 x 2 Tische übereinanderstellen, noch einen Stuhl obendrauf packen und die an eine Baulatte getackerte Folie über die Stuhllehnen legen. Die Baufolie reicht bis zum Boden. Hinter die Baufolie stellen wir den OHP. Sein Licht strahlt

in den Stuhlhalbkreis. Vor die Baufolie legen wir einige Eddings. Dann machen wir Musik an (meditativ, George Winston? Pat Metheny & Charly Haden?) und dunkeln den Raum ab. Bevor wir die Konfis hereinlassen, zünden wir noch die Teelichter an.
Sind alle Konfis im Raum, geht's los: Jede Gruppe legt ihre Collage auf den OHP. Die anderen sitzen im Licht dieser Collage und hören den dazugehörigen Text. Sie können, wer will, niemand muss – danach ein Wort, einen Satz auf die Baufolie schreiben. Bei der ersten Collage gehen nur wenige. Wir müssen lange warten, bevor sich die Erste traut. Dann geht es immer leichter. Wenn alle Gruppen ihre Collage vorgestellt haben, legen wir noch eine letzte Folie auf. Auf ihr steht nur ein Wort: »Hoffnung«. Die Konfis lesen noch einmal alle Wörter auf der Folie. Wir geben ihnen eine kleine Karte in die Hand und bitten sie, ihren Hoffnungssatz aufzuschreiben: »Was gibt euch Hoffnung, wenn ihr daran denkt, dass ihr eines Tages durch diese Tür geht?« Dieser Satz gehört den Konfis. Sie müssen ihn nicht vorlesen. Wir schlagen ihnen vor, den Zettel mit ihrem Satz in ihrer Hosentasche herumzutragen. Dann singen wir noch ein Lied und segnen die Konfis.
Das Ende der Einheit haben wir als ungemein dicht und spirituell erlebt. Es erschien uns so, als ob durch das Beschriften der Baufolie und das Nennen der Hoffnungssätze/-begriffe sich diese schon in unserer Wirklichkeit manifestierten.

Beispiele:
- Hipp, hipp, hurra, alles wird super, alles wird wunderbar!!!
- Steh auf! Ich mache alles neu.
- Alleine werde ich nie sein.
- Ich bin zufrieden.
- Ich bin froh, dass es weitergeht
- Ich werde sein, was ich in Gottes Augen schon jetzt bin.
- Ich werde klar sehen.
- Ich glaube, dass ich hinter dieser Tür geborgen bin.

Verlaufsplan: Soundauchanders

Wann und Wo	**Was**	**Wie**
Plenum, stehend im Raum, ca. 10 Minuten	Einstieg ins Thema: Beyond the door … • Ankommen und warm werden: Um anzukommen und miteinander warm zu werden, spielen wir zu Beginn ein Spiel. Es besteht aus drei Schritten. Alles, was Sie für das Spiel brauchen, ist eine gerade Zahl von Mitspielenden und lebendig-meditative Musik1. So geht's los: • »Bitte sucht euch einen Partner oder eine Partnerin. Habt ihr einen gefunden? Gut! Stellt euch Rücken an Rücken zu eurem Partner/eurer Partnerin. Der Rücken geht von den Schultern bis zum Hintern. Also los! Jetzt schiebt euch bitte ganz vorsichtig gegenseitig durch den Raum. Achtet genau aufeinander: Will der andere gerade schieben oder geschoben werden. Ihr werdet merken: Das könnt ihr spüren. Macht das so lange, wie die Musik läuft.« • Musik an, ca. 1 Minute; dann Musik ausblenden: • »Jetzt braucht ihr einen neuen Partner/eine neue Partnerin. Habt ihr jemanden gefunden? Gut! Dieses Mal steht ihr nicht Rücken an Rücken, sondern voreinander. Ihr schaut euch in die Augen und dürft den Blockkontakt kene Sekunde verlieren. Dabei könnt ihr euch unabhängig voneinander durch den Raum bewegen. Bloß eins ist wichtig: Behaltet einander die ganze Zeit im Auge. Alles klar? Los geht's!« • Musik an, ca. 1 Minute; dann Musik ausblenden: • »Ihr braucht noch einmal einen neuen Partner oder eine neue Partnerin! Dieses Mal steht ihr wieder Rücken an Rücken. Aber die Spielregel ist jetzt anders als vorhin: Ihr dürft euch auf keinen Fall von eurem Mitspieler verschieben lassen. Ihr müsst aber unbedingt versuchen, ihn oder sie zu verschieben. Alles klar? Viel Spaß!« • Musik an, ca. 1 Minute; dann Musik ausblenden. »Vielen Dank, dass ihr mitgemacht habt. Was ihr jetzt gerade erlebt habt, brauchen wir bei unserem Thema: 1. Einander den Rücken stärken: Braucht jemand deine Unterstützung? 2. Die anderen nicht aus dem Blick verlieren: Was denken oder fühlen eigentlich die anderen in deiner Gruppe? 3. Sich aneinander reiben: Kann ich den anderen nicht dazu bringen, die Welt mal von einem anderen Standpunkt aus zu betrachten?«	CD-Spieler mit lebendiger meditativer Musik
Plenum, im Stuhlkreis, ca. 15 Minuten	Einstieg ins Thema: • Legen Sie die Plakatkartontür in die Mitte des Stuhlkreises und verteilen Sie die Textzettel: Eric Clapton, Tears in Heaven.	Tür aus drei Plakatkartons zusammengeklebt; Klinke aufgemalt

	• Impuls durch eine(n) Unterrichtende(n): Hintergrund zum Song: »Eric Clapton hat vor einigen Jahren seinen 5-jährigen Sohn verloren. In einem unbeobachteten Moment stürzte er aus einem Fenster im 30. Stock eines Gebäudes. Der Song »Tears in Heaven« erzählt von seinen Gefühlen, Hoffnungen und von seiner Trauer.« • Hören des Songs: Tears in Heaven & Abwarten von Spontanreaktionen • Impuls durch eine(n) Unterrichtende(n): »Was macht Eric Clapton in diesem Song: Er entwirft ein eigenes Bild von dem, was hinter dieser Tür auf ihn und auf seinen Sohn wartet. Dieses Bild gibt ihm die Kraft, jetzt weiterzuleben und mit seiner Trauer umzugehen. (Unterrichtende(r) geht zur Tür) Beyond the the door ... Was ist hinter der Tür? Das ist die Frage, mit der wir uns jetzt beschäftigen.« Ihr tragt Bilder vom Jenseits in euch. Habt ihr das schon einmal gemerkt? Manche von euch haben sehr deutliche Bilder, andere sehr verschwommene: Licht, Wiese, Blumen, Gemeinschaft, Musik, Farben. Versucht doch einmal, eure inneren Bilder vom Jenseits darzustellen, indem ihr gemeinsam mit anderen eine »Jenseitskiste baut. Was eine Jenseitskiste ist? Also ...« • Vorstellung der Kiste und der Materialien; Möglichkeiten, die Jenseitskiste zu erarbeiten (s. dazu M2: »Bauanleitung Jenseitskisten«) • Wichtig – nicht vergessen: »Ihr habt 45 Minuten Zeit, eure Kiste zu bauen. Bitte bringt sie dann wieder in diesen Raum – und zwar gut verschlossen. Wir werden sie erst hier im Raum aufmachen und den anderen zeigen. Rückfragen? O.K., dann los! Sammelt euch in Gruppen von 4 bis 5 um eine der im Raum verteilten Kisten. Wenn alle Gruppen gebildet sind, sage ich euch, in welche Räume ihr gehen könnt.«	M1 Textzettel Eric Clapton CD-Spieler Pro 4 bis 5 Konfis 1 Umzugskarton (oder andere Kartons von vergleichbarer Größe; wenn möglich innen weiß oder doch hell) Für jeden Umzugskarton (am besten einfach schon hineingelegt) 1 Lippenstift, Spielgeld (bei der Sparkasse umsonst zu bekommen), 3–4 leere Medikamentenschachteln (bei der Apotheke ein paar Tage vorher anrufen und zurücklegen lassen), 1 Kickerball, 1 Spielzeughandy sowie eine Auswahl an Kreativzeugs (Eddings, Knete, Blumenerde, Transparentpapier, Kleber, Schere, Stoff- und Wollreste (Frauenhilfe!)) M2 Bauanleitung Jenseitskiste
Gruppenräume, Kleingruppenarbeit, ca. 45 Min.	• Die Kleingruppen bauen die Jenseitskisten in ihren Gruppenräumen. Sie bringen sie verschlossen in den Plenumsraum zurück	
Plenumsraum, Stuhlkreis,	Vorstellung der Jenseitskisten:: • Die Jenseitskisten werden jetzt nacheinander geöffnet. Alle haben Zeit, jede Kiste genau anzusehen. • In einem Abstand von ca. 1,5 m werden die Jenseitskisten vor die Spiegel auf den Boden gestellt. Eine Unterrichtende hält eine Spiegelfliese so vor die Kisten, dass alle Konfis einmal den Inhalt jeder Kiste gesehen haben. • Impuls eines/einer Unterrichtenden: »Unsre Jenseitsvorstellungen spiegeln immer auch unsere ganz persönlichen Träume, Hoffnungen und Ängste: Was ist uns wichtig? Was ist uns unwichtig? Was macht uns Angst? Was gibt uns Hoffnung? Schaut euch noch einmal die Jenseitskisten an: Welche Hoffnungen, welche Ängste, welche Träume haben Menschen, die solch eine Kiste bauen? Damit beschäftigen wir uns in diesem Schritt.«	Eddings, Spiegelfliese von Ikea oder aus dem Baumarkt oder von der Wand auf dem Gemeindehausklo Fotoapparat

Wann und wo	Was	Wie
Gruppenarbeit, ca. 25 Minuten	• Jenseitskistentausch: Je zwei Gruppen tauschen ihre Jenseitskisten. Sie schreiben außen auf die Kiste Begriffe, die ihre Vermutungen über Wünsche, Träume, Ängste & Hoffnungen der Leute bezeichnen, die die Kiste gebaut haben. • Nach ca. 15 Minuten kommen die Partnergruppen zusammen und stellen sich anhand der auf den Kisten aufgeschriebenen Begriffe ihre jeweiligen Vermutungen vor. Die Partnergruppe teilt ihre Eindrücke mit. • Wenn die Gespräche verebben, kann sich noch jeder/jede Konfi mit seiner/ihrer Kiste fotografieren lassen. Das Foto geben wir ihnen beim nächsten Mal mit nach Hause (wir haben nämlich keine Digitalkamera ☹; Achtung: Wählen Sie ein großes Format; große Bilder schmeißt man und auch Konfi nicht so einfach weg!)	
	Pause – so lange wie es geht	
Plenumsraum, stehend 5 Minuten	Spiel »Group Juggling« (s. unter Könnwamnspielmachen)	6 bis 7 Tennisbälle
Plenumsraum, Stuhlkreis, 15 Minuten	Jenseitsbilder aus der Bibel • Stuhlkreis um die Tür aus Plakatkarton. • Impuls eines/einer Unterrichtenden: »Schon immer haben sich Menschen Bilder davon gemacht, wie es hinter dieser Tür aussieht: Ihr habt Jenseitskisten gebaut, andere haben Bilder gemalt und wieder andere haben ihre Bilder aufgeschrieben. Solche aufgeschriebenen Bilder gibt's auch in der Bibel. Ich bitte euch, aus einem solchen aufgeschriebenen Bild ein echtes Bild zu machen. Und das geht so: Ihr arbeitet noch einmal in Gruppen. Ihr könnt in denselben Gruppen arbeiten wie heute Morgen oder auch in anderen. Sammelt euch einfach in einer der vier Ecken.« • Warten bis die Gruppenbildung abgeschlossen ist. Dann weiter: • Für eure Arbeit braucht ihr außerdem noch eine Schere, einen Stapel Bilder, einen Klebestift und ein weißes DIN-A4-Blatt sowie ein Arbeitsblatt. Ihr findet alles in eurer Ecke. Bitte lest jetzt das Arbeitsblatt durch. Danach klären wir eure Fragen dazu. Dann könnt ihr in euren Gruppenräumen anfangen.« • Lesen der Arbeitsblätter M3, Klärung von Rückfragen, Anweisung der Räume und Zeitvereinbarung. • Achtung: wichtig – nicht vergessen: »Wenn ihr eure Collage fertig habt, meldet euch bei mir/uns. Wir gehen dann mit euch zum Kopierer und ziehen eure Collage auf eine Folie. Ihr könnt sie dann noch farbig anmalen, wenn ihr möchtet. Auf jeden Fall zeigt ihr eure Collage allen anderen – wie, das verraten wir noch nicht.	Auf dem Fußboden in vier Ecken ausgelegt: Scheren, Kleber, für jede Gruppe von 4 bis 5 Konfis einen Stapel mit kopierten Schwarzweißbildern sowie eine leere DIN-A4-Seite, Stapel M3 Arbeitsblätter OHP-Collage (jeder Stapel besteht aus denselben Textblättern! Die Textblätter müssen Sie ausdrucken, auf die Rückseite die Außenseite kopieren, die linke und rechte Seite auf die Mitte zusammenfalten, so dass eine Doppelflügeltür entsteht.) Kopierer, Kopierfolie, Eddings zum Kolorieren.

	Ach ja, und noch etwas: in unseren Plenumsraum dürft ihr jetzt erst einmal nicht herein. Wir bauen hier nämlich etwas für euch auf. Also, wenn ihr etwas von uns wollt: an der Tür klopfen und WARTEN!« Alles klar? Dann los!«	
Gruppenräume, Kleingruppen-arbeit 30 Minuten	• Die Kleingruppen fertigen ihre OHP-Collage an. • In der Zwischenzeit stellen die Unterrichtenden folgendes Raumarrangement her: Wir bauen einen Stuhlhalbkreis auf. In die Mitte dieses Halbkreises legen wir die Tür aus Plakatkarton. Auf die Tür stellen wir einige Teelichter. Ans offene Ende des Stuhlhalbkreises hängen wir eine Baufolie (gibt's in jedem Baumarkt). Am einfachsten geht das, indem wir 2 x 2 Tische übereinanderstellen, noch einen Stuhl obendrauf packen und die an eine Baulatte getackerte Folie über die Stuhllehnen legen. Die Baufolie reicht bis zum Boden. Hinter die Baufolie stellen wir den OHP. Sein Licht strahlt in den Stuhlhalbkreis. Vor die Baufolie legen wir einige Eddings. Dann machen wir Musik an (meditativ, George Winston? Pat Metheny & Charly Haden?) und dunkeln den Raum ab. Bevor wir die Konfis hereinlassen, zünden wir noch die Teelichter an.	Baufolie, vier Tische, zwei Stühle, eine Baulatte (2,5 m), Heftzwecken, Hammer, Teelichter, Streichhölzer, Eddings, CD-Spieler, Musik (ruhig, meditativ)
Plenumsraum, Stuhlhalbkreis, 35 Minuten	• Präsentation der biblischen Bilder: Sind alle Konfis im Raum, geht's los: Jede Gruppe legt nacheinander ihre Collage auf den OHP. Die anderen sitzen im Licht dieser Collage und hören den dazugehörigen Text, den eine Konfi aus der Gruppe laut vorliest. • Die Konfis können – nur wer will, niemand muss – danach ein Wort, einen Satz auf die Baufolie schreiben. • Wenn alle Gruppen ihre Collage vorgestellt haben, legen wir noch eine letzte Folie M4 auf. Auf ihr steht nur ein Wort: »Hoffnung«. Die Konfis lesen noch einmal alle Wörter auf der Folie. Wir geben ihnen eine kleine Karte in die Hand und bitten sie, ihren Hoffnungssatz aufzuschreiben: »Was gibt euch Hoffnung, wenn ihr daran denkt, dass ihr eines Tages durch diese Tür geht?« Dieser Satz gehört den Konfis. Sie müssen ihn nicht vorlesen. Wir schlagen ihnen vor, den Zettel mit ihrem Satz in ihrer Hosentasche herumzutragen. Dann singen wir noch ein Lied, lesen das Ichbin-Wort aus Joh 11 und segnen die Konfis • Wir fragen, wer Lust hat, das Ichbin-Wort bis zum nächsten Mal als Kalligraphie oder Bild für das **Jesus-Brett** zu gestalten (mit Computer, Wasserfarben oder wie auch immer).	M4 Folie »Hoffnung«, Karten (DIN A6), Eddings
Plenumsraum	• Wir bleiben im Raum und bieten Getränke an. Die Musik bleibt an. Wer will, kann noch bleiben und mit uns reden. Die OHP-Collagen und die beschriebene Baufolie verwenden wir am Sonntag im Gottesdienst. Sie predigt von ganz alleine.	

6. Beten ist wie ...

1. Kann Beten die Dinge verändern?

Das Thema Beten spielt in unserem KU eine zentrale Rolle. Es verdient viel Zeit und unseres Erachtens auch einiges an Gestaltungsaufwand. Denn bei keinem anderen Thema geht es so explizit darum, der Wirklichkeit Gottes nachzuspüren.
Für Jugendliche bleibt das Thema »Beten« so lange harmlos und langweilig, wie es unter der Überschrift *»Beten ist wie reden mit einem guten Freund«* entfaltet wird. Nach unserer Erfahrung reagieren Jugendliche auf diesen Zugang mit Sätzen wie: »Wenn das so ist, rufe ich doch lieber gleich meine Freundin an. Das geht schneller und wirkt besser!«
Beten wird (nicht nur) für Jugendliche dagegen interessant, wenn es dabei um Fragen geht wie: »Verändert beten die Dinge?« »Bringt es etwas, um bessere Zensuren zu bitten« »Kann Gott dafür sorgen, dass Jenny sich in mich verliebt?«

Kennen sie die Untersuchung zur Rolle von Fürbittgebeten bei der Behandlung von Herzpatienten, die 1999 in den anerkannten »Archives of internal Medicine« veröffentlicht wurde?
In diesem Versuch wurden Vornamen von willkürlich ausgewählten Patientinnen und Patienten an eine Fürbittgruppe gegeben, die für vier Wochen diese Namen in ihre Fürbitten aufnahm. Die Patienten hatten keine Ahnung, dass für sie gebetet wurde. Nach Auswertung dieses Versuchs, an dem insgesamt 990 Patienten teilnahmen, stellte sich Folgendes heraus:
Die Patienten, deren Namen der Fürbittgruppe anvertraut worden waren, benötigten signifikant weniger Medikamente, der Heilungsprozess verlief signifikant schneller, das persönliche Wohlbefinden dieser Patienten war signifikant höher.

Was machen sie mit einer solchen Untersuchung?
Ziehen sie die Untersuchungsmethoden in Zweifel?
Überprüfen sie ihr Gottesbild?
Oder fangen sie an, anders zu beten?

Uns ist diese Untersuchung wichtig, weil sie uns an Folgendes erinnert:
Die Fragen, die nach unserer Erfahrung für Jugendliche beim Thema »Beten« (Veränderung von Dingen) interessant sind, sind sachlich angemessen. Das Phänomen »Beten« ist nicht hinreichend in psychologischen Kategorien erfasst. Beten braucht theologische Deutungskategorien, die das Verhältnis von Wirklichkeit Gottes und Wirklichkeit dieser Welt verstehen helfen. Und das Ergebnis dieses Versuchs aus *theologischen* Gründen anzweifeln (was für ein schreckliches Gottesbild ...)!
Wie gehen wir also vor?

2. Lernstationen: »Beten ist wie ...«

Wir sitzen im Kreis. Im Raum sind unsere üblichen Materialien (Stifte, Papier, Kreativzeugs usw.) aufgebaut. Alle verfügbaren Räume im Gemeindehaus sind aufgeschlossen (– Ja, auch die Küche, der Heizungskeller und der Putzraum).
Doch bevor es losgeht, ist es wichtig, die Konfis auf das Thema einzustimmen. Wir zeigen Ihnen an einem Beispiel (Seil von der Decke), was wir von ihnen wollen: eine Lernstation bauen – etwas, wo man erleben kann, wie das Beten ist. Die Konfis bekommen Lust, jetzt selber zu experimentieren, zu überlegen und aufzubauen. Als Baumaterial steht ihnen das ganze Haus zur Verfügung. Es gibt nur eine einzige Bedingung: Am Ende der Einheit muss das Haus wieder so aussehen wie vorher.
Dann ziehen die Konfis los, zu zweit zu dritt, zu viert, manche auch allein. Sie suchen nach Inspiration in den Gegenständen, die sie sehen:
»Was könnte das mit Beten zu tun haben?« »Und wie wär's, einfach oben ein Fenster aufzumachen? Und man muss sich dann auf die Fensterbank stellen?«
Viele Gespräche schwirren durchs Haus.
Wenn alle Stationen aufgebaut sind und die Durchlaufmodalitäten geklärt sind, geht es weiter. Alle Konfis durchlaufen alle Stationen.

Wir sind jedes Mal wieder überrascht, was dabei herauskommt.

- Zwei Mädchen haben z. B. ein Memoryspiel gebastelt. Auf je zwei Karteikarten haben sie Situationen gemalt, in denen Beten ihrer Ansicht nach Sinn macht. Hinterher erklären sie uns: »So ist das beim Beten – da müssen immer zwei zusammenkommen, damit es klappt. Manchmal dauert das ganz schön lange und man muss viel 'rumprobieren.«

- Drei Jungs haben aus dem Krabbelgruppenraum einen Stab mit Ringen geholt. Den Stab haben sie auf einen Tisch gestellt, in einem Meter Abstand davon eine Linie gezogen mit Tesakrepp. Die Aufgabe:
  Von dieser Linie aus die Ringe auf den Stab werfen.
  Manche von uns haben keinen geschafft, andere gleich vier- aber was hat das mit Beten zu tun?
  Die Sache klärt sich am Schluss. Bevor wir in die Auswertung der Lernstationen einsteigen, gibt es eine Preisverleihung. Ein Pokal aus der Tischtennisvitrine wird dem besten Ringwerfer überreicht – mit den Worten: »Übrigens, beim Beten geht's nicht ums Gewinnen.« Wir sind ganz schön baff.
- Eine Dreiergruppe Jungs stellt folgende Aufgabe: »Mach einen Handstand und versuche, diesen über einen Zeitraum von 45 sec. zu halten. Zu schwer? Vielleicht brauchst du Hilfe.« Das war mit Abstand die Lieblingsstation des Tages. Viele wollten ausprobieren, ob sie diese schwere Aufgabe meistern können. Manche sagten: »Typisch Jungs. Große Klappe und nichts dahinter. Die können das ja selber nicht.« Aber fast jeder, der diese Aufgabe zu lösen versuchte, fragte hinterher: Und was hat das mit Beten zu tun? Hier die Antwort der drei Jungs: »Im Leben gibt es manchmal unschaffbare Aufgaben, wie z. B. eine Zwei in Mathe, wenn man ein totaler Mathelooser ist. Beten ist wie Hilfe von außen; wie jemand, der beim Handstand die Füße festhält, damit man 45 sec. schafft.

Durch die beiden nächsten Schritte der Namensgebung und der persönlichen Bewertung erreichen wir nicht nur eine Vertiefung im Aneignungsprozess bei den Konfis, sondern auch eine Klärung darüber, welche Plausibilität Beten für sie im Moment hat.

3. Der Brief

Ein wenig ungewöhnlich erscheint das ja. »Wieso soll ich einen Brief an mich selber schreiben, den ich dann erst in einiger Zeit zurückbekomme?
Einmal, weil am Ende herauskommt: Für jeden hat Beten eine Dimension von persönlicher Erfahrung: Denn es ist ja ihre Aufgabe, zu überlegen, wann und an welcher Stelle in ihrer Erinnerung Beten so oder so ähnlich war wie heute.
Zum andern: indem wir diesen Brief zurückbehalten und ihnen nach einiger Zeit erst wieder zuschicken, vielleicht sogar erst ein Jahr nach ihrer Konfir-

mation, erhalten sie dann, nämlich zu einem Zeitpunkt, an dem der intensive Kontakt zu uns sich auf die eine oder andere Weise verändert hat, noch mal Gelegenheit, ihre Erfahrung als Konfi mit den Erfahrungen, die sie seitdem gemacht haben, zu überprüfen. So gelingt es uns, die Frage nach der Relevanz des Betens bei ihnen lange wachzuhalten.
Nicht das Schlechteste wie wir finden.
Jetzt ist es Zeit für eine Pause und ein paar Spiele.
Danach kommt der letzte Schritt:
Wir legen auf Karten Worte aus den Evangelien zum Thema Beten aus, die mit Jesus zu tun haben.
Wir möchten gerne diese Aussagen Jesu zum Thema Beten mit unseren Stationen vergleichen. Hat Jesus vielleicht ähnlich über das Beten gedacht wie wir?
Sind alle möglichen Karten verteilt, können die Konfis noch einmal nachfragen: »Warum hast du die Karte dahin gehängt?«
Bleibt etwas unklar, muss der Kontext des jeweiligen Wortes im NT gesucht werden. Das hilft vielleicht beim Klären.

4. Das können wir sonst noch machen:

- Die Stationen im Kirchraum oder beim Gemeindefest aufbauen und anderen zum Durchlauf anbieten. Die Konfis überlegen sich einen Prozess, wie sie Zustimmung und Ablehnung von den Durchlaufenden erheben können. Das Ergebnis kann im Gottesdienst, Gemeindebrief o.Ä. veröffentlicht werden.
- In einer Gruppe kreiste jede einzelne Station um das Thema: »Verändert beten die Dinge?« Wir haben diese Frage aufgenommen und den beschriebenen Versuch aus den USA abgewandelt in unserer Gemeinde wiederholt. Kleingruppen von Konfis haben vier Wochen lang für von uns ausgesuchte und vorbereitete Gemeindeglieder gebetet – und zwar für spezifische, mit ihnen abgesprochene Anliegen. Nach den vier Wochen kam es mit diesen Gemeindegliedern zu einem Auswertungsgespräch. »Hat sich etwas verändert? Was ist nicht geschehen?« In unserer Konfigruppe haben wir diese Gespräche ausgewertet und die Konfis Konsequenzen ziehen lassen. Bei manchen war das Ergebnis positiv im Sinne von: »Es hat gewirkt«, bei manchen aber eben auch nicht. Das war ein wichtiger Moment, denn jetzt konnten wir mit den Konfis ins Gespräch kommen über die sich nie auflösende Mehrdeutigkeit göttlichen Handelns an uns. Am Ende haben wir

gemeinsam die Geschichte von Jesus im Garten Gethsemane (»Doch nicht wie ich, sondern wie du willst ...«) gelesen. (Hier könnte sich dann gut das Thema »Gott und das Leiden« anschließen.)
- Rituale einführen. Z. B. zum Schlussritual gehört jetzt immer ein frei formuliertes Fürbittgebet: »Für wen, für welche Dinge wollt ihr heute bitten?« (s. dazu den Abschnitt zu Ritualen).

Verlaufsplan: Soundauchanders

Wann und wo	Was	Wie
Stuhlkreis 10 Minuten	**1. Einstimmung:** Ein Seil hängt von der Decke bis zum Boden. Unter dem Seil liegt ein Plakat mit der Aufschrift »Beten ist wie …«. Spontanreaktionen der Konfis abwarten. Unsere Konfis haben z.B. Folgendes gesagt: »Beten ist wie eine Verbindung herstellen oder: »Beten ist wie … da muss man sich mächtig anstrengen, um hoch zu kommen, um sich bei Gott Gehör zu verschaffen.« Wir bitten einen Konfi, sich am Seil gut festzuhalten. Dann stoßen wir ihn herum. Das führt zu weiteren Deutungen: »Beten ist wie … wenn man einen festen Halt hat. Man fällt nicht so schnell um.«	Seil an der Decke befestigt Plakat: Beten ist wie … (M1)
AG-Arbeit 50 Minuten	**2. Planung und Aufbau der Lernstationen durch die Gruppen** *Eure Aufgabe ist es jetzt, eine Station für die anderen Konfis aufzubauen. Sie sollen daran sehen und erfahren können, wie Beten für euch ist. Alle Informationen, die dazu benötigt werden, und alle Anweisungen schreibt auf ein Blatt und klebt es neben eure Station. Die Teamer sind dazu da, um eure Ideen mit Material zu versorgen und um euch dabei zu unterstützen, eure Idee möglich zu machen Ihr dürft das ganze Haus und alle Gegenstände im Haus für eure Stationen benutzen. Es gibt nur zwei Regeln: 1. Es darf nichts kaputtgehen! 2. Das Haus muss nach unserer Arbeit wieder genau so hergerichtet werden, wie es jetzt ist!* *Ihr könnt allein oder zu zweit, auch zu dritt, höchstens zu viert an eurer Station arbeiten. Alles verstanden? Dann viel Spaß.* *Gruppenbildung – Arbeitsphase.*	Alles Kreativzeugs
Einzelarbeit 20 Minuten	**3. Durchlauf durch die Lernstationen:** Die Konfis kommen zurück in den Stuhlkreis. Bevor der Durchlauf durch die Stationen beginnt, müssen folgende Fragen durch die Teamer geklärt sein: • Welche Station braucht Begleitpersonal? • Welche Station braucht Erläuterung? • Gibt es Stationen außerhalb des Plenumraumes? Durchlauf	
15 Minuten	Pause	

Wann und wo	Was	Wie
Partner/ Innenarbeit 10–15 Minuten	**4. Vertiefung I:** *Findet einen Partner oder eine Partnerin.* • *Such dir deine Lieblingsstation aus (es darf nicht die sein, die Ihr aufgebaut habt!). Erzähl deinem Partner, was dich an dieser Station berührt hat. Lass dich von deinem Partner zu seiner Lieblingsstation führen und hör ihm gut zu. Wenn ihr fertig seid, meldet euch bei einem der Teamer. Die sagen euch dann, wie es weitergeht.* • Durchlauf Lieblingsstation • *Geh anschließend zu der Station, die dich etwas ratlos lässt oder die dich zu Widerspruch reizt. Teile deiner Partnerin deine Gedanken und Gefühle zu dieser Station mit. Dann kommt deine Partnerin dran. Wenn ihr fertig seid, meldet euch bei einem der Teamer. Die sagen euch dann, wie es weitergeht.* • Durchlauf Station der Ratlosigkeit und des Widerspruchs • *Nehmt euch jetzt zwei Zettel und einen Stift. Gebt eurer eigenen Station und eurer gerade gewählten Lieblingsstation einen Namen, indem ihr den Satz vervollständigt »Beten ist wie …«. Heftet diese Zettel an die jeweilige Station. Wenn ihr fertig seid, setzt euch bitte in den Stuhlkreis.* • Durchlauf Namensgebung • *Jede Station hat jetzt eine ganze Reihe von Namen. Geht – jeder und jede für sich und mit viel Ruhe – alle Stationen ab und schaut euch die Stationsnamen an. Sucht den Zettel, der für euch am ehesten stimmt. Habt ihr ihn gefunden, geht zu einem der Teamer. Die sagen euch dann, wie es weitergeht.* • Durchlauf Lieblingsname mit ruhiger Musik im Hintergrund.	M1 (als Kopie, für jede/n Konfi 2x) und Eddings, Tesakrepp, CD-Spieler, ruhige Musik.
Stuhlkreis & Einzelarbeit 10 Minuten	**5. Vertiefung II:** • Nimm dir einen Briefbogen und einen Umschlag. Schreib auf den Umschlag deinen Namen und deine Adresse. Auf den Briefbogen schreibst du den Namen, den du dir gewählt hast. Schreib dann einen kleinen Brief an dich, in dem du aus deinem Leben erzählst: Wann war das letzte Mal Beten für dich so, wie es dieser Name sagt? Wenn ihr fertig seid, steck deinen Brief in einen Umschlag und wirf ihn in den Briefkasten. Ich schicke euch diesen Brief in einigen Tagen/Wochen/Monaten/Jahren zu.	M2 und Kugelschreiber Briefkasten (Karton mit Einwurfschlitz) Musik im Hintergrund
15 Minuten.	Pause	

Stuhlkreis 10 Minuten.	Karten mit Worten Jesu zum Thema Beten werden ausgelegt *Seht euch in Ruhe diese Karten an. Auf jeder steht ein Satz, ein Abschnitt, den Jesus zum Thema Beten gesagt hat. Eure Aufgabe: Sucht euch eine Karte aus, von der ihr meint, dass sie zu einer unserer Stationen passt, weil dieser Satz Jesu so ähnlich ist wie das, was in der Lernstation aufgebaut wurde.* *Habt ihr etwas gefunden? Dann klebt diese Karte an die Station. Nehmt euch danach Zeit, die anderen Stationen ein letztes Mal aufzusuchen und sie mit den Karten zu vergleichen, die andere Konfis daran geklebt haben.* *Kommt danach wieder zurück in unseren Stuhlkreis.*	Karten (M3)
Einzelarbeit 10 Minuten.	Durchlauf mit Karten	
Stuhlkreis Auswertung 10 Minuten.	Wir fragen uns gegenseitig, was wir mit der Zuordnung unserer Karten beabsichtigt haben. »Warum hast du die Karte ausgerechnet dahin gehängt?« Vielleicht bleiben manche Zuordnungen unklar. Dann nehmen sich der Fragende und der/die, die das entsprechende Jesuswort an eine Station geheftet haben, noch einmal Zeit, das Wort Jesu in seinem Kontext aufzusuchen. Vielleicht klärt das die Ungereimtheit.	
Stuhlkreis	Ergebnis sichern für das **Jesus-Brett**	

7. Taufe: Spieglein, Spieglein an der Wand …

1. »Von wem lasse ich mir eigentlich sagen, wer ich bin?«

In unserem KU gibt es immer mehr nicht getaufte Konfis. Daraus haben wir drei Konsequenzen gezogen: 1. Wir lassen uns bei diesem Thema Zeit. 2. Wir verbinden es auf jeden Fall mit der Taufe der Konfis, die getauft werden möchten. 3. Wir ziehen das Thema so weit von der Konfirmation weg, wie pädagogisch, gruppendynamisch und konfifamilienbedingt möglich. Letzteres tun wir deswegen, weil wir die eigenständige Bedeutung der Taufe gegenüber der Konfirmation nicht marginalisieren wollen.
Für uns hat sich Folgendes als recht praktikabel erwiesen: Die Taufe als Thema verbunden mit dem Taufakt bekommt ein angemessenes Gewicht, wenn wir es am Ende des 1. Jahres thematisieren. Wir verbinden es mit dem Abschlussfest des Katechumenenjahres, bei dem natürlich alle Konfis beteiligt sind.

Jetzt aber zum eigentlichen Thema:
Taufe ist theologisch gesprochen der Ort, an dem mir gesagt wird, wer ich in den Augen meines Gottes bin. Oder mit einer zentralen biblischen Geschichte verdeutlicht: Als Mose im brennenden Dornbusch Gott begegnet, da stellt er diese Frage: »Wer bin ich, Gott?« Und Gott antwortet: »Ich bin mit dir.« Die Taufe ist aus unserer Sicht genau jener Ort, an dem einem Menschen zugesprochen wird: Du bist ein »Gott ist mit dir«.
Konfis müssen sich an vielen Stellen und von vielen unterschiedlichen Menschen sagen lassen, wer sie sind. In der Schule hören manche: »In meinen Augen bist du eine Vollniete. Dein mathematisches Verständnis ist so groß wie das einer Wühlmaus.« In den Augen mancher Eltern sind Konfis oft anstrengend und schwierig, sie können Konfis häufig nicht mehr das geben, was Konfis von ihnen brauchen.
Wir wollen mit diesen unterschiedlichen Sichtweisen ein wenig spielen und mit den Konfis üben, im Konzert der vielen Stimmen, »Ich« zu sagen und nachzuspüren, wer das eigentlich ist.
Die Botschaft: »Egal, was die anderen sagen, in Gottes Augen bist du wert-

voll.« soll nicht bei den Konfis ankommen!! Wir glauben, dass dieser Satz Konfis im Besonderen und Menschen im Allgemeinen überfordert. Konfis wollen ja gerade von diesen Leuten hören, dass sie wichtig und richtig sind. Stattdessen wollen wir versuchen, sie die Kraft entdecken zu lassen, die in folgendem Gedanken liegt: »In manchen Stimmen klingt mit, was Gott über dich denkt!« Aber in welchen ...?
In der Taufe wird diese Stimme Gottes auf besondere Weise und ein für alle Mal zum Klingen gebracht: »Ich habe dich bei deinem Namen gerufen. Du gehörst mir. Du kommst mir gerade recht ...« Diese Stimme unter allen möglichen Stimmen des Alltags herauszuhören und ihnen Gewicht zu geben, verstehen wir als ein Zurückkriechen in die Taufe und als rechte Tauferinnerung.

2. Die Figuren

Wir entwickeln unser Thema anhand von drei zentralen Figuren:

a) Die Ich-Figur
Erst einmal völlig unverdächtig entwerfen die Konfis ein Selbstporträt auf einer großen Pappe. Es besteht aus Wörtern zu Fragen, die wir ihnen vorgeben, aber auch aus gemalten Haaren, Ohren, vielleicht auch aus einem kleinen Körper. Der Fantasie sind da keine Grenzen gesetzt. (Die Fragen, die wir ihnen dabei vorgeben, finden Sie auf M1.) Wichtig ist: Für den Kopf muss ein Loch frei bleiben.
Mit diesem Selbstporträt – wenn es fertig ist – spielen wir ein wenig, um schon eine leichte Distanz zu sich selbst herstellen zu können. So können die Konfis am Ende mit ihren Selbstporträtpappen durch den Raum gehen. Einige Spiegel (auf der Gemeindehaustoilette einfach aus der Halterung gezogen und auf einem Stuhl aufgestellt) zeigen ihnen ihr Bild. Sie können die Pappen auch tauschen. Sie laufen dann mit der »Identität« einer anderen Konfi durch den Raum. Wichtig: Sie zeigen sich gegenseitig ihre Identitäten, lesen Dinge von anderen, vergleichen, stellen Gemeinsamkeiten fest und Unterschiede. »Ich kann nicht an mir leiden, dass ich immer so perfekt sein muss«, schreibt Bastian (12). Und auf Romans (12) Kopfplakat steht: »Ich bin richtig gut im Fußball, aber ich kann nicht verlieren.« Am Ende haben sie einen guten Eindruck davon, wer sie in ihren eigenen Augen im Moment sind.

b) Klara und Konstantin Konfi

Im nächsten Schritt ist es hilfreich, geschlechtsspezifische Gruppen zu bilden. Die Mädchen bauen »Klara-Konfi«, die Jungs »Konstantin-Konfi«. Dabei handelt es sich um Umrissfiguren, die die Konfis durch Bemalen und Beschreiben zum Leben erwecken. Natürlich kann es ein, dass manche »über das Ziel hinausschießen«. So war »Konstantin« in der letzten Gruppe jemand, der schon mit 12 drogenabhängig war und ein Säufer. Aber das macht nichts. Das regeln die Konfis schon selber. Wir müssen nur ein wenig zusehen, dass es nicht ausufert. Am Ende entstehen mit Klara und Konstantin Identitäten, die etwas mit den Ängsten, Träumen und Erfahrungen der Konfis etwas zu tun haben.

Jetzt ist es Zeit, Klara und Konstantin mal die Meinung zu sagen, sie einem Stimmenkonzert auszusetzen, in dem sie von verschiedenen Personengruppen hören, was die von ihnen denken: » Du bist gar kein richtiger Freund. Du bist nicht ehrlich und auf dich kann man sich nicht verlassen«, sagt die Gruppe dem Konstantin aus Sicht der Freunde. Und sie sagen es sich an bestimmten Stellen auch selbst. »Du bist fürchterlich unordentlich«, bekommt Klara aus der Perspektive der Eltern zu hören. Hier können wir einen Eindruck von den Stimmen bekommen, die die Konfis selbst hören.

c) Der kleine Zachy

Bis hier hin haben wir intensiv daran gearbeitet, wer »Konfi« in den Augen unterschiedlicher Gruppen ist, auch aus eigenen Augen. Die Geschichte vom Zöllner Zachäus ist sicher schon häufig in der KA verbraten worden. Sie wird Sie an dieser Stelle auch nicht überraschen. In unzähligen Vorstellungsgottesdiensten wurde sie von Konfis nachgespielt, umgesetzt, veranschaulicht.

Das alles hat uns nicht gehindert, hier mit ihr zu arbeiten. Denn sie zeigt auf beeindruckende Weise das komplette Spektrum, das Identität prägt. In Zachäus entdecken wir eine Person, die hart daran arbeiten musste, sich selbst nicht auf das zu reduzieren, was er nun mal in den Augen seiner Umgebung und letztlich seiner selbst war: Ein kleiner Möchtegerngroßer.

Wir entschlüsseln die Geschichte vom Zöllner Zachäus unter der Fragestellung: »Von wem lasse ich mir sagen, wer ich bin?« – und zwar in vierfacher Hinsicht. Jede dieser Hinsichten entfalten wir mit Hilfe einer Lernstation, die Sie unter den Materialien M3 genau beschrieben finden. Der thematische Akzent jeder Lernstation sieht so aus:

1. Zachäus am Tor bei der Arbeit. Sein Satz lautet: »Ich muss *haben*, um wer zu sein.«
2. Zachäus will Jesus sehen und kann nicht wegen der Menge: Er will zum Teil der Menge *werden* und bleibt ausgeschlossen (Peergroup).
3. Zachäus auf dem Baum: Zachäus muss sich hochziehen, muss etwas *leisten*, *etwas können (Leistung)* um etwas zu erreichen.
4. Zachäus begegnet Jesus: Jesus sieht in Zachäus etwas anderes als andere und auch er in sich selbst.
5. Die Feier Jesu im Haus des Zachäus wird zu unserer Tauffeier. Zu ihrer Gestaltung wollen wir noch ein paar Sätze sagen: Unsere Zachäussätze, aber auch persönliche Sätze werden zu Segensworten an den/die Täuflinge. Auch in diesem letzten Schritt arbeiten wir wieder mit Umrissfiguren. Diesmal sind sie aus Pappe und in eine Reihe von Puzzleteilen zerschnitten. Sie stehen für die konkret zu taufende Person. Das Zusammensetzen vieler unterschiedlicher Puzzleteile zu einer ganzen Person macht unmittelbar klar, dass jeder Mensch notwendig darauf angewiesen ist, darauf zu hören, wer er nun in den Augen anderer Menschen ist. Theologisch relevant scheint aus unserer Sicht zu sein, dass eben ein Puzzleteil – in unserer Gruppe haben wir den Kopf genommen – davon erzählt, wer der Täufling in Gottes Augen ist. (Hier haben wir Unterrichtende den Satz aus 1 Mose 3 gewählt: Du bist: Gott ist mit dir!) Die Umrissfigur ist das Geschenk der Gruppe an den Täufling.
   - Täuflinge laden zu dieser Feier Menschen ein, von denen sie sich sagen lassen möchten, wer sie in jenen Augen sind (Eltern, Freunde, vielleicht LehrerInnen, PatInnen)
   - nach dem Taufakt: Eben möglich als Jahressabschluss: Taufparty auf der Gemeindewiese mit Essen, Trinken, Tanzen.

Die Tauffeier haben wir als sehr bewegend erlebt. Ein paar Beispiele zu den Sätzen, die Konfis und Verwandte auf die Puzzleteile geschrieben haben: »In meinen Augen bist du ein sehr guter Freund«. Eltern: »Manchmal bringst du uns mit deinem Temperament fast um den Verstand. Aber wir lieben dich und freuen uns, dass du für viele andere so sympathisch bist«.

Verlaufsplan: Soundauchanders

Wann und Wo	Was	Wie
Plenum 45 Minuten	**1. Öffnungsphase:** Impuls durch eine/n Unterrichtenden: »Wer bin ich eigentlich? Was macht mich eigentlich zu dem, wer und was ich bin: Ob ich dick oder dünn bin, ob andere mich nett finden oder doof, ob ich gut im Sport bin oder gute Musik höre und nicht so bescheuerte wie andere? Könnt ihr sagen, was euch eigentlich zu diesen Menschen macht, die ihr seid? Wir möchten heute an dieser Frage arbeiten und bitten euch um Folgendes: Nehmt euch Zeit, für euch zu klären, welche Merkmale, welche Eigenschaften eigentlich zu euch gehören. Jede/r bekommt einen Plakatkarton und einen Text mit einer Reihe von Sätzen. Sucht euch einen Platz, an dem ihr ungestört arbeiten könnt. Schreibt dort auf euer Plakat alle wesentlichen und unwesentlichen Dinge, die zu euch nun einmal zu dem Menschen machen, der ihr seid. Ihr müsst nicht jede Frage auf dem Blatt beantworten. Sie sollen euch nur eine Hilfe sein. Bitte achtet darauf, dass ihr nur Dinge notiert, die auch die anderen wissen dürfen. Wenn ihr wollt, könnt ihr anschließend auch noch euer Plakat bemalen.	• Pro Konfi ein DIN-A1- Plakatkarton in unterschiedlichen Farben mit einem Loch im oberen Drittel für den Kopf • M1 (Das bin ich) • 3–4 Wandspiegel, im Raum verteilt • ruhige Musik • Ein Spiegel • Eddings oder andere gut lesbare Stifte
Plenum 15 Minuten	**2. Präsentation** Setzt euch jetzt eure Plakate auf. Steckt euren Kopf einfach durch das Loch und haltet das Plakat mit euren Händen fest. Geht durch den Raum. Findet heraus, wer und was die anderen sind, was für sie wichtig oder unwichtig ist. Nach einer Zeit könnt ihr auch mal tauschen. Nehmt doch einfach dann mal eine andere Identität an. Ihr könnt euch auch in den Spiegeln bewundern und sehen, wer ihr in euren Augen eigentlich seid.	
2 Arbeitsgruppen geschlechtsspezifisch. Mindestens ein Unterrichtender pro Gruppe ca. 45 Min.	**3. AG-Phase I »Klara und Konstantin Konfi«** Umrissfigur hängt an der Wand. »Das ist Konstantin (Klara)Konfi. Noch wissen wir nichts über sie. Eure Aufgabe ist jetzt, diese Figur zum Leben zu erwecken. Welche Stärken hat sie, welche Schwächen, welche Freunde, was für Eltern. In welche Schule geht sie, was sind seine Lieblingsfächer? Benutzt dazu die Plakate, die ihr für euch hergestellt habt. Vielleicht können sie euch dabei helfen.«	Umrissfiguren (entweder vorbereitet oder noch von den Konfis zu erstellen; auf Plakatkarton oder Andruckrollen (gibt's in jeder Zeitungsdruckerei umsonst. Vorher anrufen!)
15 min	Pause	

Fortsetzung von AG-Phase I (geschlechtsspezifisch!) 2- bis 3er Gruppen 20 Minuten	**4. AG-Phase II In meinen Augen bist du ...** »Ihr seht hier eine Reihe von Schildern. Auf ihnen sind Personen bezeichnet, die eine Meinung davon haben, wer Klara/Konstantin in ihren Augen ist. Arbeitet jetzt zu je 2-3 Personen weiter. Nehmt euch einen Zettel und damit eine Personengruppe und überlegt Folgendes: Was denkt diese Personengruppe über Klara/Konstantin. Notiert ein paar Sätze auf euer Schild. Wenn ihr fertig seid, heftet es an eure Umrissfigur.«	M 2: Karten (pro Arbeitsgruppe ein Satz Kopien – möglichst auf zwei unterschiedlichen Farben) mit Überschriften: Lehrer/Eltern/Geschwister/Freunde/Feinde/Verwandte/Mitkonfis Stifte
Stuhlkreis 25 Minuten	**5. Entscheidungsphase: Auf wen soll Konstantin/Klara hören?** »Nehmt euch Zeit und lest euch gegenseitig die Sätze vor, die ihr aufgeschrieben habt.« Vorlesen »Wie deutet ihr diese so unterschiedlichen Sätze?« Deutung »Entscheidet euch jetzt: Auf wen von diesen Personengruppen soll Konstantin/Klara hören? (bei uns war die einhellige Antwort: »Wir können uns nicht für eine entscheiden. Wenn es aber verlangt ist, dann nur auf die Freunde«).«	
15 Minuten	Pause (während der Pause werden die Zachäus-Lernstationen im Plenumsraum aufgestellt)	
Plenumsraum. Gruppen zu je 4 Personen gehen im Abstand von 3–5 Minuten durch die Stationen. Ca. 45 Minuten	**6. Lernstationen: Der kleine Zachy** »Jetzt habt ihr euch damit beschäftigt, wer ihr in euren Augen seid. Ihr habt Klara und Konstantin mit Leben gefüllt und ihnen aus verschiedener Sicht gesagt, wer sie in wessen Augen eigentlich sind. Jetzt gehen wir noch einen Schritt weiter. Wir beschäftigen uns mit einer Person aus der Bibel. Ihr werdet sie gleich kennen lernen. Und zwar durch die 4 Stationen, die wir in diesem Raum/in folgenden Räumen aufgebaut haben. Nehmt euch Zeit für jede Station. Achtet darauf, dass ihr so lange mit der nächsten Station wartet, bis sie frei ist. Wichtig. Ihr müsst die Reihenfolge einhalten. Viel Spaß. (Die Teamer nutzen die Wartezeiten, um mit den Konfis über ihre Zettel zu Klara und Konstantin zu reden). Wenn ihr durch seid, könnt ihr dann die Ergebnisse für das **Jesus-Brett** festhalten.	Lernstationen (M3). Möglichst so aufgebaut, dass sie voneinander abgetrennt sind! Jesus-Brett
15 Minuten	Pause (Oder: hier Schluss. Taufe dann an einem extra Termin oder im Sonntaggottesdienst)	

Wann und wo	Was	Wie
Kirche Ab hier alle Taufgäste und eingeladene Gemeinde 20 Minuten	**7. Die Taufe – Vorbereitung** Die Kirche ist vorbereitet. Alle Kopfplakate werden aufgehängt. Ebenso die beiden Umrissfiguren Klara und Konstantin Konfi. Beim Taufbecken liegt pro Täufling eine Umrissfigur. Impuls durch den Unterrichtenden: »Bevor wir ... taufen können, wollen wir zusammen unser Geschenk vorbereiten. Ihr seht für jeden Täufling eine Umrissfigur. Daneben liegt aus Pappe ausgeschnitten diese Umrissfigur noch einmal in vielen Puzzleteilen. Bitte tut euch zu zweit zusammen und bearbeitet ein Puzzleteil. Das könnt ihr bemalen und/oder beschriften, wie ihr wollt. Notiert auf eurem Puzzleteil Folgendes: »Das wünschen wir dir ...«; »In unseren Augen bist du ...« Unser Zachäussatz lautet: ... Ihr habt dazu 20 Minuten Zeit. Viel Spaß	Umrissfigur für jeden Täufling. Dazu eine gleiche Umrissfigur aus Pappe, zerschnitten in Puzzlestücke. Ein Puzzleteil (Kopf) wird nicht vergeben. Das gestalten die Unterrichtenden. Auch die Eltern und PatInnen, FreundInnen und LehrerInnen erhalten je ein Puzzleteil. (dazu müssen sie vorher erfragen, wie viele Personen zur Tauffeier kommen wollen!). Falls es mehrere Täuflinge gibt, arbeiten sie an der Umrissfigur eines anderen Täuflings mit.
	8. Die Taufe – Der Gottesdienst Wir schlagen einen schlichten Taufgottesdienst vor, in dem die Puzzleteile der Eltern, Paten und Mitkonfis (evtl. Noch Freunde und Geschwister, Lehrer) vorgelesen werden.	
Hoffentlich draußen auf der Gemeindewiese – solange alle noch können oder wollen.	**9. Die Taufe – die Party**	Kleiner Imbiss mit Getränken und Waffeln/Kuchen, o. Ä.

8. Gott UND das Leiden

Wie packt man solch ein Thema an, ohne dass es einerseits zu theoretisch (Theodizeeproblem bei Leibniz und heute), andererseits zu platt und vordergründig (wenn du Jesus hast, ist alles okay) wird?
Jugendliche stellen sich die Frage, wie Gott und das Leid, das sie sehen – oder selbst erfahren – zusammenpassen. Manche Jugendliche beantworten sich diese Frage, indem sie die Vorstellung von einem liebenden Gott aufgeben. Sie sagen z. B.: »Wenn es Gott gibt, dann darf er doch nicht zulassen, dass kleine Kinder sterben müssen.« Christian sagte: »Als unser Klassenkamerad beerdigt wurde (er hatte Leukämie), habe ich aufgehört, an Gott zu glauben.« Und dann stellt er mir die Frage: »Wie kannst du eigentlich an Gott glauben? Stell dir vor, dein Kind stirbt so.«
Wir müssen mit solchen Herausforderungen bei diesem Thema rechnen. Von Unterrichtenden wird hier eine Menge gefordert. Umso wichtiger ist es, sich Folgendes klarzumachen: Das Theodizeeproblem *entsteht innerhalb* der Gottesbeziehung, nicht außerhalb. Nur wer sein Vertrauen auf Gott setzt, hat wirklich ein Theo-dizeeproblem. Wer das nicht tut, hat »einfach nur« ein Problem mit dem Leiden in der Welt. Deshalb beschäftigen wir uns in unserer Themenerarbeitung mit dem kleinen Wörtchen *»und«:* »Gott *und* das Leiden«. Gott und das Leiden sind in der jüdisch-christlichen Tradition immer in einer rätsel- und geheimnisvollen Verbindung gesehen worden. Darum wollen wir Konfis einen Raum eröffnen, in dem sie das Herstellen dieser Verbindung ausprobieren können.

1. Die Karten

Wir arbeiten in einigen Schritten mit kleinen Karten. Jeder Schritt hat seine eigene Farbe. Das hört sich kompliziert an, ist es auch – nein, ist es natürlich nicht.
Die Karten haben folgende Funktion:
Keine Äußerung geht verloren. Das ist wichtig, weil in den ersten beiden Schritten: Gott ist wie … und Leid ist … viele Äußerungen in den Raum ge-

geben werden. Aber nicht alle können gewürdigt werden, nicht alle werden in den nächsten Schritten gebraucht. Aus dem Sammelsurium an Äußerungen werden die Konfis Schritt für Schritt ein Konzentrat erarbeiten, mit dem sie arbeitsfähig für die nächsten Schritte sind.
Da wir aber nicht wollen, dass die Gottesvorstellungen und die Leiderlebnisse mancher Jugendlicher nach dem ersten Schritt in den Mülleimer wandern, sind die Karten wichtig. Sie halten die Erfahrungen der Gruppe zum Thema präsent. So können die Konfis in allen Arbeitsphasen, sei es »Kistenbau«, »Museumszeit« oder auch am Schluss bei den »Gebetssätzen« darauf zurückgreifen und ihre Ergebnisse mit den Kartenwänden vergleichen. Sie werden sogar aufgefordert, dies zu tun.
Die Konfis können in allen Arbeitsphasen, sei es Kistenbau, Museumszeit oder am Ende die Gebetssätze darauf zurückgreifen, ihre Ergebnisse anhand der Kartenwände überprüfen. Sie werden sogar aufgefordert, dies zu tun.

2. Gott

Einwurf:
»Von Gott darf man sich doch kein Bild machen?« Es kann sein, dass Konfis uns genau mit dieser Frage konfrontieren, wenn wir sie mit dem ersten Arbeitsschritt vertraut gemacht haben. Das können wir nicht einfach so beiseite legen. Das muss zur Sprache gebracht werden. Erst wenn wir allen den Weg geöffnet haben, sich auf diese Methode einzulassen, kann es losgehen.

Gott mit einem Gebäude oder einem Tier zu vergleichen, mag zunächst ungewöhnlich klingen. Jugendliche sehen das nach unserer Erfahrung anders – und die Bibel ja eigentlich auch (vgl. z. B. Ps 18,3; Jes 31,4). Ohne Zögern beginnen die Jugendlichen, sich alle möglichen Gebäude oder Tiere vor- und Verbindungen mit ihren Erfahrungen herzustellen. Tatsächlich erhalten die meisten auch Ergebnisse, die sie zufrieden stellen. Bei der Auswertung ist es wichtig, sich und den Konfis viel Zeit zu lassen.
Manche Tiere oder Gebäude werden auch doppelt und dreifach vorkommen: Unsere Konfis haben z. B. das Kirchengebäude häufig erwähnt. Interessant war aber, dass nicht alle damit dieselben Inhalte verbunden haben. Einige haben die »Kirche« gewählt, weil ihnen einfach nichts Besseres eingefallen

ist. Andere haben ihre Wahl dagegen so erklärt: »Schließlich wohnt Gott ja in der Kirche!«
Lassen Sie nicht zu, dass Konfis andere Gebäude (Tiere) bewerten nach dem Muster: »Das ist aber ein dämliches Gebäude«. Eine respektvolle Aufmerksamkeit ist nötig, um sich mit seinen Vorstellungen zu öffnen.
Wenn es gelingt, zum Auftakt des Themas diese Phase intensiv zu inszenieren, werden uns die Augen übergehen am Tiefgang mancher Konfi-Erfahrungen.
Nico (13): »Ich habe geschrieben: ein dunkles Schloss mitten in der Einöde. Das ist irgendwie bedrohlich, macht mir Angst, ist aber auch total faszinierend.« Eugen (14): Ich habe einen Esel aufgeschrieben *(alle lachen).* Lacht nicht so. Ich meine das ernst. Ein Esel kann schließlich ganz viele Lasten tragen. Gott trägt alle meine Lasten.

3. Das Leiden

Wieder arbeiten wir mit Karten, mit Aufschreiben, Notieren.
Damit es nicht langweilig wird, können wir eine kurze Unterbrechung machen, ein kleines Spiel oder einfach eine kurze Pause.
In diesem Schritt arbeiten die Kleingruppen unabhängig voneinander. Sie haben eine gemeinsame Vorgabe – das Stichwort Leiden –, produzieren aber ihr je eigenes Ergebnis, nämlich Assoziationskarten zum Stichwort.
Das anschließende Sortieren der Karten und die Überschriftenfindung sind für die Jugendlichen nicht ganz leicht. Sie müssen nämlich ihre eigenen Kategorien zur Sortierung finden. Dies ist jedoch wichtig, weil sie sich dabei wie von selbst einen Überblick über das komplexe Thema verschaffen. In diesem Prozess werden sie nach und nach erkennen, wie unterschiedlich Menschen Leiden erleben. Bei einigen fängt das mit Akne an, bei anderen erst mit 10.000 Erdbebenopfern. Wichtig sind deshalb zwei Dinge:

- Nicht nur aufschreiben, sondern reden. Das gelingt gerade durch Sortieren und Überschriftenfindung. Sie müssen sich halt als *Gruppe* ein Bild von ihrem Haufen machen.
- Wir halten uns besser aus diesem Prozess heraus.

Eine Gruppe sortiert ihre Haufen nach den Orten, an dem Leid stattfindet:
Zu Hause: meine Eltern haben keine Zeit
Bei mir selbst: ich habe Pickel

In der Schule: andere Schüler verkloppen mich gerne. Manche Lehrer sind die Hölle.
In der Welt: der Konflikt Israel-Palästina war in unserer Gruppe gerade aktuell.
Eine andere Gruppe hat so sortiert:
Leid von außen, Leid von innen, kleines Leid, großes Leid
Marcel (14) bringt es auf den Punkt: »Es gibt eigentlich niemanden, der nicht leidet.«

4. Das »Und« – Die Leidenskisten

Jetzt bauen die Konfis »Leidenskisten«. Was ist das denn? Es sind einfach Kisten (z. B. Umzugskartons), in die hinein Konfis ihre Welt des Leidens bauen. Bei diesem Schritt wären die meisten Unterrichtenden bestimmt gern dabei. Uns ist es jedenfalls so ergangen. Am liebsten wären wir ständig durch die Gruppen gelaufen, um mit ihnen über ihre Kisten zu diskutieren. Das Problem haben wir übrigens immer bei unseren Kisten. Wir sehen »nur« das fertige Produkt. Beim Erkenntnisvorgang sind wir nicht dabei. Das ist der Preis, den wir für unser handlungsorientiertes Arbeiten bezahlen müssen. Auf diese Weise erhalten wir aber aller Wahrscheinlichkeit nach ehrliche Kisten, in denen Konfis zeigen, wie sie sich die Sache mit Gott und der Welt denken.
Um die Leidenskisten bauen zu können, müssen sich die Konfis über drei Dinge verständigen:

- Um welche Leidenserfahrungen soll es in unserer Kiste gehen (vgl. Schritt 3)?
- Welches Bild von Gott finden wir hilfreich (vgl. Schritt 2)?
- Wo genau in unserer Kiste muss »Gott« hin?

Die Ergebnisse haben uns beeindruckt: In einer Kiste befindet sich ein Esel mitten drin. Alles Leiden läuft darauf zu. In einer anderen Kiste entdecke ich »Gott« zunächst gar nicht. Nadine weist mich auf den Vorhang in der Ecke hin. »Wir sollten schließlich Gott in unsere Kiste tun. Aber er tut nichts für Menschen, die leiden. Da in der Ecke war noch Platz. Mit dem Leid in unserer Kiste hat er nichts zu tun.«
Es hat uns überrascht, wie ehrlich die Konfis ihre Kisten bauen. Ebenso waren wir davon überrascht, dass die Mehrzahl der Kisten ein Bild zeigt, in dem Gott mittendrin ist.

5. Ich zeig dir meins – Zeig du mir deins!

Die Konfis sind in aller Regel stolz auf ihre Kisten. Zu Recht reagieren sie sauer, wenn bei der Auswertung manche Details ins Lächerliche gezogen werden. Deshalb ist es jetzt sinnvoll, wenn ein Teamer die Auswertung begleitet und die Konfis auf gegenseitigen Respekt für ihre Produkte hinweist.

Bevor wir Gebetssätze formulieren, geben wir als Unterrichtende noch einen »Input«: Wir erzählen in kurzen Sätzen davon, dass das Kreuz, an dem Jesus ermordet worden ist, uns klarmacht: Gott hat Leiden am eigenen Leib erlebt. Er weiß – und mehr er fühlt, wie das ist. Wer leidet, kann sicher sein: Gott ist bei ihm. Dafür steht das Kreuz.

Zum Schluss formulieren wir Gebetssätze (weiße Karten). Die nicht unbedingt spektakulären Gebetssätze haben nach unserer Erfahrung für die Konfis Tiefe gewonnen, weil sie durch die vorausgegangenen Stunden gleichsam »erfahrene« Sätze geworden sind. In einen liturgischen Abschluss eingebettet, wird dies für viele Konfis spürbar. *Wiebke*: »Wir brauchen dich in der Schule.« *Avila*: »Warum kann ich nicht glücklich sein?« *Simon*: »Gibt es dich wirklich? Dann komm zu uns nach Hause und hilf meinem Vater.«

Bevor die Konfis nach Hause gehen, geben wir ihnen noch einen Kreuzumriss mit (M 1). Wer will, kann bis zum nächsten Mal Bilder in den Umriss kleben. Diese Kreuzeszeichen heften wir dann an das Jesus-Brett.

Verlaufsplan: Soundauchanders

Wann und wo	**Was**	**Wie**
Einstieg Insg.: 60 Minuten Plenum	• **Impuls 1:** »Wenn Gott wie ein Gebäude wäre, wäre er am ehesten wie ein …« *Notiert eure Antwort auf eine blaue Karte* »Wenn Gott wie ein Tier wäre, wäre er am ehesten wie ein …« *Notiert eure Antwort auf eine gelbe Karte* [nach ca. 5 Minuten legen alle ihre Karten in die Mitte. Gleiche Antworten werden zusammengelegt. Dann hat jeder die Gelegenheit, seine Antwort zu interpretieren. Jeder heftet dann seine Karten an eine Wand.]	Blaue Karten Gelbe Karten Tesakrepp für die Karten
Insg. 45 Minuten Gruppenarbeit zu je 5 bis max. 8 Personen Die Gruppen bleiben bestehen bis	• **Impuls 2:** Mit wem wollt ihr die nächsten Schritte zusammenarbeiten? Findet euch zu Gruppen mit je 4 bis 5 Pers. zusammen. Überlegt, welche Leiderfahrungen es auf der Welt gibt. Das können ganz kleine und unbedeutende sein, aber auch große und schwere. Notiert alles, was euch einfällt, auf grüne Karten. Ordnet dann alle, die ähnlich sind, zusammen. Gebt den verschiedenen Haufen, die zusammenkommen, Namen. Schreibt diese Namen auf rote Karten. Heftet eure Haufen an eine Wand mit der roten Karte als Überschrift	Grüne Karten Rote Karten Tesakrepp für die Karten
[15 Minuten] zum Ende der Einheit. Jede Gruppe erhält einen Gruppenraum. Der Plenumsraum ist den Unterrichtenden vorbehalten	[PAUSE]	
Erarbeitung Insg.: ca. 90 Minuten	• **Bau einer Leidenskiste** *Entscheidet euch jetzt für eine rote Karte.* *Baut zu dieser Leidensüberschrift eine »Leidenskiste«.* *Welches Material ihr verwendet, entscheidet ihr.*	Kreativzeugs wie bei den Jenseitskisten (s. Tot – und dann?),

	Wenn ihr fertig seid, meldet euch bei einem Teamer. Die können euch sagen, wie es weitergeht. Kistenbau in Kleingruppen und in Gruppenräumen. Wenn die Konfis sich bei uns nach der Fertigstellung ihrer Kiste melden, stellen wir ihnen folgende Aufgabe: *Irgendwie müsst ihr noch Gott in eure Kiste einbauen. Diskutiert in eurer Gruppe, in welcher Beziehung Gott zu dem Leid in eurer Kiste steht. Die blauen und gelben Karten helfen euch. Ihr findet sie im Plenumsraum. Entscheidet euch für ein Symbol Gottes. Baut das Tier/Gebäude nach und fügt es in eure Kiste ein. Wichtig: Gott darf nicht außen vor bleiben!* *Eure Kiste sollte von außen unbeschriftet und unbebaut sein.*	dazu noch Holzreste aus dem Baumarkt. Je Gruppe eine Kiste (z. B. eine Umzugskiste)
[15 Minuten]	[PAUSE]	
Auswertung Insg.: 30 Minuten Gruppenräume	• **Ich zeig dir meins, zeig du mir deins** Je ein Gruppenvertreter kommt in den Plenumsraum. Gemeinsam wird Folgendes überlegt: »Ich zeig dir meins, zeig du mir deins«. Je zwei Gruppen tun sich zusammen, um sich gegenseitig ihre Kisten zu beschreiben.	
20 Minuten 10 Minuten	• **Auswertung 1** *Entscheidet euch für einen Gruppenraum.* *Schaut euch in Ruhe die Kiste der anderen Gruppe an. Sprecht dabei möglichst nicht.* *Entscheidet, welche Gruppe zuerst beschreiben darf* *Beschreibt, was ihr gesehen habt. Diese Fragen können euch bei der Auswertung helfen:* *1. Welches Leid sehe ich in der Kiste?* *2. Wo ist Gott in der Kiste?* *Die Gruppe, die jetzt zugehört hat, darf ihre Kiste nun erklären* *Gibt's noch Fragen?*	
Plenum Insg. 20 Minuten	• **Auswertung 2** *Schreibt bitte auf die Kiste der anderen Gruppe einen Satz:* *»Wenn ich Gott in dieser Kiste sehe, fällt mir Folgendes ein:«*	Stifte
15 Minuten	• **Auswertung 3** Alle Kisten werden in den Plenumsraum gebracht. Alle grünen und roten Karten werden an die Wände geklebt. Der Plenumsraum wurde von der Leitung vorher atmosphärisch schön hergerichtet	

Wann und wo	Was	Wie
5 Minuten	Museumszeit: *Tut euch zu zweit zusammen. Ihr habt jetzt noch einmal Zeit, euch auch die anderen Kisten anzusehen, die ihr noch nicht kennt. Erzählt euch gegenseitig, was ihr seht. Überlegt, welchen Satz ihr Gott sagen würdet, wenn ihr die Kisten seht. Notiert ihn auf einer weißen Karte. Legt diese dann in die Mitte auf den Boden.*	Weiße Karten
	• **Das Kreuz** Wir erzählen in kurzen Sätzen davon, dass das Kreuz, an dem Jesus ermordet worden ist, uns klarmacht: »*Gott hat Leiden am eigenen Leib erlebt. Er weiß – und mehr er fühlt, wie das ist. Wer leidet, kann sicher sein: Gott ist bei ihm. Dafür steht das Kreuz*«.	
Kirche	• **Abschluss** *Wir haben einige Sätze zu unseren Kisten notiert. Sie liegen jetzt vor uns im Kreis. Diese können wir jetzt sprechen, bzw. hören als ein Gebet. Ich beginne, und jeder, der möchte, spricht dann jeweils einen Satz. Am Ende schließe ich mit Amen.* »Guter Gott, wenn wir sehen, welches Leid Menschen in der Welt erfahren, dann denken wir …«	
	• **Jesus-Brett:** Die Konfis nehmen M1 mit nach Hause. Wer will, kann Bilder in den Kreuzesumriss auf M1 kleben oder malen. Wer sein Bild mitbringt, kann es an das Jesus-Brett hängen. Achtung – wichtig: Versuchen Sie, die andere Gruppe, die ebenfalls an dem Jesus-Brett arbeitet, zum Nachfragen zu bewegen: »Was bedeuten diese Kreuze?« Lassen sie diese Gruppe die Frage klären und jemanden zur Erklärung entsenden.	
	• **Präsentation** Die Kisten können im nächsten Gemeindegottesdienst in der Kirche ausgestellt werden. Möglich für die Gemeinde ist – eine Museumszeit (dazu gibt's ein Orgelstück). Die Konfis stehen bei ihren Kisten und können Fragen beantworten. Alle Karten kleben an den Wänden der Kirche. – Die Sätze auf den weißen Karten können das Fürbittengebet des Sonntags bilden.	

9. Abendmahl: Zeig mir dein Gesicht. Ein Spiel um Schuld, Bestrafung, Wiedergutmachung und Vergebung

Bestrafen, vergeben, wiedergutmachen – das kennen Jugendliche und Erwachsene nur zu genau. Jeder hat da seine persönlichen Mechanismen und Vorlieben entwickelt. Was für ein Typ sind Sie? Wie gehen Sie mit Schuld um? Bestrafen Sie ganz gern Menschen, die an Ihnen schuldig geworden sind? Oder ist Vergebung Ihr Ding? Oder erwarten Sie Wiedergutmachung? Wahrscheinlich liegt Ihnen – wie uns – mal das eine, mal das andere näher. Nehmen Sie sich doch einen Moment Zeit und kramen Sie in Ihrem Gedächtnis nach Geschichten zu Bestrafung, Vergebung und Wiedergutmachung ... Erfolg gehabt? Bei Konfis läuft das oft so ab:
Da gibt es z. B. das Wiedergutmachungsangebot: »Du kannst mal mit meinem Handy telefonieren.« In diesem Satz steckt oftmals der ganze Abgrund von Schuld und Schuldverstrickung. Zugleich ist in diesem Angebot die Wiedergutmachung enthalten und der Wunsch, dass alles wieder so ist wie vorher. In der Regel gelingt dies. Jugendliche haben damit viele Erfolgserlebnisse.
Bei diesem Thema steigen wir mit ein bisschen Theorie ein. Es ist uns wichtig, Ihnen zu verdeutlichen, warum wir so arbeiten, wie wir arbeiten. Denn wir vermuten, dass unser Zugang erst auf den zweiten oder dritten Blick einleuchtet. Wir halten die ganze Sache aber kurz und beschränken uns auf ein paar Thesen, die unseren Zugang formulieren. Wenn Sie Ihre Geschichten, Ihre gerade gefundenen Geschichten beim Lesen im Kopf behalten, können Sie leicht nachvollziehen, worum es uns geht. Also:

1. Ein paar Thesen zur Sache

Schuld

1. »Schuld« ist eine Kategorie, mit deren Hilfe eine erlebte oder nur wahrgenommene Verletzung, Schädigung oder Beschädigung von Personen, Institutionen oder Gegenständen gedeutet wird.

2. Diese Deutekategorie Schuld ist nur eine mögliche unter anderen Kategorien, mit deren Hilfe der gleiche Sachverhalt anders gedeutet werden könnte. Bestimmte Lebenszusammenhänge legen die Anwendung der Kategorie »Schuld« nahe oder erfordern sie geradezu (z. B. Gerichtsverfahren). In anderen Lebenszusammenhängen kommt diese Kategorie nicht oder nur am Rande zur Anwendung (z. B. Beratungsprozesse, Therapien).
3. Wer die Kategorie Schuld zur Deutung eines Sachverhalts einführt, reduziert dadurch dessen Komplexität: Er bzw. sie teilt beteiligte Parteien auf eindeutige Weise und in parteiischer Absicht in verantwortliche TäterInnen einerseits und verletzte und geschädigte Opfer andererseits. Hintergründe und Gründe, die zu der jeweiligen Verletzung oder Schädigung geführt haben, werden bei dieser Einteilung z. B. ausgeblendet.
4. Wer die Kategorie Schuld zur Deutung eines Sachverhalts einführt, stellt dadurch zugleich spezifische Handlungsoptionen für die beteiligten Parteien in den Raum: Bestrafung, Vergebung und/oder Entschädigung. Diese Handlungsoptionen kehren die durch die Deutekategorie Schuld eingeführte Rollenverteilung in TäterInnen und Opfer um. In dieser Umkehrung zielen sie auf einen Ausgleich unter den beteiligten Parteien.

Vergebung

5. Die Handlungsoption Vergebung kann – anders als die anderen Handlungsoptionen – nur von durch den jeweiligen Sachverhalt betroffenen Parteien gewählt werden. Sie kann nicht an unbeteiligte Dritte delegiert werden. Bestrafen kann ein Gericht, Wiedergutmachen kann eine Versicherung, Vergeben können nur Beteiligte selbst.
6. Wer die Handlungsoption Vergebung wählt, intendiert für sich selbst, für die anderen beteiligten Parteien und/oder für die Beziehung unter den beteiligten Parteien die Eröffnung einer Zukunft, die nicht einseitig durch die Schulderfahrung bestimmt bleibt. Er bzw. sie zielt auf Freiheit von der Vergangenheit dieser Erfahrung um einer entlasteten Zukunft willen.
7. Die Handlungsoption Vergebung kann von jeder beteiligten Partei gewählt werden. Ob das durch diese Wahl intendierte Ziel allerdings erreicht wird, liegt ausschließlich in der Hand des Opfers. (Darin zeigt sich die oben genannte Umkehrung der Rollen; vgl. 4.). Allein das Opfer kann für sich selbst, für andere beteiligte Parteien und/oder für die Beziehung unter den beteiligten Parteien die intendierte Freiheit gewinnen, indem er oder sie sich im Akt der Vergebung bereits als Freier oder Freie zeigt.

8. In dem ungeschuldeten und souveränen Akt der Vergebung entlässt der bzw. die Vergebende sich selbst und den Täter bzw. die Täterin aus ihrer jeweiligen Rolle.

Schuld & Vergebung in Bezug auf das Gottesverhältnis

9. Die Bibel deutet das komplizierte und letztlich undurchschaubare Geflecht von Verletzungen, Schädigungen oder Beschädigungen von Personen, Institutionen oder Gegenständen durchgängig auch als Schuld gegenüber Gott, indem sie ihn als den Urheber der durch die Verletzungen, Schädigungen oder Beschädigungen missachteten Gebote darstellt.
10. Diese Deutung leistet zweierlei: Zum einen beschreibt sie den Menschen als Wesen, dem eine letzte Verantwortung für sein Verhalten zugemutet werden kann und muss. Dadurch gewinnen Opfer ein ultimatives Recht auf klare Parteilichkeit. Zum anderen macht die Einführung der Deutekategorie Schuld in die Gottesbeziehung Gott zu einer vom jeweiligen Sachverhalt betroffenen Partei. Erst dadurch wird Vergebung zu einer Handlungsoption in der Gottesbeziehung (s. o. 5.). Wäre Gott nicht betroffene Partei, blieben ihm allein die Optionen unbeteiligter Dritter: Bestrafung und/oder Entschädigung.

Konfirmandinnen & Konfirmanden und das Thema »Schuld & Vergebung«

11. Viele Konfirmandinnen und Konfirmanden sind geübt im Gebrauch der Deutekategorie Schuld für erlebte oder auch nur wahrgenommene (wo ist der Unterschied?) Verletzungen, Schädigungen oder Beschädigungen von Personen, Institutionen oder Gegenständen. In der Regel sind sie sich allerdings nicht darüber im Klaren, dass es sich bei der Anwendung dieser Kategorie um einen Deutungsvorgang handelt, durch den nur eine von einer Reihe von möglichen anderen Wirklichkeiten konstruiert wird.
12. Viele Konfirmandinnen und Konfirmanden sind geübt im Gebrauch der Handlungsoptionen Bestrafung und/oder Entschädigung beim Umgang mit einer Schuldsituation. Diese Handlungsoptionen entsprechen dem Stand ihrer moralischen Entwicklung, der typischerweise durch den Satz »do ut des« geprägt ist. Die Handlungsoption Vergebung im Sinne eines ungeschuldeten, souveränen Aktes der Freiheit (s. o. 6.–8.) steht ihnen in aller Regel nur anfänglich oder auch nur in Form einer diffusen Sehnsucht zur Verfügung. Für viele steht diese Handlungsoption unter einem Schwächeverdacht.

13. Die für die Bibel typische Verbindung von Schuld gegenüber dem bzw. der Nächsten und Schuld vor Gott leuchtet vielen Konfirmandinnen und Konfirmanden nicht ein. Schuld ist für sie eine Deutekategorie in der Horizontalen, nicht aber in der Vertikalen. Dies hat vielfältige Gründe, von denen an dieser Stelle nur drei genannt werden sollen:
Viele Jugendliche verstehen sich selbst nicht als in einer Gottesbeziehung stehend.
Ein nicht unbeträchtlicher Teil der Jugendlichen, die sich selbst als in einer Gottesbeziehung stehend begreifen, verstehen ihren Gott aber nicht als Urheber von Handlungsmaximen, denen sie in ihrem Alltag zu folgen hätten. Wenn es Gott gibt, ist er häufig der »liebe Gott«.
Darüber hinaus begegnet Pfarrerinnen und Pfarrern in diesem Sachverhalt auch die Wirkungsgeschichte der theologischen Entscheidung, »moralische« Schuld auf der einen Seite und »theologische« Sünde auf der anderen Seite mehr oder weniger radikal zu unterscheiden, um eine Moralisierung des Sündenbegriffs und des Gottesverhältnisses zu vermeiden.

Aufgabenstellungen für die Konfirmandenarbeit

14. Schuld als eine Deutekategorie unter anderen entschlüsseln. Ihre Leistungsfähigkeit (Handlungsoptionen schaffen durch Komplexitätsreduktion, Verantwortlichkeiten herstellen, Partei für Opfer ergreifen) und ihre Grenzen (Bestimmte Handlungsoptionen können auf Dauer auf die Schuldsituation festlegen) aufzeigen.
15. Vergebung als Handlungsoption der Freiheit und Souveränität profilieren, den Schwächeverdacht ausräumen.
16. Gottes Option für die Opfer einerseits und für Vergebung andererseits herausstellen.

Mit unserem Entscheidungsspiel um Schuld und Vergebung versuchen wir, diese Aufgabenstellungen anfänglich anzugehen. Uns ist völlig klar, dass wir die formulierten Aufgaben mit unserem Spiel nicht lösen. Wir gehen – vielleicht, hoffentlich – einen Schritt auf dem Weg zu ihrer Lösung. Unsere Erfahrungen mit dieser Einheit haben uns Mut gemacht. Denn sie haben uns gezeigt, dass dieser eine (oder manchmal auch diese zwei) Schritt(e) in die unserer Ansicht nach richtige Richtung gehen. Also, wie sieht die Themenerarbeitung denn nun konkret aus?

2. Die Lernstationen

Um die Handlungsoptionen Vergebung, Wiedergutmachung, Bestrafung zu veranschaulichen, bauen wir zu jeder Option Lernstationen auf. Durch sie bekommen Konfis ein gutes Gespür dafür, wie sie selbst mit Schuld umgehen. Sie entdecken dabei neu, dass die Option Vergebung einfach gut tut, auch wenn sie scheinbar nicht so häufig im Leben vorkommt wie die anderen beiden Optionen. (»Jeder weiß, was Vergebung ist, aber keiner weiß, wie das geht.«) Wir möchten die drei Mechanismen offen legen, im Kopf von Konfis verankern, sozusagen ihre Kompetenzen im Umgang mit Schuld herausarbeiten und zugleich die Option Vergebung als eine für ihr Leben relevante Handlungsoption ans Tageslicht bringen. Das bedeutet allerdings nicht, dass Konfis im Sinne einer theologischen Reduktion die Optionen »bestrafen« und »wiedergutmachen« zu Gunsten von »Vergebung« *verlernen* sollen. Vielmehr geht es uns darum, das Wissen um Vergebung als eine (wesentliche) Handlungsoption im Umgang mit Schuld neben anderen ins Bewusstsein zu heben. Einander zu vergeben, geschieht ja tatsächlich häufig genug. Gruppenleben wäre sonst kaum möglich. Aber häufig ist den Konfis gar nicht bewusst, dass sie selbst und andere gerade davon leben

3. Das Spiel

Das Entscheidungsspiel ist von der Idee her eigentlich ein »Was wäre, wenn …«. Spielerisch und sehr frei variieren wir die Geschichte vom verlorenen Sohn Lk 15, fragen uns: was wäre eigentlich, wenn der Vater dem Sohn nicht sein Erbteil gibt? Oder: Was wäre eigentlich, wenn der Sohn sein Erbteil sinnvoll gebraucht, um sich eine eigene Existenz zu schaffen? Diese und ähnliche Fragen haben uns veranlasst, den »verlorenen Sohn« zu verfremden: ihm eine zeitgemäße Gestalt (Jenny) zu geben – und den Konfis die Entscheidungsmöglichkeiten, selber für die Zukunft Jennys zu sorgen. Durch das Entscheidungsspiel schaffen wir eine Laborsituation. Wie im richtigen Leben, so müssen auch hier Entscheidungen getroffen werden, die das Leben vollkommen verändern könnten, die sich nicht mehr rückgängig machen lassen oder die zeigen, dass manches im Leben nur durch Kompromisse, durch Entscheidungen zu meistern ist. Das macht das Spiel spannend – es ist eben nicht im Vorhinein klar, welche Konsequenzen diese Entscheidung jetzt im Leben von Jenny haben wird. Unsere Konfis sind hier motiviert mitgegangen. Sie haben mit Jenny gelitten und haben sich gefreut, wenn sie ihr Leben meistert. Wie schon in anderen Themenerarbeitungen, z. B. bei den Umrissfiguren zum Thema »Taufe«, so wird auch hier eine künstliche Figur zum Statthalter von eigenen Handlungen. Die Konfis schärfen auf diese Weise ihr Empfinden für Schuldzusammenhänge. Denn egal, für welche Variante sie sich entscheiden (sie merken übrigens nicht, dass wir hier den verlorenen Sohn verarbeitet haben, noch nicht einmal, wenn sie sich für jenen Strang der Geschichte entscheiden, der genau dies nacherzählt), es geht immer darum, wie in Beziehungen mit Schuld umgegangen wird. Das Spiel ist dabei mit dem Ende noch lange nicht vorbei. Sie wollen von den anderen genau wissen, wie die sich entschieden haben, was sie bei dieser oder jener Aufgabe gemacht haben und zu welchem Ergebnis sie gelangt sind.

4. Das Abendmahl

Das Abendmahl ist theologisch gesprochen der Ort, an dem Menschen sich ihrer Beziehung zu Gott vergewissern können. Wenn es stimmt, was in den Einsetzungsworten gesagt wird: ... zur Vergebung eurer Sünden« dann lässt sich Folgendes daraus schließen: wenn es um die Beziehung zwischen Gott und Mensch geht, dann geht es um Vergebung, nicht um Bestrafung, nicht um Wiedergutmachung. Hier ist tatsächlich ein qualitativer Unterschied zur Beziehung zwischen Menschen, bei denen es nicht immer um Vergebung geht, wo es ja auch nicht immer angezeigt ist, die Option Vergebung zu wählen. Es ist eben kein Merkmal von Christinnen und Christen, dass sie immer und zu jeder Gelegenheit anderen vergeben können. Wir können nicht so tun, als könnten wir tiefe Wunden und Verletzungen durch Vergeben wegwischen. Allerdings wissen Christinnen und Christen darum, dass Gott dies von sich aus so entschieden hat. Interessanterweise haben nach unserem Kenntnisstand fast alle Unterrichtsmaterialien zum Thema Abendmahl diese theologische Kernaussage einfach verschwiegen. Sie beschäftigen sich lieber mit dem Aspekt »Gemeinschaft« oder mit dem Aspekt: »Woher kommt das Abendmahl?« oder »Wir backen gemeinsam Brot, fassen uns an die Hand und haben uns lieb!« Es stimmt: so vorzugehen, ist tatsächlich einfach. Weiter stimmt es, dass wir diese Aspekte nicht behandeln. Wir nehmen in Kauf, dass wir das Abendmahl nicht von allen Seiten her angemessen beleuchten können. Wir tun dies aber umso lieber, als wir mit dem Aspekt »Schuld und Vergebung« zum Kern unseres Glaubens vorstoßen. So feiern wir den Abschluss dieser Einheit bewusst als Beichtgottesdienst.

5. Der Beichtgottesdienst

Mehrere Elemente kommen hier zusammen und werden mit der Feier des Abendmahls vertieft:

a. das Tragen eines schweren Steins: Symbol dafür, dass Schuld uns zu schaffen macht, unsere Kraft raubt wie ein schwerer Stein.
b. das Ablegen des Steins zu einem Altar: Konfis merken körperlich, dass sie ihre Schuld Gott abgeben können. Daraus einen Altar zu bauen erscheint uns theologisch angemessen. Denn mit jedem Gottesdienst inszenieren wir ja das Beziehungsgeschehen zwischen Gott und uns.
c. das Verlesen von Lk 15: es ist jedes Mal wieder ein Aha-Erlebnis für die Konfis, wenn sie merken, dass sie 2–3 Stunden an dieser Geschichte gearbeitet und über das Schicksal des verlorenen Jennysohns entschieden haben. Enorm wichtig ist der Übergang durch den Unterrichtenden nach der Geschichte. »Gott ist wie dieser Vater. Wenn es um Schuld geht, dann geht es bei ihm immer um Vergeben, nie um Bestrafen oder Wiedergutmachen.«
d. Handauflegen: der persönliche Zuspruch der Vergebung ist aus Sicht der Konfis der bewegendste Moment im Laufe der KA. Wichtig ist dabei der Angebotscharakter. Niemand soll von uns gezwungen werden, sich darauf einzulassen. Allerdings gab es in unseren Gruppen bisher immer höchstens 2 bis 3 Konfis, die dies abgelehnt haben. Wir wählen folgende Formulierung: »Gott nimmt dir deine Schuld ab. Du sollst sie nicht mehr tragen. Zwischen Gott und dir gilt: Vergeben und Vergessen!«
e. Die Einsetzungsworte: Brot und Saft werden von Teamern hereingebracht und auf den Altar der Schuldsteine gestellt. Auf einmal ist den Konfis alles klar: Der Satz »zur Vergebung eurer Sünden …« hat jetzt eine Qualität persönlicher Erfahrung bekommen. Konfis haben gelernt, was es bedeutet, als christliche Gemeinde das Abendmahl zu feiern, eben als eine Gemeinschaft von Sünderinnen und Sündern, für die gilt: Vergeben und Vergessen.

Verlaufsplan: Soundauchanders

Wann und wo	Was	Wie
Plenum 10 Minuten	**1. Einstieg** **Die Lernstationen »Bestrafen«, »Wiedergutmachen«, »Vergeben«** *Bitte überlegt Folgendes: Da ist jemand, den ich gern habe. Ihr trefft euch regelmäßig. Vielleicht sogar eine Freundin, ein Freund. Doch es kommt, wie es kommen muss. Diese Person hat euch mit Worten schlimm verletzt. Sie hat etwas getan, was euch sehr wehgetan hat.* *Wenn ihr solche Situationen kennt – vielleicht seid ihr ja selber manchmal dieser Freund, diese Freundin – dann erzählt doch mal, wie es euch damit ergangen ist.* Unterrichtende warten Spontanreaktionen ab. Die einzelnen Erzählungen bleiben unkommentiert. Nur sammeln. Nicht länger als 5 min. Impuls durch Unterrichtende: *Wir glauben, dass es drei Arten gibt, mit solchen Situationen umzugehen. Ihr kennt diese drei Arten, weil ihr sie selber schon häufig benutzt habt: Ihr könnt in solchen Situationen entweder den anderen bestrafen, auf Wiedergutmachung warten oder einfordern und ihr könnt ihm vergeben. Wir möchten euch jetzt bitten, eine dieser Möglichkeiten genauer unter die Lupe zu nehmen und einen Raum dazu zu gestalten. Angenommen, ihr entscheidet euch für Bestrafen. Dann wäre es eure Aufgabe, einen Raum zu bauen, in dem die anderen erleben können: »Wie ist es eigentlich, bestraft zu werden oder jemanden zu bestrafen?« Genauso mit den beiden anderen Möglichkeiten. Ihr könnt nur eine Station in eurem Raum aufbauen oder auch mehrere. Sie können miteinander zu tun haben oder auch nicht. Ihr könnt alles Material benutzen, was ihr im Haus findet. Es muss hinterher nur wieder an seinen Platz. Und am Ende unserer Arbeit muss unser Haus wieder so aussehen wie jetzt. Ihr habt dafür maximal bis ____ Uhr Zeit. Wenn ihr fertig seid, kommt bitte in unseren Raum zurück. Wenn ihr zwischendurch etwas braucht, meldet euch bei einem Teamer. Wir helfen euch gern weiter.*	Alles Kreativzeugs (Holzreste, Papier, Stifte, Scheren, Knete, Seile, Blumenerde, … – alles, was Sie so im Keller, auf dem Dachboden und sonst wo haben.) M1, 3 Räume
45 Minuten	Konfis teilen sich in Gruppen auf, indem sie sich um einen der in drei Raumecken ausgelegten Zettel (M1) versammeln. Größer als ein Drittel der Gruppe darf die Arbeitsgruppe nicht werden.	
15 Minuten	Aufbau der Stationen. Die Unterrichtenden unterstützen die Konfis dabei, alle Materialien zu besorgen, die sie für den Aufbau ihrer Station benötigen Durchlauf durch die Stationen. Vor dem Durchlauf ist noch zu klären: Braucht ein Raum Begleitung? Wie viele Personen dürfen gleichzeitig in dem Raum sein? Will die Gruppe noch etwas zu ihrem Raum sagen (nichts Deutendes; nur bezogen auf den Durchlauf).	

15 Minuten	**Pause**	
Kleingruppen zu je 5–6 Personen Ca. 90–120 Minuten Plenum 30 Minuten	**2. Erarbeitung** **Das Spiel: Zeig mir dein Gesicht** **Eine moderne Adaption der Geschichte vom »verlorenen Sohn«:** **Die Geschichte von Jenny und 5000** Die Konfis finden sich in Kleingruppen zusammen. Unterrichtende führen kurz in das Spiel ein (dabei hilft Ihnen die Karte »01 – Anleitung«; auf keinen Fall den Szenenaufbau vorstellen!) Nach dem Spiel kommen die Konfis in den Plenumsraum zurück. Zuerst gibt es eine kurze Stimmungsrunde: Wie habt ihr das Spiel erlebt? Gab es irgendwo Störungen? Usw. Dann wird eine Folie des Szenenaufbaus auf den OHP gelegt. Jede Gruppe lässt durch einen Sprecher/eine Sprecherin und in unterschiedlichen Farben auf der Folie den Weg nachzeichnen, für den die Gruppe sich entschieden hat. Anschließend liest der Sprecher/die Sprecherin das Produkt vor, das am Ende des Spiels in der Gruppe entstanden ist. Die anderen Gruppen können nachfragen, diskutieren, erklären, warum sie vielleicht einen anderen Weg gegangen sind oder etwas anderes geschrieben haben. Entweder so weiter oder mit dem Beichtgottesdienst unter 3.: Anschließend verteilen die Unterrichtenden noch eine Kopie des Szenenaufbaus. Impuls: »Ich lese euch eine Geschichte vor. Ihr werdet merken: Irgendwie ist das auch die Geschichte von Jenny – und irgendwie auch wieder nicht. Denn es kommen andere Personen darin vor. Ich bitte euch um Folgendes: Versucht doch einmal auf eurer Kopie den Weg einzuzeichnen, den die Hauptperson der Geschichte in dieser Version geht.« Vorlesen der Geschichte vom verlorenen Sohn (Gute Nachricht). Am Ende der Geschichte Impuls der Unterrichtenden: »Tauscht euch mit eurem Nachbarn oder eurer Nachbarin darüber aus, welchen Weg ihr auf den Zettel eingetragen habt. Habt ihr den gleichen Weg gewählt? Gibt es Unterschiede? Wie sind die zustande gekommen? PartnerInnenarbeit für höchstens fünf Minuten. Dann nochmaliges Lesen der Geschichte. Beim Lesen zeichnet eine Teamerin den Weg des verlorenen Sohnes auf der Jenny-Folie nach. Impuls der Unterrichtenden: »Diese Geschichte hat Jesus erzählt. Wer die Geschichte gehört hat, hat begriffen: Wenn es um Schuld geht, wählt Gott die Möglichkeit Vergeben – wie der Vater in der Geschichte. Bestrafen oder Wiedergutmachen – darum geht's bei ihm nicht.«	M2 Spiel: Zeig mir dein Gesicht. Ein komplettes Spiel pro Kleingruppe, jede Karte ausgedruckt und in einen Umschlag gesteckt. Material zum Spiel, jeweils auf den Karten verzeichnet. Folie des Szenenaufbaus (Karte »00 – Szenenaufbau« in M2; zunächst auf zwei DIN-A4-Blätter ausdrucken, dann mit Kopierer auf eine DIN-A4-Folie verkleinern), OHP-Stifte Kopie des Szenenaufbaus auf DIN-A4-Blättern. Stifte. Bibel

Wann und wo	Was	Wie
Alle gehen zur Kirche. (im Altarraum im Stuhlkreis oder auf dem Boden, wenn die Gruppe das kann) 45 Minuten	**3. Vertiefung: Der Beichtgottesdienst** • *Jede/r nimmt einen Stein und geht zur Kirche/Gemeindesaal. In der Kirche angelangt, bildet die Gruppe einen großen Halbkreis im Altarraum. Der Stein bleibt in der Hand* • *Impuls: Der Stein steht für eure persönliche Schuld, Geschichten, die nur ihr kennt. Er steht auch dafür, dass Schuld einen so drücken kann wie dieser Stein. Haltet ihn noch einen Moment in der Hand und geht euren Schuldgeschichten dabei nach. Wenn es gut ist, dann legt ihn in der Mitte ab. Wir bauen die Steine aufeinander auf zu einem Altar.* • Warten, bis alle ihre Steine abgelegt haben. • *In der Bibel gibt es eine Geschichte, die Jesus erzählt. Es ist die Geschichte von Jenny, die ihr jetzt gut kennt. Jesus erzählt sie, um zu zeigen, wie Gott mit Schuld umgeht* • Lesen von Lk 15. • *Gott ist wie dieser Vater. Wenn es um Schuld geht, dann geht es bei ihm immer um Vergeben, nie um Bestrafen oder Wiedergutmachen.«* • *Wir bieten euch an, jedem und jeder, die das möchte, die Hand aufzulegen und euch die Vergebung eurer Schuld zuzusprechen. Wenn ihr nicht wollt, gebt uns ein Zeichen.* Zuspruch der Vergebung unter Handauflegung: »Gott nimmt dir deine Schuld ab. Du sollst sie nicht mehr tragen. Zwischen Gott und dir gilt: Vergeben und Vergessen!« • Einsetzungsworte. Feier des Abendmahls • Gebet • Segen	• Pro Konfi einen schweren (Ziegel-, Klinker)stein. • Ausreichend Fladenbrot und Traubensaft • Abendmahlsgeräte
Aufräumen 10 Minuten	Einige richten die Kirche wieder her, bringen die Steine weg, eine weitere Gruppe sichert Ergebnisse für das **Jesus-Brett**: Abschrift oder Kopie von Lk 15 mit einer Überschrift, die Konfis entwerfen.	

10. Credo – so denke ich mir die Sache mit Gott!

Können Sie dem, was Sie im Credo sonntags aussprechen, vollständig und rückhaltlos zustimmen? Wie ist das mit den Sätzen »... geboren von der Jungfrau Maria« oder »... die heilige christliche Kirche« oder »den Allmächtigen ...«?
Vielleicht sagen Sie jetzt: »Ich muss oder ich will gar nicht jede einzelne Aussage des Bekenntnisses vollständig und rückhaltlos glauben. Denn für mich ist das Glaubensbekenntnis eher so etwas wie ein Fundament unseres Glaubens: Da kann ich mich draufstellen und sicher sein: Hier ist fester Grund. Da kann ich mich tragen lassen, auch ohne mich auf jede einzelne Stelle des Fundaments zu stellen. Tragen tut es mich trotzdem.«
Wenn Sie das so sagen würden, wären Sie nach unserer Wahrnehmung gar nicht so weit von den meisten Konfis, die wir erlebt haben, entfernt: Auch sie fanden bestimmte Aussagen problematisch und »kaum zu glauben«, auch sie waren sich manchmal unsicher, ob Gott wirklich wie ein Vater ist (und ob das überhaupt wünschenswert wäre ...), oder ob er die Welt wirklich geschaffen hat. Und auch für viele unserer Konfis war es wichtig, sich das Fundament ihres Lebens nicht selber bauen zu müssen, sondern sich auf etwas Vorgegebenes stellen zu können, von dem andere Menschen sagen: »Das funktioniert. Das trägt. Da hast du Halt und versinkst nicht im Sumpf.«
Wir glauben, dass jede Auseinandersetzung mit dem Credo – ganz gleich, ob sie von Jugendlichen oder Erwachsenen, theologisch gebildeten oder ungebildeten Menschen vollzogen wird – in dieser Spannung steht: Bekenntnisse fordern dazu heraus, zu oder – um im Bild zu bleiben – irgendwie und irgendwo auf ihnen Stellung zu beziehen. Wer eine eigene Stellung bezieht, hat begriffen, was ein Bekenntnis will. Aber im Prozess einer solchen Stellungnahme geschieht unweigerlich eine persönliche Aneignung dieses Textes, die bestimmte Bereiche ausblendet und andere Bereiche in den Augen anderer Leute verzerrt oder missversteht. Im Abschnitt Konfirmation haben wir etwas genauer beschrieben, wie wir uns den Prozess des Bekennens bei Konfis vorstellen und theologisch deuten. Das wollen wir hier nicht noch einmal wiederholen. Nur eine Sache wollen wir noch erwähnen: Manche Schwierigkeiten mit dem Glaubensbekenntnis haben auch schicht und einfach mit der

Sprache zu tun. Einige unserer Konfis haben Jesus für einen Schwarzen gehalten, denn es heißt ja schließlich: »... seinen eingeborenen Sohn ...« Zur Erarbeitung des Credos gehören deshalb (mindestens) drei Dinge: Erst einmal müssen die Wörter geklärt werden, zweitens muss man mit dem Text umgehen, ihn sich zu eigen machen und, drittens, muss man Stellung zu ihm beziehen. In unserer Themenerarbeitung versuchen wir, den Konfis Möglichkeiten zu allen drei Schritten zu geben.

1. Der Credotunnel

Damit Sie verstehen können, worüber wir hier reden, schauen Sie sich am besten kurz die Datei »M3 Credo-Tunnel« an. Alles klar? Gut, dann kann's ja losgehen: Warum arbeiten wir mit einem Tunnel? Nun, die Darstellung ist ungewohnt und zieht schon deshalb Aufmerksamkeit auf sich. Außerdem können wir mit unserem Tunnel spielen: Man kann sich auf die unterschiedlichen Seiten stellen und prüfen, ob es so etwas wie eine Lieblingsseite gibt, auf der einem die Wörter am meisten sagen. Dabei ist es zunächst einmal völlig unerheblich, ob hier ein sinnvoller sprachlicher Zusammenhang entsteht oder nicht. Dann können wir auch in einen Tunnel hineinkriechen, uns einen eigenen Weg durch die Wortwände bahnen, der uns immer tiefer in den Text führt. Ein Gefühl von: »Jetzt müssen wir uns da richtig reinknien« entsteht.«

Wenn wir an dem Punkt angekommen sind, fangen wir an, etwas genauer hinzugucken: Wir suchen mit den Konfis nach den Begriffen, die für sie besonders wertvoll und wichtig sind. Sie können sich vergewissern, dass auch sie mit bestimmten Aussagen von diesem Credo gestützt, getragen und mitgemeint sind.

Im letzten Schritt werden dann alle Worte abgedeckt, bei denen es schwer fällt zuzustimmen, bzw. bei denen es schwer fällt, sie überhaupt zu verstehen. Häufig sind es die Worte »hinabgestiegen«, »Reich des Todes«, »Jungfrau«, »Auferstehung«, »eingeborenen«. Natürlich können wir das so nicht stehen lassen. Aus dem Credo wird sonst ein Torso, aus dem sich jede/r herausnehmen kann, was ihm/ihr nicht passt. Doch wenn wir die Konfis auffordern, sich zu überlegen, wie dieses Wort, dieser Satz neu formuliert werden kann, in eine Sprache gebracht werden kann, die sie selbst verstehen, beginnen wir einen Aneignungsprozess, der Stellungnahme ermöglicht und bereits darstellt. Dabei erweisen sich manche Begriffe als zu komplex oder zu schwierig. Diese müssen dann in einer größeren Gruppe diskutiert werden. Es geht nicht,

Konfis aufzufordern, eine neue Formulierung für etwas zu finden, dessen Sinn sie ganz und gar nicht verstehen.
Am Ende dieses Arbeitsganges steht eine neue Formulierung des Credo: das Konfi-Credo: Sie verstehen seine Wörter und haben sich seine Bedeutung erschlossen. (Für Leute, die weniger Zeit haben, kann hier Schluss sein.) Dieses Credo kann als Glaubensfahne gestaltet oder auch als Text gesprochen in den Konfirmationsgottesdienst eingebracht werden.

2. »Ich glaube, dass ...« – das Credo der Gruppe

Wie gesagt, Sie können mit der Erarbeitung eines neu formulierten Credos aufhören. Aus unserer Sicht sollten wir aber noch weiter gehen. Denn es ist eine Sache, einen fertigen Text neu zu gestalten oder zu übersetzen. Aber es ist eine andere und viel spannendere Sache, zu diesem Text auch selbst Stellung zu beziehen. Auf dem Hintergrund der letzten zwei Jahre überlegen die Konfis: »Wo kann ich zustimmen, wo weniger, wo auf keinen Fall?«
Wir schlagen Ihnen vor, den Konfis Möglichkeiten zur Verfügung zu stellen, ihre »Glaubenskompetenz« unter Beweis zu stellen, also – in einer Momentaufnahme – zu formulieren, wie sie sich die Beziehung von Gott und der Welt denken. (Mit den Einwänden, die es dazu gibt, setzen wir uns im Abschnitt »Konfirmation« auseinander (bes. in den letzten beiden Abschnitten des Textes).) Wir möchten Ihnen einige Beispiele zeigen – auch um Ihnen Lust zu machen, das einmal auszuprobieren.

Aus dem Konfirmationsbekenntnis unserer Konfis 2001:

... Ich glaube, dass Gott alle Menschen geschaffen hat, uns lieb hat und uns beschützt. Gott ist mein Retter in der Not.

... Ich glaube, dass Jesus Christus Gottes Sohn ist, sein Übermittler. Er hat den Frieden geschaffen. Er ist mutig und stark gewesen. Er hat viele gute Taten vollbracht und Menschen geheilt. Er ist der Messias, der für uns ans Kreuz genagelt wurde.

... Der Heilige Geist wacht über uns.

... Ich brauche den Glauben an Gott, damit ich mein Leben selbst in die Hand nehmen kann

... Ich glaube an das ewige Leben, weil ich es mir nicht vorstellen kann nicht mehr da zu sein.

... Ich glaube an Gott, denn er hört einem Menschen immer zu, auch wenn Freunde oder Eltern keine Zeit haben. Denn Gott ist immer da.

... Ich glaube, dass Gott die größte Macht hat und dass der Tod nicht das Ende ist. Ich glaube an das ewige Leben.
... Gott will für uns ... das Leben, die Freude, bis in alle Ewigkeit.

(Übrigens, – nur falls Sie da Zweifel hegen: auch unsere Konfis (Marco, Kevin & Schakeline) gehen auf Hauptschulen, sind nervig und unruhig und anstrengend und kommen aus Elternhäusern, die kaum oder nicht von Gott erzählen. Aber das ist wirklich nur sie eine Seite von ihnen ...)
Und? Lust gekriegt ☺? Na dann: viel Spaß bei der Einheit, die – es sei nur noch einmal ausdrücklich gesagt – am besten kurz vor der Konfirmation platziert ist. War Ihnen aber ja sowieso schon klar.

Verlaufsplan: Soundauchanders

Wann und wo	Was	Wie
Stuhlkreis 15 Minuten	**I Der Credo-Tunnel** **1. Annäherung** *Bitte stellt euch in einem Kreis um den Tunnel auf.* *Geht jetzt bitte um den Tunnel herum.* *Ich lese währenddessen den Text vor, den ihr vor euch seht: das Glaubensbekenntnis.* Lesen des Textes, während die Gruppe um den Text geht. Ist der Text ganz vorgelesen, geht es weiter: *Schaut euch noch einmal die vier Seiten des Tunnels an: Welche Seite gefällt euch am besten? Auf welcher Seite stehen die Wörter, die euch am meisten sagen oder bedeuten? Stellt euch auf diese Seite!* Wenn alle stehen, spricht die/der Unterrichtende nochmals das Credo und die Konfis stimmen jeweils dann ein, wenn der Text an der Reihe ist, den sie vor sich sehen. Sie können noch weiter mit den Wörtern spielen und ein kleines Konzert aus Lieblingswörtern kreieren oder dirigieren. Jede Seite kommt einzeln dran. Je größer das Wort geschrieben ist, desto lauter wird es gesprochen. Im Finale sprechen alle Seiten gleichzeitig. Versuchen Sie es einmal: Es macht Spaß und in den Konfis klingen die Wörter des Credo noch lange noch ... (Die Schritte zwei und drei können Sie auch weglassen, wenn Sie meinen, dass Ihre Gruppe so viel Textarbeit nicht durchhält. Dann machen Sie einfach bei vier weiter.)	Auf dem Boden liegt der Credo-Tunnel aus (M3) Um mit dem Credo-Tunnel arbeiten zu können, brauchen Sie eine Vorlage, die Sie auf dem Boden auslegen können. Dazu kopieren Sie den Tunnel (M3) auf Folie, heften Tonpapier oder große Papierstreifen an eine Wand, projizieren mit dem Overheadprojektor die Folie darauf und malen die Vorlage mit einem dicken Edding ab (etwa eine Stunde Bastelzeit; lohnt sich aber wirklich. Einmal hergestellt, können Sie den Tunnel in ganz vielen verschiedenen Gruppen benutzen: Bibelkreise, Frauenhilfen, Männergruppen, ...).
Plenum Arbeit in 2- bis 3er-Teams 15 Minuten	**2. Die Verben** *Bitte findet jetzt alle Verben oder Tuwörter in diesem Text. Z.B. heißt es hier: »... er sitzt zur Rechten Gottes«. Schreibt das Verb auf eine Karte und überlegt, wo in eurem Alltag dieses Wort sonst vorkommt. Findet dazu Sätze.* *Nach 5 Minuten stellen wir uns diese Sätze vor .Bitte sagt immer dabei, aus welchem Wort ihr euren Satz gefunden habt.*	Karten und Eddings
5 Minuten	**Pause**	
Plenum 15 Minuten	**3. Helles** *Guckt euch noch einmal den Text in diesem Tunnel an. Welche Wörter oder Sätze erscheinen euch besonders wichtig und sagen vielleicht etwas darüber aus, woran ihr glaubt? Setzt dann ein Teelicht auf diese Stelle* Der /die Unterrichtende spricht nun den Text des Credo, die Konfis stimmen jeweils bei »ihrem« Wort ein.	Ausreichend angezündete Teelichter stehen um den Text herum (mind. 1 pro Konfi)

Wann und wo	Was	Wie
Plenum 30 Minuten	**4. Dunkles** *Bitte nehmt jetzt Karten und bedeckt damit die Worte oder Begriffe, die ihr unverständlich findet oder denen ihr nicht oder nur wenig zustimmen könnt.* Die Konfis decken Wörter oder Phrasen im Credo ab. Sind sie damit fertig, zählen Sie kurz durch, wie viele Wörter und Phrasen abgedeckt sind. (Bei uns waren es in der Regel um acht.) Bitten Sie die Konfis dann, so viele Arbeitsgruppen zu bilden (also bei uns z.B. acht AGs; ist ihre Gruppe dafür zu klein, bekommt jede AG mehrere Arbeitsaufträge. Sie verstehen schon, was wir meinen, wenn Sie einfach weiterlesen.). Fordern Sie jede Gruppe auf, sich ein Wort/eine Phrase auszusuchen, mit der sie weiterarbeiten wollen. Hier müssen die Konfis ein paar Einigungsprozesse durchlaufen. Lassen Sie ihnen etwas Zeit dafür. Hat jede Gruppe »ihr« Wort, bitten Sie die Konfis, genau dieses Wort auf die Karte zu schreiben. Dann geht's weiter: *Überlegt gemeinsam, wie ihr diese Wörter übersetzen müsst, damit sie für euch sinnvoll, bedeutsam, glaubwürdig werden. Ihr könnt dafür auch ein Wörterbuch benutzen. Ihr könnt auch jemanden anrufen, um seinen oder ihren Rat zu erfragen. Habt ihr eure Übersetzung gefunden, schreibt sie bitte auf die Rückseite eurer Karten und legt sie auf die entsprechende Stelle unseres Tunnels. Wichtig ist noch folgendes: Die anderen in der Gruppe dürfen euch befragen, warum ihr ausgerechnet diese Übersetzung gewählt habt. Alles klar? Dann los!* (falls Worte ungeklärt bleiben, müssen diese in einer Plenumsrunde von allen diskutiert werden) Wenn alle fertig sind und die »neuen« Worte oder Sätze auf dem Credo-Tunnel liegen, können alle noch einmal zu einzelnen Übersetzungen nachfragen. Vielleicht muss auch noch das eine oder andere Wort verändert werden. Gibt es einen Konsenstext, stellen sich alle noch einmal um das Credo herum und sprechen den Text gemeinsam.	Dunkle Karten. Helle Karten. Stifte, Wörterbücher (Duden), Lexika, Internet usw. (alles, woraus man schnell und einfach Informationen beziehen kann).
15 Minuten	**Pause**	
[Zwei Teilplenen ca. 60 Minuten]	Wollen Sie das Glaubensbekenntnis nicht noch persönlicher werden lassen, können Sie den Prozess an dieser Stelle beenden, indem Sie mit den Konfis eine Glaubensfahne herstellen (z.B. auf Betttüchern). Eine mit dem »Original-Credo, eine mit dem »Konfi-Credo«. Diese können dann im Konfirmationsgottesdienst beim Einzug in die Kirche vorangetragen oder vom Kirchturm gehängt werden. Möchten Sie aber die persönlichere Variante, dann überspringen Sie diesen Schritt und gehen gleich weiter zu »II Ich glaube, dass …«	[zwei Stoffbahnen, Stoffmalfarbe]

Plenum Einzelarbeit 45 Minuten	**II Ich glaube, dass ... Das Credo der Gruppe** **1. Zwei Jahre im Schnelldurchlauf** Haben Sie die Glaubensfahne (s. o.) erstellt, ist der nächste Schritt nicht mehr sinnvoll. Den nächsten Schritt müssen Sie nicht mehr machen. Sie haben ja schon. Bevor es losgeht, erklären Sie den Konfis den Sinn des folgenden Schritts: Sie haben zwei lange Jahre gearbeitet. Sie haben viel erlebt, viel hergestellt, viel zusammengetragen. Jetzt ist es Zeit, sich einmal einen Überblick zu verschaffen, eine persönliche Zusammenfassung zu versuchen. Eine Prüfung ist das nicht: richtig und falsch gibt es nicht. Jeder und jede kann hier das zu Gott sagen, was ihm oder ihr wichtig ist. Loben Sie noch einmal Ihre Gruppe und Ihre Arbeit. Sagen Sie genau, was Sie von Ihren Konfis gelernt haben. Teilen Sie ihnen mit, dass es nun darum geht, in ganz eigene Worte zu fassen, was die Konfis über Gott und Kirche denken und fühlen – und dass diese eigenen Worte im Konfirmationsgottesdienst als Bekenntnis der Gruppe gesagt werden soll. Dann kann's losgehen: Jede/r erhält M1. Sucht euch jetzt einen Platz, an dem ihr ungestört seid. Nehmt euch Zeit, dieses Arbeitsblatt zu bearbeiten. Es enthält Aussagen von all dem, was wir zusammen uns erarbeitet haben. Es soll euch helfen, herauszufinden, wie ihr die Sache mit Gott seht.	Arbeitsblatt M1, Stifte, CD-Spieler, ruhige Musik
15 Minuten	**Pause**	
4 Kleingruppen 45 Minuten	**2. Aus meins und deins wird unser (Konsensbildungsprozess)** Sind alle Konfis fertig, kann es weitergehen: Teilt euch bitte in vier Gruppen auf. Nehmt eure bearbeiteten Blätter mit. Ihr braucht sie jetzt. • In den Gruppen: Aufteilung in zwei Untergruppen • Arbeit mit M2. Eintragen der persönlichen Ergebnisse in der Untergruppe. • Dann Herstellung eines Plakats der Kleingruppe aus den beiden Vorlagen der Untergruppen, indem gemeinsame Formulierungen gefunden werden. Vorher überlegen, wer schreibt.	Arbeitsblatt M2 mindestens in DIN-A3-Form auf starken Plakatkarton 15 Plakate werden benötigt, ausreichend Stifte
Zwei Teilplenen 45 Minuten	Zwei Kleingruppen präsentieren sich ihre Ergebnisse und fügen die zwei Plakate zu einem zusammen.	Zwei Credoplakate der beiden Teilplenen, Stifte
Plenum 15–20 Minuten	Im Plenum entsteht das Credo-Plakat der gesamten Konfigruppe. Schöne Gestaltung. Präsentation im Konfirmationsgottesdienst. – Gemeinsames Sprechen als ihr Credo.	

IV. Expedition Gottsuche. Das Camp

1. Erst mal etwas abstrakter und theoretischer …

Seit wir »Konfis auf Gottsuche« geschrieben haben, war uns immer irgendwie klar: Die Projekte dieses Buches schreien geradezu nach einem Camp. Reisen nach Finnland schon in den 90ern, Kontakte zum KFS aus Braunschweig und zum Augsburger »Buon Giorno Konfi Camp« haben uns immer mehr Lust gemacht, eine »Expedition Gottsuche« zu starten. Verbündete PfarrerInnen waren schnell gefunden, begeisterte TeamerInnen ebenfalls. Verwaltung (Finanzen!!) und Leitung des Kirchenkreises zu überzeugen, dauerte etwas länger – aber schließlich standen alle hinter dem Projekt. Seit 2003 gibt es nun ein Konfi-Camp im Kirchenkreis Paderborn, das für mehrere Jahre als »Expedition Gottsuche« gestaltet worden ist. (Erst seit das »Holk-Projekt« da ist, machen wir etwas anderes …) Die »Expedition Gottsuche« gäbe es nicht ohne Pfr. Claus-Jürgen Reihs und die professionellsten Konfi-Teamer der Welt – insbesondere Philipp Kleffner und Hendrik Zernke. Sie haben auch die Spiele-Abende mit Casino Bancrotto erfunden, die Nacht der Lichter entworfen, etc. …

Wir versuchen, Ihnen den Sinn eines Konfi-Camps aus unserer Perspektive vorzustellen – welche konzeptionellen, pädagogischen und theologischen Einsichten uns zu welchen Konsequenzen leiten. Planungsphase, Tagesabläufe, Andachten, Spiele-Abende, Begleit-Schnick-Schnack (Postkarten, Logo, T-Shirts usw.) – all das stellen wir Ihnen auch vor – und zwar auf der CD-ROM: Schauen Sie einfach in unseren Ordner »Kapitel IV_Expedition Gottsuche. Das Camp«; dort finden Sie den Unterordner »1 – Konficamp.Basics«. Dort finden sie alles, was Sie brauchen, um die »Expedition Gottsuche« zu planen.

Wir hoffen, dass Sie sich in dem Wust von Infos zurechtfinden … Falls nicht: E-Mail genügt! Auf jeden Fall wünschen wir Ihnen viel Spaß bei der Planung eines eigenen Camps – aber Vorsicht: Wer einmal erlebt hat, was Konfis an Religiosität in einem Camp inszenieren, wird süchtig … Denn irgendwie herrscht auf dem Camp das wahre Leben …

Wer schon einmal eine Disco bei einem Konficamp erlebt hat, weiß, wovon die Rede ist. Normalerweise funktionieren Discos bei einer Wochenend- Konfirmandenfreizeit mit 20–30 Konfis und einigen Teamern folgendermaßen: ca. 2 Stunden vorher ziehen sich die Mädchen zurück, um sich kräftig aufzubrezeln. Der Gruppenraum wird umfunktioniert zu einer Disco. Die Anlage dazu ist ordentlich. Voller Vorfreude erwarten alle den Start – bis auf die Jungs natürlich. Die haben Angst – »müssen wir etwa auch tanzen?« Bei solchen Fragen wird man als verantwortlicher Hauptamtlicher schon mal ein wenig nervös. Man ahnt: Das wird ein hartes Stück Arbeit.
Dann endlich: die Disco beginnt. Ein Teamer kennt sich mit Musik aus und versucht sich als DJ. Die Mädchen fangen vorsichtig an zu tanzen. Die Jungen sitzen in der Ecke. Man sieht ihnen an. Sie warten darauf, dass es vorübergeht.
Wenn's gut läuft, beginnt das Eis irgendwann zu brechen, bei Nenas »99 Luftballons« z. B.
Wenn's nicht so gut läuft – und auch das haben wir in unseren Gruppen erlebt, dann quält man sich noch bis zu den »99 Luftballons« und lässt die Disco dann ausklingen zur Erleichterung von eigentlich allen. Trotzdem sagen hinterher viele: Irgendwie war die Disco schon toll. Vielleicht, weil sie uns Kirchenleuten nicht zugetraut hätten, dass wir so etwas auf die Beine stellen. Selbst die/der Pfarrerin/der Pfarrer haben mitgetanzt – ist auch so ein beliebter Kommentar, der diese These unterstützt.

Eine Disco auf einem Konficamp ist hingegen ein echter Augenöffner.
Bei einer Größe von 150 Konfis und 50 TeamerInnen braucht man schon mal einen größeren Raum. Die Gemeindeanlage ist zwar gut, reicht aber für diese Zwecke vorne und hinten nicht. Unter den TeamerInnen sind Leute dabei, die an eine professionelle Anlage gekommen sind für 400 Euro Mietgebühren (was für eine einzelne Gemeinde viel zu teuer wäre, aber im Konficamp bei einem Gesamtetat von etwa 40.000 Euro nicht wirklich auffällt). Diese Anlage allein flößt Respekt ein. Die Bassboxen sind mannshoch, professionelles Licht und Nebelmaschine sind selbstverständlich. In unserem Fall haben wir den Speisesaal umfunktioniert. Das war der größte Raum des

Geländes. Drei Stunden lang müssen 30 Teamer schuften, um alle Tische beiseite zu räumen, den Raum zu verdunkeln, die Anlage aufzubauen, Licht und Nebel zu installieren, die Computer aufzustellen für Licht und Musik. Das sind alles Dinge, von denen wir Hauptamtliche nur wenig Ahnung haben. Wir müssen uns auf unsere ehrenamtlichen Teamer verlassen, die unglaublichen Einsatz zeigen, um diese Disco hochgradig professionell hinzubekommen.
Auch hier auf einem Konficamp haben sich die Mädchen zwei Stunden lang vorher aufgebrezelt. Auch hier haben die Jungs Angst davor, sie müssten mittanzen, und hoffen, es geht irgendwie an ihnen vorüber. Auch hier wird Nenas »99 Luftballons« gespielt.
Und doch ist alles anders. Die Luft ist zu Beginn zum Schneiden. Nebel verhüllt den ganzen Saal. Die DJs beginnen mit einer Performance und fangen an, den Saal zu rocken. Spätestens beim dritten Lied ist die Tanzfläche voll besetzt. Alle Mädchen, alle TeamerInnen, die mutigen Jungs sind schon da. Und irgendwann packt es nahezu alle. Es gibt keinen Platz mehr auf der Tanzfläche. Selbst die Pfarrerinnen und Pfarrer sind schon völlig durchgeschwitzt. Man kann sich dem Zauber dieses Abends nicht entziehen. Ein echter Augenöffner.

Was ist anders als an der Konfi-Freizeit-Gemeinde-Disco?
Klar: Der Grad der Professionalisierung ist anders; mehr Geld für professionelles Equipment. Und die Anzahl der TeamerInnen die so viel schuften, damit ein toller Abend entsteht. Die Konfis stehen mit offenen Mündern auf der Tanzfläche und merken, wie viel Arbeit hier drin steckt. Sie sehen, wie wichtig allen dieser Abend ist, wie viel wir investieren. Und sie merken: Hier geht es um die ganze Gruppe; darum, dass zusammenwächst, was in den vergangenen Tagen auf dem Camp begonnen wurde. Sie lassen sich inspirieren von der Atmosphäre, von der Lust der TeamerInnen, von der Größe der Gruppe. Auch hier bleiben einige Jungs am Rand sitzen und wippen nur mit den Füßen. Aber das ist In Ordnung. Bei 150 Konfis steht man eben nicht so im Fokus. Auf dem Konficamp ist die Disco immer der Mittelpunkt und das Highlight der Woche. Und zwar für alle – Konfis wie Teamer und Hauptamtliche.
Unsere Disco ist im Rahmen dieser Expedition, davon sind wir überzeugt, auch ein spirituelles Erlebnis, bei dem alle merken: Wir haben vieles inszeniert und gegeben, was wir konnten, und von einem anderen kommt der tiefe Zauber dieses Abends.

Um dieses zauberhafte Ineinander von menschlicher und göttlicher Wirklichkeit geht es in der »Expedition Gottsuche«. Sie versteht sich als Augenöffner, als Ort und gemeinsame Zeit des Suchens, Fragens, Dankens und Bittens. Wir wollen ein Konficamp, an dem Spiritualität nicht ein Thema neben anderen ist. Vielmehr versuchen wir der All-Täglichkeit der Wirklichkeit Gottes in unseren all-täglichen Lebensvollzügen nachzuspüren. Wir wollen ein Konficamp, das sich durch eine Spiritualisierung von allem, was da geschieht, auszeichnet.
Wie sieht die Expedition Gottsuche unter dem Vorzeichen der Spiritualisierung aus? Ein paar Stichpunkte sollen Ihnen einen Eindruck davon geben, wie wir uns die Sache vorstellen:

1. Spiritualisierung meint: Das Fragen wachhalten ... Wir sind keine Gottesbesitzer, sondern Gottsuchende!

Wer ein spirituelles Erlebnis hat, erlebt eine Begegnung mit der aus sich selbst heraus als mächtig erlebten Wirklichkeit Gottes, an deren Energie ich partizipieren, in die ich mich einloggen, an die ich mich andocken kann. Das spirituelle Erlebnis, die Gottesbegegnung ist, theologisch gesprochen, immer ein Erlebnis extra me, extra nos. Wie »funktioniert« dieses Erlebnis?
Der Gottesdienst, den wir jeden Sonntag feiern, inszeniert dieses Erlebnis mit Hilfe von Liturgie und Predigt und bleibt zugleich angewiesen darauf, dass diese Wirklichkeit sich selbst zeigt. In der Tradition des Christentums ist die Rede vom Heiligen Geist der Platzhalter für diese Einsicht. LiturgInnen und PredigerInnen bringen die Wirklichkeit Gottes mit Hilfe von Texten, Bildwelten und Symbolen der jüdisch-christlichen Tradition zur Darstellung. Ob aber Gott sich mir und anderen in dieser Darstellung als eine wirkmächtige Wirklichkeit wirklich vorstellt, bleibt ein unverfügbarer Vorgang.
Diese Unverfügbarkeit der Wirklichkeit Gottes hat im Protestantismus manchmal dazu geführt, die Sinnlichkeit unseres Glaubens aus dem Blick zu verlieren – etwa nach dem Motto: Wenn es sowieso nur am Geist liegt und der eh weht, wo er will, ist Ästhetik ein Adiaphoron und macht nur unnötige Arbeit.
Diese Einsicht ist ja theo-logisch nicht unbedingt total verkehrt, aber auf jeden Fall anthropo-logisch unbarmherzig: Wir sind sinnliche Menschen und leben in Bildern, Gefühlen, Gerüchen und Tönen. Die Geschichten der jüdisch-christlichen Tradition sind Geschichten der Inkarnationen Gottes, in denen er sich selbst unseren Sinnlichkeiten unterwirft und gerade dadurch

Begegnung ermöglicht. Gott pur könnten wir nicht aushalten – haben Sie mal das Ende des Films »Dogma« gesehen? ☺
Die »inkarnatorische«, auf alle Sinne bezogene Gestaltung des gesamten Camps verstehen wir deshalb als einen Reflex auf die jüdisch-christlichen Geschichten von Gottesbegegnungen. Wir geben zu – manches davon ist ganz banal, aber in der Summe der Details entsteht eine menschenfreundliche »sinnlich-lustvolle« Atmosphäre, die – jedenfalls nach unserem Verständnis – »evangeliumsträchtig« oder eben spiritualisiert ist.

Worum geht es konkret?
Es beginnt wirklich banal: Schon ein halbes Jahr vor dem eigentlichen Konficamp auf dem ersten Vorbereitungstreffen mit dem Konficamp-Team erhalten die TeamerInnen ihr T-Shirt mit der Aufschrift »Teamer«, dem Logo des Camps »Expedition Gottsuche« und der Grundhaltung, die unser Camp auszeichnen soll: »unterwegs im Auftrag des Herrn« (... haben wir von den »Blues Brothers« geklaut; deshalb sind unsere T-Shirts auch schwarz ...). Nebenbei sorgen die gemeinsamen Teamer-T-Shirts für unsere Corporate Identity.
Während des Camps halten wir Möglichkeiten bereit, dass Konfis diese Corporate Identity für sich entdecken können: Jeden Tag in der Mittagspause ist unser Konficamp-Merchandising-Shop mit unseren eigenen Konficamp-Artikeln geöffnet. Postkarten mit unserem Logo und witzigen Konficamp-Motiven (auf der Material-CD-ROM finden sie unsere Karten: Ordner »Kapitel IV_Expedition Gottsuche. Das Camp, Unterordner »3 Das Drumherum ...«); Festivalarmbändchen mit unserem Expeditionslogo und unserer Internetadresse (noch Monate später treffen wir Konfis in der Stadt, die ganz stolz ihren Arm zeigen mit dem Bändchen).
Wir haben an zentraler Stelle ein 5x2m großes Transparent aufgehängt, wiederum mit Logo und der Aufschrift: »Konficamp »Expedition Gottsuche« Kirchenkreis Paderborn.«
Das Camp startet mit einer Show »Die Expedition beginnt« – natürlich mit einem Auftritt von den »Blues Brothers« (unterwegs im Auftrag des Herrn). Für alle TeamerInnen sowie für Hauptamtliche und Konfis wird klar: Alles, was wir hier tun, ist Teil dieser Expedition: die morgendlichen Einheiten ebenso wie das nachmittägliche Kanufahren und die abendliche Casino-Bancrotto-Gala.

2. Spiritualisierung meint Beziehungsklärung

In unserem Camp geben wir Jugendlichen vielfältige Möglichkeiten zu klären, wie sie die Wirklichkeit Gottes und ihre eigene Lebenswirklichkeit zusammen puzzeln können oder wollen.
Dabei fragen wir zuerst uns selbst als Unterrichtende und TeamerInnen: Spiegeln unsere Grundhaltung, unser Programm, unser Zeit- und Raummanagement, unsere Vorstellungen von der Menschenfreundlichkeit Gottes?
Dann fragen wir nach den Orten, die Konfis Lust machen könnten, ihrer Gottesbeziehung nachzugehen: Haben wir besondere Orte auf dem Camp, die die Wirklichkeit Gottes in dieser Welt so inszenieren, dass Mädchen und Jungen damit etwas anfangen können? Gibt es mehrere dieser Orte, durch die mehr als ein Sinn in Anspruch genommen wird? Haben wir Orte zum Gucken, zum Schweigen, zum Reden, zum Riechen, zum Hören?
Wir klären mit den Konfis die Spielregeln für unser gemeinsames Leben und Arbeiten im Camp: Gibt es auf dem Camp eine Kultur gegenseitiger Achtung, die konsequent eingefordert wird? Wird die Würde eines jeden Menschen geachtet? Wird sichtbar, dass auch tempogeladene Spielabende wie »fast and furious«, die Disco oder das Casino in den Rahmen der Spiritualisierung hineingehören?
Die Begegnung Gottes mit uns hat auch mit Lebenslust und guter Lebensqualität zu tun. Nicht allein der Gang in die Stille, an einen Ort mit meditativer Qualität trägt zur Profilierung von spiritueller Qualität bei. Gerade für Jugendliche sind ekstatische, musikalisch ansprechende, trommelnde Elemente spirituell relevant.

Dem Wirken Gottes Raum geben, darauf vertrauen, dass Gott sich finden lassen wird: Das ist neben absichtsvoller Inszenierung vor allem eine Grundhaltung, die das Camp umspannt. Das ganze Camp atmet diese Grundhaltung. Die Schlagzahl des Lebens verändert sich in dieser Woche. Konfis gestatten sich, Dinge zu tun, die sie zu Hause in ihrem gewohnten Umfeld nicht wagen würden. Einmal beobachtete ich (Burkhardt) einen Konfi, der von uns während der Woche als schwierig, sozial auffällig, ruppig und aggressiv erlebt wurde. Dieser Konfi machte sich auf den Weg zum Raum der Stille. Ich dachte sofort: »Jetzt will er bestimmt den Raum zerlegen oder sonst irgendwas Schlimmes anrichten.« Kurz vor dem Raum stelle ich ihn zur Rede. Er ist gerade dabei, die Schuhe auszuziehen und sagt mir: »Ich geh jetzt erst mal für ne halbe Stunde in den Raum der Stille, eine Runde beten.« Konficamp ist eben auch eine Woche kostbarer Erlebnisse …

3. Spiritualisierung meint: passende Rituale finden

Mit der »Expedition Gottsuche« machen wir die Gottesfrage selbst zum Thema des ganzen Camps. Das ist für uns und für die Konfis ganz schön anspruchsvoll. Wann sonst redet man schon mehrere Tage hintereinander darüber, was einen zutiefst bewegt und die je eigene Welt im Innersten zusammenhält? Die Konfis brauchen dafür ein hohes Maß an struktureller Klarheit und an Ritualisierung des Tagesgeschehens. So entsteht eine Verlässlichkeit und Sicherheit, die allen festen Boden unter den Füßen gibt.
Klare Abläufe, immer gleich bleibende und wiederkehrende Rituale sorgen dafür, dass die Konfis sich in einem für sie unbekannten Umfeld mit vielen zunächst noch unvertrauten Menschen relativ schnell relativ sicher bewegen können. Dadurch, dass die Tagesstruktur klar ist, müssen die Konfis nicht viel Zeit und Konzentration darauf verwenden, sich zu fragen, was denn wohl als Nächstes passiert. So sieht unsere Tagesstruktur aus (Als Vorlage im Ordner »Kapitel IV_Expedition Gottsuche. Das Camp«, Unterordner »1 Konficamp.Basics«):

7.45 Uhr	Wecken
8.00 Uhr	Frühstück
9.00 Uhr	Expedition Gottsuche. Die Themen.
12.30 Uhr	Mittagessen
15–17 Uhr	Marktplatz
18.00 Uhr	Abendessen
20.00 Uhr	Abendprogramm
21.30 Uhr	Abendabschluss
ab 21.45 Uhr	Häuserzeit
22.30 Uhr	Teamsitzung
23.00 Uhr	Nachtruhe

Anhand des Konficamp-Programms können Sie erkennen, dass unsere Tage immer gleich strukturiert sind. Der Tag hat drei Teile: Das Wecken aller Konfis übernehmen einige Teamer, die mit einem extra dafür entworfenen Song durch die Häuser ziehen. Wir merken schnell, wie wichtig dies für die Konfis ist. Manche stellen sich den Wecker extra früher, weil sie nicht verpassen wollen, die singenden Teamer mit ihrem Song auf ihrem Handy festzuhalten.
Morgens, nach dem für alle verbindlichen Frühstück (auch für die Teamer und HA, selbst wenn sie eigentlich frei haben), arbeiten die Konfigruppen in ihrer je eigenen Gemeindegruppe an den Themen der Expedition.

Nachmittags öffnen wir das Camp vorsichtig dafür, dass die Konfis sich mischen – in den so genannten »FunTeams«. Die Aktionen in den FunTeams reichen von kreativen Angeboten wie »Pimp your shirt« (wir kennen das noch unter dem Stichwort »Batiken«) und »Mosaik« (Konfis stellen aus Kachelresten das Logo her) bis zu sportlichen Teams wie Basketball, Fußball, Kanu fahren, Klettern, Schwimmen (was der Ort eben so hergibt) oder auch zu musischen Highlights wie einen eigenen Chor auf die Beine stellen oder die einfachere Variante: »singstar-contest«. Die Konfis tragen sich nach dem Mittagessen in die jeweiligen von ihnen bevorzugten Teams ein und treffen dort in der Regel auf Konfis, die sie noch nicht so gut kennen.
Abends gibt es für das gesamte Camp immer ein großes Abendprogramm (Dauer nicht länger als 120 Min.). Für die Durchführung des Programms, die logistischen Herausforderungen und das Verwalten des Materials haben wir eine besondere Teamergruppe ins Leben gerufen – die von uns so genannte »Rödeltruppe«. Sie sind zusammen mit der Camp-Leitung verantwortlich, dass alles Organisatorische klappt, und geben so den GemeindepfarrerInnen die Möglichkeit, sich – häufig seelsorglich – um ihre Gruppe zu kümmern.
Abschließend treffen sich alle (Konfis wie Teamer) in der Kapelle zum kurzen Abendabschluss. Uns ist wichtig, dass diese Andacht in der Hand der Konficamp-Leitung liegt. Hier wird sie sichtbar und es wird deutlich: Die Leitung im Camp hat nicht allein logistische und organisatorische Aufgaben, sondern auch geistliche.
Auch die Nachtruhe wird von uns verbindlich geregelt. Freundlich aber konsequent sorgt die Nachtwache dafür, dass Konfis ihren Schlaf bekommen. Das restliche Team sitzt zur Teambesprechung zusammen, um den nächsten Tag zu strukturieren, zu beten und um ein Bier oder eine Cola zu trinken.
Wir haben die Erfahrung gemacht: Je klarer und konsequenter wir auf die Einhaltung der Regeln und Zeiten achten, umso fröhlicher und unbeschwerter genießen die Konfis das Camp – und wir sowieso …

2. ... und dann etwas praktischer und konkreter: Blues Brothers, Bankrotterklärungen, Party, Nacht der Lichter und das »Vielleicht«

O.K.: – jetzt ist es an der Zeit, etwas konkreter zu werden: Ein paar für jedes unserer Camps unverzichtbare Highlights werden wir im Folgenden beschreiben. Für mehr Konkretionen verweisen wir noch einmal auf die Material-CD-ROM mit allen wichtigen Infos im Ordner »Kapitel IV_Expedition Gottsuche. Das Camp,« Also, los geht's:

1. Die Expedition beginnt: » ... unterwegs im Auftrag des Herrn«

Am Eröffnungsabend gibt es eine Show von den Teamern für die Konfis. Da viele von ihnen mit gemischten Gefühlen zum Camp kommen, sollen sie am Anfang nicht so viel selbst agieren müssen. Die Konfis dürfen konsumieren. Der Abend wird den Konfis von Beginn an zeigen, dass das Konficamp eine professionelle, gut strukturierte und mit viel Engagement vieler Menschen organisierte Woche werden wird. Bei allen Ängsten, die zu Beginn im Raum sind, sorgt dies schnell für Entspannung. Ein Teamer aus unserer Rödeltruppe hat dies bei einem Vorbereitungswochenende einmal so formuliert: »Es geht darum, die Konfis positiv zu schocken, und zwar mit Vollgas.« ☺ Wir versuchen, Folgendes zu erreichen:

1. Die Leitung des Camps muss sichtbar werden. Im Konficamp »Expedition Gottsuche« geschieht dies so: Die Leitung tritt zu Beginn als »Blues Brothers« auf (schwarzer Hut, schwarzer Anzug, schwarze Sonnenbrille, schwarze Schuhe, Strümpfe) und führt mit einer Comedy-Nummer in die »Expedition Gottsuche« ein. Das Leitmotiv der »Blues Brothers« lautet ja bekanntermaßen: »Wir sind im Auftrag des Herrn unterwegs ...« Und das machen wir uns zu eigen. Deshalb sind auch unsere Teamer-T-Shirts schwarz und auf der Rückseite steht groß: »... unterwegs im Auftrag des Herrn!«

2. Gemeinsam singen. Am besten mit einer Konficamp-Band. Das sorgt nicht nur für gute Stimmung. Es steckt auch sofort an. Achten Sie genau darauf, welche Lieder Sie singen. Am Eröffnungsabend geben wir Gas: Da braucht's auch Lieder, die das bieten. »Westerland« von den »Ärzten« macht doch einfach Spaß …

3. Die einzelnen Gemeindegruppen müssen sichtbar werden. Das schafft Identität und gibt Sicherheit. Ein vorab in Auftrag gegebenes Banner der Gemeindegruppe wird feierlich entrollt und vorgestellt. Anschließend wird es an dem Haus der Gemeinde befestigt.

4. Es ist der Abend des Konficamp-Teams. Die Gemeinde-TeamerInnen mit ihren Pfarrerinnen und Pfarrern sowie die Rödeltruppe stellen sich vor.
Dieses sollte möglichst lustig und/oder mit viel Action passieren. So bereiten z. B. die einzelnen Gemeindeteamer spontan verschiedene Aufgaben an diesem Abend während der Show vor und präsentieren sie anschließend. Die Aufträge wurden natürlich von den Moderatoren des Abends bereits vorbereitet. Ein Beispiel: »Performt das Lied »Durch den Monsun« von »Tokio Hotel« mit Hilfe von »Playstation 2 Singstar«!« Die weiteren Aufgaben finden Sie auf der Material-CD-ROM im Ordner »Kapitel IV_Expedition Gottsuche. Das Camp«, darin der Ordner »1 Eröffnungsabend« (Dateiname: Aufgaben)
Der Abend funktioniert unter dem Motto: »Jeder blamiert sich, so gut er kann!« Und das ist gut so: Wenn Konfis TeamerInnen erleben, die sich lustvoll blamieren, wird ihnen die Angst genommen, sie könnten sich lächerlich machen. Das sorgt für große Erleichterung.

5. Das Konficamp-Ritual. Jedes Konficamp braucht eigene Rituale. Im Konficamp »Expedition Gottsuche« ist als Ritual entstanden: Der »Törner-Tanz«. Er ist aus unserem Konficamp nicht mehr wegzudenken. Er geht nicht nur in die Beine, sondern direkt ins Herz. Wie der Törnertanz geht, können Sie im Kapitel »Dies und das« unter »Könnwamanspielspielen« herausfinden. Alles, was Sie sonst noch benötigen für einen guten Eröffnungsabend (z. B. Technik), finden Sie auf der CD-ROM im Ordner »1 Eröffnungsabend« in der Datei »Material«.

2. Casino Bancrotto

Der Casino Bancrotto Abend ist der zweite Abend, den die Konfis auf dem Camp erleben. Es geht, wie der Name schon sagt, um typische Glücksspiele, die in jedes Casino gehören. So gibt es Pokertische, Roulette und einiges mehr (siehe unten). Das Vorteilhafte an diesem Abend ist, dass er den Konfis auf eine ganz einfache Art ermöglicht Kontakt zu anderen Konfis aus anderen Gemeinden und zu den Teamern zu knüpfen. Denn an diesem Abend sollen sie an den verschiedenen Stationen ihr Glück versuchen, ohne dass es Mannschaften gibt, oder eine erzwungene Kontaktaufnahme. Es ist ein niederschwelliges Angebot, das die Konfis erst mal auftauen lässt ... Die genauen Infos zum Casino finden Sie auf der CD-ROM im Ordner »Kapitel V_Dies und Das«, Unterordner »5 Spieleabende auf Freizeiten und Camps«.
Wie funktioniert dieser Abend?
Als Erstes ist es ungeheuer wichtig, dass der ganze Abend mit hoher Professionalität abläuft. Dazu gehört eine Casino-Atmosphäre mit entsprechender Dekoration und Musik. Alle TeamerInnen, die eine Spielstation verantworten, sehen wie Casinoangestellte aus. Die anderen TeamerInnen treten entsprechend als Besucher in Abendgarderobe auf. Damit wird der Abend auch zu einem Forum, bei dem die TeamerInnen noch einmal von allen Konfis wahrgenommen werden.
Der besondere Clou an diesem Casinoabend ist, dass es nicht darum geht, möglichst viel Geld zu gewinnen, sondern zu verlieren. Wir stellen die Logik der Welt auf den Kopf – und sehen doch tatsächlich auch darin etwas Evangeliumsträchtiges... Jeder Konfi bekommt zu Anfang des Abends ein Sparbuch mit 100.000 €uronen (so nennen wir die Währung), die er bei den verschiedenen Glücksspielen verlieren soll. Gewinner des Abends ist dann auch derjenige, der am wenigsten Geld übrig hat: »Casino Bancrotto« eben.
Wir haben die Erfahrung gemacht, dass dieser Abend ein »Selbstläufer« ist. Sobald erstmal alles vorbereitet ist und die Konfis anfangen zu zocken, geht das ganz von alleine weiter, ohne dass man großartig die Stimmung ankurbeln muss.
Folgende Stationen und Rollen haben wir immer dabei:
Der Casino-Besitzer. Die Toilettenfrau/der Toilettenmann. Die Fotografin. Der Barkeeper. Party Poker. Roulette. Böse Eins. Pferderennen. Börse. Lotterie.

Beispiel: Der Casinobesitzer:
Dieser extravagant und auffällig gekleidete Typ ist super reich und ein wenig durchgeknallt, weswegen er zur Eröffnung auch jedem ein Sparbuch über-

reicht und verlangt, dass alle möglichst viel Geld verlieren. Im Verlauf des Abends bewegt sich der Besitzer völlig frei durch sein Casino, spielt ab und zu an einem der Tische mit oder fordert die Konfis zu Rätseln oder Ähnlichem heraus, um entsprechend Geld von deren Konto abziehen oder draufpacken zu können.
Der Casinobesitzer ist es auch, der den Abend leitet und die Spielregeln erklärt. Die Regeln der einzelnen Tische braucht er jedoch nicht zu erklären, denn das erledigen die TeamerInnen an den Stationen selbst. Der Besitzer sollte auch immer wieder ein Auge darauf haben, wie der Abend verläuft und gegebenenfalls eingreifen.
Alle weiteren Rollen- und Stationenbeschreibungen finden Sie auf der Material-CD-ROM im Ordner »Kapitel IV_Expedition Gottsuche. Das Camp«, darin der Ordner »Casino bancrotto«, Dateiname »Rollen und Stationen«

3. Die Disco

Gewaltige Bässe, durchgeschwitzte Shirts und eine heisere Stimme. Wer jetzt aber denkt »Party, das ist leicht, da kann man ja nicht viel falsch machen«, der irrt – und zwar gewaltig. Wenn man eine Disco auf dem Konficamp macht, dann muss man sie auch richtig professionell aufziehen. Da wird an nichts gespart und schon recht nicht an der Technik. Die Luft muss brennen. Wie wir das machen, haben wir oben bereits beschrieben.
Für die Konfis ist es oft ein Augen öffnendes Erlebnis, dieselben TeamerInnen in der Disco zu erleben, die mit ihnen in den Morgeneinheiten »Beten ist wie-Stationen« gebaut oder tiefsinnige Gespräche über Hoffnung anhand ihrer »Jenseitskisten« geführt haben. Diese TeamerInnen tanzen und singen sich am Abend die Seele aus dem Leib. Es ist wichtig, dass auch die hauptamtlichen PfarrerInnen dabei sind und durch ihr Mitfeiern signalisieren: Die Disco ist ein wesentlicher Teil der Expedition.
Wir veranstalten die Disco immer in der Mitte des Konficamp. An diesem Abend wird aus den einzelnen Gemeindegruppen und den vereinzelten Konfis, wird aus den vielen, die unterwegs sind auf der Expedition Gottsuche, eine Gemeinschaft – sogar von mehr als zweien oder dreien …
Das Camp verändert sich durch die Disco. Konfis und TeamerInnen strahlen, sie freuen sich aneinander und an der Musik. Ausgelassene Fröhlichkeit, tolle Musik und Tanzen, Tanzen, Tanzen … Schöner kann es auf der Hochzeit zu Kana auch nicht gewesen sein!

Alles, was sie für eine gute Disco brauchen, finden sie auf der Material-CD-ROM im Ordner »Kapitel IV_Expedition Gottsuche. Das Camp«, Unterordner »2 Die Abende auf dem Camp«, Dateiname »Disco.Let's rock!«.

4. Nacht der Lichter

Vorbemerkung

Mit der Nacht der Lichter haben wir ein Neuland betreten. Sehr bewusst haben wir mit dieser Veranstaltung unseren Ansatz von der Spiritualisierung des Alltags ergänzt. Zu jedem Alltag gehört schließlich als sein Gegenüber das Fest, zur geheiligten Profanität das Heilige inmitten der Profanität, zu Arbeitszeiten eben auch Hoch-Zeiten.
Die Nacht der Lichter findet am Donnerstagabend statt. Das ist im Verlauf des Camps der Abend nach der Disco, der insgesamt fünfte Abend. Wir haben diesen Zeitpunkt bewusst gewählt: Bei den Konfis ist nun ein Bedürfnis nach Ruhe zu spüren. Die Nacht der Lichter findet in der Dorfkirche/ oder Kiche/Kapelle auf dem Gelände statt. Wenn wir die Wahl haben, nehmen wir die Ortskirche. Die Konfis verlassen das Camp-Gelände und mit ihm den besonderen Raum der letzten Tage. Es ist ein Schritt hinaus aus dem Camp und seiner Atmosphäre. Nun muss sich bewähren, was wir in den letzten Tagen erarbeitet haben … Der liturgische Raum der Ortskirche steht mitten in der Normalwelt und nimmt dort die Sehnsucht der Konfis nach dem »ganz Anderen« auf.

Vorbereitung

Die Vorbereitung der Nacht der Lichter geschieht auf mehreren Ebenen.
Der liturgische Raum wird mit einer sehr großen Zahl von Teelichtern vorbereitet, die auf den Balustraden der Emporen und im Kirchenschiff leuchten, im Altarraum wird ein großes Kreuz aus Teelichtern vorbereitet. Wir verzichten komplett auf elektrisches Licht.
Die Konfis werden in ihren Gemeinden auf die Nacht der Lichter vorbereitet, indem sie die liturgischen Gesänge aus Taizé einüben. Bevor die Konfis sich auf den Weg zur Kirche machen, werden sie in die Stille geleitet. Der Weg zur Kirche wird wortlos zurückgelegt. Dadurch erreichen wir eine innere Sammlung und wir steigern die Erwartung auf das kommende Ereignis.
Die TeamerInnen werden auf ihre begleitende und unterstützende Aufgabe vorbereitet. Auch von ihnen erwarten wir gesammelte Stille.

Die mitgestaltenden TeamerInnen sammeln sich in der Stille, kennen ihre Aufgaben und bereiten sich mit einem Gebet auf die Nacht der Lichter vor.

Durchführung

Beim Ankommen in der Kirche bekommen die Konfis ein Teelicht in einem gläsernen Teelichthalter. Sie setzen sich leise in die Bänke, die TeamerInnen verteilen sich zwischen die Konfis. Von vorne empfängt die Konfis Instrumentalmusik (Gitarre) oder schon Taizé-Gesang. Alles geschieht in großer Ruhe und Gelassenheit.
Die Taizé-Gesänge werden auf Deutsch gesungen: »Lobsingt, ihr Völker alle« (eg 181.6); Halleluja (eg 181.5); »Bleibet hier und wachet mit mir« (eg 585); »Gottes Wort ist wie Licht in der Nacht« (eg 591); »Jauchze Erd und Himmel« (eg 584); »Unsere Augen sehn stets auf den Herren« (eg 582); Kyrie (eg 178.12); »Wo die Liebe wohnt« (eg 587)
Das Psalmgebet ist sprachlich behutsam an die Sprache Jugendlicher angepasst, ebenso die Gebetssprache von Frère Roger. Gleiches gilt für die Lesungen aus Jesaja 43,1–5; Epheser 2,14–17; Lukas 1,78–79.
Der/die hauptamtliche Liturg/-in begrüßt die Konfis und weist auf die besondere Atmosphäre hin und ihre besondere Schutzbedürftigkeit. Er/sie leitet mit schlichten Worten und großer Präsenz in die 7-minütige Stille hinein und aus ihr wieder heraus. Er/sie übernimmt es auch, die Lichter zu entzünden: Er/sie entzündet das eigene Teelicht an der Christuskerze und lässt daran das nächste Teelicht entzünden – so lange, bis die ganze Kirche leuchtet. Er/sie bringt auch gemeinsam mit anderen TeamerInnen die aus Teelichtern gelegten Glaubenssymbole zum Leuchten.
Am Ende bedankt er/sie sich bei den Konfis für die Teilnahme und Mitwirkung an der Nacht der Lichter. Damit und mit einer freundlichen Geste signalisiert er/sie das Ende der Nacht der Lichter. Die Konfis verlassen unter weiterer Instrumentalmusik, in Stille und unter Leitung der begleitenden TeamerInnen die Kirche. Sie gehen schweigend zum Camp-Gelände zurück, und erst dort darf wieder gesprochen werden.
Den detaillierten Ablauf finden sie auf der Material-CD-ROM im Ordner »Kapitel IV_Expedition Gottsuche. Das Camp«, Unterordner »2 Die Abende auf dem Camp«, Dateiname »Nacht der Lichter«.

Wirkung

Die Mehrheit der Konfis hat diese Nacht der Lichter als ausgesprochen positiv erlebt. In knappen Worten bringen sie es für sich auf den Punkt: »Mir hat die Stille gefallen.« »Toll, als die Kerzen angingen.« »Das hat mich tief bewegt.«
Natürlich sind einige Konfis auch mit den Spielregeln der Nacht der Lichter überfordert. Wir empfehlen hier pragmatische Lösungen: TeamerInnen können mit solchen Konfis nach draußen gehen – z. B. mit folgendem Satz: *»Komm, N. N., lass uns nach draußen gehen. Es ist besser, wenn wir dort auf die anderen warten. Dann können die anderen sich konzentrieren.«*
Wichtig: Gehen Sie auf die Störung angemessen zu, signalisieren Sie Verständnis für den/die Konfi, und machen Sie zugleich deutlich, dass dieses Verhalten für das Gelingen dieses Abends schwierig ist.

5. Fast and Furious

Ein etwas anderer Spieleabend, bei dem es vor allem darum geht, über 90 min. Vollgas zu geben. Alle Infos finden sie auf der Material-CD-ROM im Ordner »Kapitel V_Dies & Das«, Unterordner »5 Spieleabende auf Freizeiten und Camps«, Dateiname »Fast and Furious«.

6. »Time of my life« – Der letzte Abend

Das Camp ist fast vorbei. Kurz vor Ende steht natürlich noch der letzte Abend auf dem Programm. Das FunTeam »Pimp my shirt« zeigt in einer Modenschau, was sie in der Woche hergestellt haben. Das Finale der Konficamp-Speed-Stacking-Meisterschaften wird schon heiß ersehnt, ebenso das Finale im »Singstar-Contest«. Natürlich dürfen die Bilder der Woche nicht fehlen und ein bisschen Wehmut darf auch sein (am besten am Lagerfeuer).

Alles Wichtige zu diesem Abend finden sie auf der Material-CD-ROM im Ordner »Kapitel IV_Expedition Gottsuche. Das Camp«, Unterordner »2 Die Abende auf dem Camp«, Dateiname »Time of my life«.

7. Der Campgottesdienst: »Vielleicht«

Unser Camp-Gottesdienst ist ein Weg-Gottesdienst. Am letzten Tag, unmittelbar vor der Abreise, nehmen wir uns Zeit, auf das Camp zurückzublicken und zu benennen, was uns gut getan hat und was nicht, und die Konfis zu segnen für das, was vor ihnen liegt.
Die Konfis haben eine anstrengende Woche hinter sich. Deshalb halten wir den Gottesdienst liturgisch klar und kurz: simple, fresh, relevant.
Folgende Elemente bauen wir in den Gottesdienst ein:

1. Rückblick: Was ist auf der »Expedition Gottsuche« geschehen? Welche Begegnungen hat es gegeben? Was haben sie mit Gott zu tun?
   Die Konfis haben Gelegenheiten, auf die Ereignisse der letzten Tage zurückzublicken. Wir machen mit ihnen noch einmal ein inneres Fotoalbum. Die Methode kennen die Konfis ja noch von den »Orten der Gottesbegegnung«. Ein/e TeamerIn oder ein/eHauptamtliche/r erzählt noch mal anhand der Schlüsselereignisse im Camp, was da eigentlich passiert ist. Von jeder dieser Schlüsselereignisse machen die Konfis mit ihrem inneren Fotoapparat ein Bild, das sie mit diesem Ereignis verbinden.
2. Wir spielen das Lied »Vielleicht« von den Söhnen Mannheims und erzählen mit Beispielen aus dem Camp, wie wir (HA und TeamerInnen) Gottes wirklich wirkende Wirklichkeit erlebt und gespürt haben.
3. Anschließend geben wir den Konfis kurz Gelegenheit, in ihrem inneren Fotoalbum zu blättern und eines ihrer besonders kostbaren Bilder hervorzuholen.
4. Zum Schluss kommt der Segen. Zusätzlich zu den Segensworten lassen wir die Konfis diesen Segen nicht nur hören, sondern auch spüren: Wir zeichnen ihnen mit Wasser ein Kreuz auf ihre Hand oder Stirn.
   Den Text des Liedes von den Söhnen Mannheims finden sie auf der Material-CD-ROM im Ordner »Kapitel IV_Expedition Gottsuche. Das Camp«, Unterordner »4 Gottesdienst«, darin die Datei »Camp-Gottesdienst«.

V. Dies & Das

In diesem Kapitel haben wir ein paar – wie wir finden – hilfreiche Dinge für den KU gesammelt. Ein paar dieser Dinge finden Sie aus Platzgründen ausschließlich auf der CD-ROM, nämlich die folgenden:

1. Eine Themenerarbeitung zu den Zehn Geboten mit einem Spiel …
2. Eine Gestaltungsidee zur Erarbeitung von Psalm 23 mit Piktogrammen …
3. Eine kleine Methodensammlung für den KU, die wir mit Hilfe des Schemas von Hilbert Meyer (s.o.) organisiert haben.

Diese Dateien haben wir im Ordner »Kapitel V_Dies & Das« in den Unterordnern »1«, »2« und »3« eingestellt.
Mit der Ziffer 4 geht's nun aber in unserem Buch weiter: Spiele, Spieleabende auf Camps und Materiallisten – das alles finden Sie auf den folgenden Seiten:

4. Spiele in der Konfirmandenarbeit – Könnwamanspielspielen?

Warum sollen wir im KU überhaupt spielen?
Wir wissen nicht, ob die Konfis Lust darauf haben. Vielleicht finden sie es auch öde zu spielen oder sagen: »Spielen ist was für Kinder. Wir sind aber keine mehr.«
Das stimmt natürlich alles. Immer wieder wird es Konfis geben, die nicht gerne spielen. Wir glauben aber, wenn wir aufgrund dieser wenigen den anderen das Spielen vorenthalten, lassen wir uns ein großes pädagogisches Potenzial ungenutzt durch die Lappen gehen.
Wir spielen unglaublich gerne mit unseren Konfis – o.k., vielleicht weil wir beide selbst wie zwei große Jungs sind. Aber wir machen unschätzbar wertvolle Erfahrungen damit.
So kann eine Gruppe, die nicht zueinanderfinden kann, mit spielerischen Mitteln »lernen«, aufeinander Acht zu geben, im Team zu arbeiten.
Auch Gruppenfindungsprozesse können durch Spielen beschleunigt werden.
Wir glauben, dass Spiele auch schon deswegen einen wertvollen Beitrag zum Gelingen von Lernprozessen leisten, weil Lernprozesse den Rhythmus von Anspannung und Entspannung brauchen.
Aber in erster Linie spielen wir mit unseren Konfis, weil es einfach Spaß macht; nicht mehr, aber auch nicht weniger.
Und wenn KU Spaß macht, dann ergibt sich anderes manchmal wie von Zauberhand.

Was man braucht
- Musik
- 5 Plakatkartons
- Schaumstoffball
- Tennisbälle
- Hut
- Bierdeckel
- Tesakrepp

- Besenstiel oder Stockschirm
- Post-it-notes (diese kleinen gelben Klebezettel)

Unsere Favoriten …

In den Verlaufsplänen finden Sie immer auch ein paar Hinweise dazu, wann wir welches Spiel spielen. Die detaillierten Beschreibungen geben wir Ihnen hier an die Hand. Übrigens, schreiben Sie uns doch mal, mit welchen Spielen Sie gute Erfahrungen machen. Wir sind nämlich im Nebenjob Spielejäger und -sammler … ☺ (noch mal die E-Mail: hans-ulrich.kessler@pti-nordelbien.de und sbnolte@t-online.de). Danke!!

➲ Titanic

»Wir beginnen mit einer Katastrophe …
Die Titanic ist ja bekanntlich in kürzester Zeit abgesoffen, obwohl alle geglaubt haben, dass sie unsinkbar ist. Was die Menschen leider nicht wussten: Nicht die Titanic war unsinkbar, sondern ihre Rettungsboote. Die hätte man so voll packen können, dass alle Platz finden: Sie wären nicht untergegangen.
Auf dem Boden seht ihr 4, 5, 6 … 108 Rettungsboote (große Plakatkartons, je nach Gruppengröße). Bitte steht auf und bewegt euch im Raum, solange die Musik läuft. Hört sie auf, springt bitte in eines der Boote.«
(In jeder Runde wird ein Karton weggenommen. Nach und nach finden immer mehr Konfis auf immer weniger Kartons Platz. Die Spielleitung unterbricht immer wieder einmal den Spielprozess, indem sie z. B. vorschlägt: »Ich glaube, mehr Leute gehen jetzt wirklich nicht mehr in ein Boot!« In der Regel wird es daraufhin heftige Proteste hageln verbunden mit der Ermunterung, weiterzuspielen. Das Spiel wird beendet, wenn die Gruppe das Maß an Nähe zueinander erreicht hat, das für sie im Moment möglich ist. Jede erreichte Bootzahl wird als Erfolg gefeiert. Vielleicht ist für die Gruppe auch interessant, festzustellen, dass sie zu einem späteren Zeitpunkt (auf der Freizeit z. B.) mit noch weniger Booten auskommt, weil jetzt mehr Nähe zugelassen werden kann.)
Das Spiel eignet sich besonders gut für die Gruppenfindungsphase. Wir beginnen mit diesem Spiel unseren KU (gleich als Erstes vor allem anderen in der ersten Stunde!).

➲ Schlange Schnapp

Die Gruppe steht im Kreis Eine/r steht mittendrin und hält einen Besenstiel oder Stockschirm senkrecht auf dem Boden.
Du glaubst, du hältst einen Besenstiel in der Hand?. Falsch. Das ist die Schlange Schnapp. Du kannst dafür sorgen, dass die Schlange eine/n andere/n aus der Gruppe beißt. Rufe irgendeinen Namen und lass den Besenstiel los. Berührt er die Erde, bevor der/die, den/die du gerufen hast, ihn erwischt, wird er zur Schlange und beißt zu.
Diese/r Konfi macht dann in der Mitte weiter. Wenn der Stock vorher gefangen wurde, werden weitere Namen gerufen. Wichtig: der Stock darf nicht weggestoßen werden. Ist viel zu unfair.
Dieses Spiel eignet sich gut in der Anfangsphase, um sich die Namen der Mitkonfis einprägen zu können.

➲ An den Fingerspitzen führen

Sucht euch eine Partnerin/ einen Partner. Berührt euch an den Fingerspitzen. Wenn die Musik anfängt zu spielen, führt ihr euch durch den Raum. ACHTUNG: Der/die Führende geht rückwärts durch den Raum.
Das Spiel bereitet natürlich Themen wie Vertrauen, Sich-Verlassen-Können auf, Freundschaft usw. vor. Es führt aber auch einfach zu ein bisschen mehr Ruhe und Konzentration.

➲ Hexe im Park

Setz diesen Hut auf. Du bist jetzt die Hexe. Ihr befindet euch in einem Park und du hast die Aufgabe, alle, die hier sind, zu verzaubern, indem du sie berührst. Alle können sich vor dir schützen, indem sie seltsam verzerrte Positionen einnehmen. Diese müssen sie so lange einnehmen, bis sie von einem anderen Konfi, der/die dieselbe Position vor dem/der Verzerrten einnimmt, erlöst worden sind.
Ein gutes Spiel zum Thema »Soteriologie«! – Ist natürlich Quatsch ☺. Das Spiel ist ein gutes Actionspiel, das überschüssige Energie abbauen kann oder fehlende Energien mobilisiert. Achtung: Auf jeden Fall auf Verletzungsgefahren hinweisen!

➲ Bierdeckelmatch

Raum in zwei Felder teilen.
Mannschaft 1 bekommt einen Schwung Bierdeckel, Mannschaft zwei ebenso.
Eure Aufgabe ist es, eure Seite von Bierdeckeln zu säubern. Die anderen sollen möglichst viele haben. Wer hinterher weniger
Bierdeckel auf seiner Seite hat, hat gewonnen. Achtung: Ihr dürft immer nur einen Bierdeckel werfen. Wer mehr wirft, handelt sich Strafpunkte für seine Mannschaft ein.
Am Ende des Spiels sammelt jede Mannschaft im gegnerischen Feld die Bierdeckel ein. Die gesammelten Stapel werden gegeneinander gehalten.
Superklasseaction-Spiel.

➲ Menschenmaschinen

Aus der Gruppe wird eine Maschine gebaut.
Was das für eine Maschine ist, bestimmt die Gruppe selber. Jede/r sucht sich in dieser Maschine eine bestimmte Funktion.
Macht Spaß, braucht aber etwas Mut auf Seiten der Konfis. Auf Freizeitbuntenabenden klappt es fast immer. Das Spiel kann Lehrenden einen Eindruck davon geben, welche Rolle sich jede/r in der Gruppe zutraut (Soziogramm-mäßig sozusagen)
Die Maschine schnell und langsam laufen lassen.

➲ Stuhlfußball

Zwei Mannschaften sitzen sich auf Stühlen im Abstand von 1 bis 1,5 m gegenüber. Jeder Stuhl ist ein Tor. Mit dem Anstoß wird ein Schaumstoffball in die Mitte geworfen. Jede Gruppe versucht, ein Tor bei der gegnerischen Mannschaft zu erzielen.
Macht einfach nur Spaß. Baut auch in kleinen Räumen überschüssige Energie ab – ist sozusagen die Winteralternative zur Hexe im Park.

➲ Gruppenmühle

Zwei Mannschaften mit jeweils drei Personen spielen auf neun Stühlen (3 x 3) Mühle ohne miteinander zu reden. Die Spielenden sind durch folgende Schilder als Teams erkennbar: A1, A2, A3 – B1, B2, B3 (einfach auf selbstklebende Post-it-notes schreiben!). Sie setzen bzw. ziehen stets im Wechsel (gleichbleibende Reihenfolge!): A1, B1, A2, B2, A3, B3, → A1, B1, A2, B2, ...: Hat eine Gruppe eine Mühle erreicht (waagerecht, senkrecht, diagonal) ist das Spiel beendet.
Ein gutes Spiel, um die Konzentration zu fördern. Man kann auch folgende Variante spielen: Die Spielfiguren a1 bis b3 werden von Choaches (ein A-Team und ein B-Team) gesetzt. Dadurch lernt die Gruppe, aufeinander zu hören und miteinander Entscheidungen zu treffen.

➲ Group Juggling

Immer mehr Tennisbälle durchlaufen *in der immer gleichen Reihenfolge* die stehende oder sitzende Gruppe. Wichtig: Die Tennisbälle sollten von unten geworfen werden. Außerdem geht es nicht darum, irgendeine/n abzuschießen.
Das Spiel erfordert eine hohe Konzentrationsfähigkeit und zeigt, wie gut die Konfis zusammenarbeiten können. Für Profis: Zu Beginn einer jeden KA-Sitzung wird Group Juggling gespielt. Ziel ist es, einen Tennisball mehr als beim letzten Mal in der Luft zu halten.

➲ Tanker im Nebel

Teams zu mindestens 8 Personen stellen sich in eine Reihe. Sie legen sich die Hände auf die Schultern.
Ihr seid jetzt ein großer, schwer beweglicher Tanker in der Nordsee. Eure Aufgabe ist es, den nächsten Hafen anzusteuern. Allerdings: nur euer Kapitän kennt die Route. Tanker werden von hinten gesteuert. Euer Kapitän ist der letzte in euer Reihe. Er/sie gibt die Kommandos.
Durch entsprechendes Schulterklopfen wird euer Tanker gesteuert. Die Mannschaft hat gewonnen, die als erstes den Hafen (ein Ziel, möglichst draußen, dass nur den jeweiligen Kapitänen bekannt gegeben wird) erreicht.
Folgende Kommandos durch Schulterklopfen: 1 x l i, 1 x re, 2 x beide Hände (= stop), 1 x beide Hände (= volle Kraft voraus). Hier geht's natürlich um Kooperation.

➲ Törnertanz

(benannt nach unserem Kollegen Günter Törner, dem wir diesen Tanz verdanken)

Die Gruppe steht in einem Kreis. Der richtige Abstand wird gefunden, indem jede/r den rechten Arm auf die rechte Schulter des/der linken NachbarIn (also vor der eigenen Brust her!) legt. Stehen alle im richtigen Abstand, geht's los: Als Nächstes wird der linke Arm auf die linke Schulter des/der rechten NachbarIn gelegt. Dann kommt die Hüfe des/der linken NachbarIn mit dem eigenen rechten Arm dran – dann die Hüfte des/der rechten NachbarIn mit dem linken Arm. Der Vorgang wird noch einmal mit den Knien von linken und rechten NachbarInnen durchgespielt. Dann fängt die ganze Chose noch einmal von vorne an – usw. Haben alle den Bewegungsablauf einigermaßen drauf, wird das ganze zu richtig lauter Musik probiert (»Narcotic« von Liquido): Schulter rechts, Schulter links, Hüfte rechts, Hüfte links, Knie rechts, Knie links.
Der Tanz lockert eine Gruppe auf, Anspannungen weichen, Kontakt wird verstärkt.

➲ Ritter, Jungfrau, Drache

In zwei Teilgruppen Schnick, Schnack, Schnuck mit drei Rollen spielen: Ritter (Ha!) ersticht Drachen, Drachen (Roaarrr!) überfällt Jungfrau, Jungfrau (Huuuhhh!) betört Ritter.
Durch den Raum wird mit Kreppband eine Linie gezogen. Die beiden Gruppen ziehen sich zurück und überlegen sich eine Figur (Wichtig: alle in der Gruppe nehmen die gleiche Figur!).
Dann stellen sie sich an der Linie auf, etwa 50 cm von der Linie entfernt.
Beim Zeichen durch den Spielleiter/die Spielleiterin (»Schnick-Schnack-Schnuck«) zeigen sie sich gleichzeitig ihre Figur (durch entsprechende Gesten: Ritter sticht, Drache fällt über sein Opfer her, Jungfrau betört mit Hüftschwung). Schnell müssen sie überlegen, ob sie gegenüber der Figur der anderen Gruppe »gewonnen« haben. Dann versuchen sie, aus dieser Gruppe Spieler/innen auf ihre Seite zu ziehen (durch Berühren). Achtung: Sie dürfen die Linie dabei nicht überschreiten. Die Gruppe, die die unterlegene Figur gewählt hat, zieht sich so schnell wie möglich zurück, um nicht geschnappt zu werden. Die Spieler/innen, die auf die Siegerseite gezogen wurden, sind ab sofort Teil dieser Gruppe. Gewonnen hat die Gruppe, die am Ende die meisten Mitspieler/innen hat.
Ein super Auflockerungsspiel. Wollen Sie in Teilplenen arbeiten, können Sie sie damit wunderbar herstellen und festigen.

➲ Rollkommando

Auf dem Bauch auf dem Boden nebeneinanderliegen, eine(r) rollt über alle anderen; nacheinander alle

➲ Poison

Außenring aus Personen; Innenring aus Tesakrepp. Die Gruppe versucht sich gegenseitig in den giftigen Innenring zu stoßen oder zu ziehen. Wer den Innenring betritt, ist »vergiftet« und muss ausscheiden. Gespielt wird, bis nur noch zwei Personen übrig sind.

➲ Invasion aus dem All

Alle gehen mit geschlossenen Augen im Raum herum. Einer ist das Alien (mit offenen Augen). Es schleicht auf leisen Sohlen durch den Raum und fällt irgendwann mit schrecklichem Gebrüll über einen ahnungslosen Menschen her und macht ihn so auch zum Alien, Sie haken sich unter und fallen gemeinsam mit schrecklichem Gebrüll über einen anderen/eine andere her. Usw. …

➲ Wandernde Münze:

Alle stehen im Kreis. Eine Euro-Münze wird unter Zuhilfenahme nur eines einzigen Fingers durch die ganze Gruppe gegeben. Trick: Finger auf die angebotene Münze legen und einmal drehen. Schwierig wird's, wenn ein Rechtshänder auf eine Linkshänderin trifft … ☺.
Spiel wird abgeschlossen mit dem Satz: »Genau das brauchen wir jetzt bei unserem nächsten Schritt: Fingerspitzengefühl füreinander …«
Eignet sich gut als Konzentrationsspiel.

➲ Electricity

Zwei Teams stehen oder sitzen hintereinander – die Hände auf den Schultern des Vordermannes bzw. der Vorderfrau. Zwischen den beiden Frontleuten liegt ein Tennisball auf dem Boden. Zwischen den beiden »Hintermännern« steht der Spielleiter bzw. die Spielleiterin und wirft eine Münze in die Luft. Fällt die Münze mit »Zahl« nach oben, wird ein »elektrischer Impuls« (→ kurzes Drücken der Hände auf den Schultern) nach vorn gegeben. Kommt der Impuls vorne an, greift der Frontmann bzw. die Frontfrau nach dem Ball. Gelingt es ihm bzw. ihr den Ball vor dem anderen zu greifen, rutscht ihr Team eine Person nach vorn: der bisherige Frontmann wird zum neuen Hintermann. Wird der Impuls losgeschickt, obwohl die Münze auf »Adler« gefallen ist, rutscht das Team eine Person nach hinten: Der bisherige Hintermann wird zum neuen Frontmann. Wichtig: Alle gucken strikt nach vorn, nur die Hintermänner dürfen sich umsehen und auf die Münze schauen.

➲ Rücken – Rücken, Auge – Auge, Rücken – Rücken

Ein einfaches und geniales Arrangement, um Arbeitsprozesse zu beginnen: Jeder und jede braucht einen Partner oder eine Partnerin, mit dem bzw. der er oder sie Rücken an Rücken steht. Musik läuft für ca. 1 Min. Aufgabe: sich ganz langsam und sacht durch den Raum schieben und schieben lassen.
Dann: Partnerwechsel. Jetzt nicht mehr Rücken an Rücken, sondern Auge in Auge: Niemand darf seinen Partner oder seine Partnerin auch nur eine Sekunde aus den Augen lassen, muss sich aber gleichzeitig durch den Raum bewegen. Hinweis: Rücksicht nehmen auf die anderen! Musik läuft wieder für ca. 1 Minute.
Dann: Partnerwechsel. Jetzt wieder Rücken an Rücken, aber dieses Mal darf mich der andere auch nicht einen einzigen Zentimeter von der Stelle schieben. Ich halte mit allem, was ich habe, dagegen. Musik läuft wieder ca. 1 Minute.
Dann: Wenn die Musik abgestellt ist, kurzer Deutungssatz: *»Das ist genau das, was wir jetzt brauchen: Einander den Rücken stärken wie zu Beginn, die anderen nicht aus dem Blick verlieren, und auch meine Kraft aufwenden, um die anderen mal die Welt von einer anderen Stelle aus angucken zu lassen.«*

➲ Finnische Skigymnastik: Tsutsi Tsatsa …
Eine wunderbare Übung aus dem Land der Konficamps! Alle stehen im Kreis. Die Spielleitung gibt folgende Anweisungen und führt sie selber aus:

- »Daumen hoch!« → Arme nach vorn ausstrecken mit Faust und Daumen hoch.
- »Ellbogen zurück!« → Arme am Körper anwinkeln; Daumen bleibt hoch!
- In einem rhythmischen Singsang und mit wackelndem Hintern: »Tsutsi Tsatsa, Tsutsi Tsatsa, Tsutsi Tsatsaaa – Tsutsi Tsatsa, Tsutsi Tsatsa, Tsutsi Tsatsaaa – I'm singing in the rain, just singing in the rain, what a glorious feeling and I'm happy again.«

Dieser Grundablauf wird immer wieder wiederholt und um neue Körperstellungen ergänzt:

- »Daumen hoch!« → Arme nach vorn ausstrecken mit Faust und Daumen hoch.
- »Ellbogen zurück!« → Arme am Körper anwinkeln; Daumen bleibt hoch!
- »Füße zueinander!« → Füße x-beinig anwinkeln.
- In einem rhythmischen Singsang und mit wackelndem Hintern: »Tsutsi Tsatsa, Tsutsi Tsatsa, Tsutsi Tsatsaaa – Tsutsi Tsatsa, Tsutsi Tsatsa, Tsutsi Tsatsaaa – I'm singing in the rain, just singing in the rain, what a glorious feeling and I'm happy again.«

- »Daumen hoch!« → Arme nach vorn ausstrecken mit Faust und Daumen hoch.
- »Ellbogen zurück!« → Arme am Körper anwinkeln; Daumen bleibt hoch!
- »Füße zueinander!« → Füße x-beinig anwinkeln.
- »In die Knie!« → ist doch klar, oder?
- In einem rhythmischen Singsang und mit wackelndem Hintern: »Tsutsi Tsatsa, Tsutsi Tsatsa, Tsutsi Tsatsaaa – Tsutsi Tsatsa, Tsutsi Tsatsa, Tsutsi Tsatsaaa – I'm singing in the rain, just singing in the rain, what a glorious feeling and I'm happy again.«

- »Daumen hoch!« → Arme nach vorn ausstrecken mit Faust und Daumen hoch.
- »Ellbogen zurück!« → Arme am Körper anwinkeln; Daumen bleibt hoch!
- »Füße zueinander!« → Füße x-beinig anwinkeln.
- »In die Knie!« → ist doch klar, oder?
- »Nach vorn beugen und Hintern hoch!« → Ski-Abfahrtshaltung!

- In einem rhythmischen Singsang und mit wackelndem Hintern: »Tsutsi Tsatsa, Tsutsi Tsatsa, Tsutsi Tsatsaaa – Tsutsi Tsatsa, Tsutsi Tsatsa, Tsutsi Tsatsaaa – I'm singing in the rain, just singing in the rain, what a glorious feeling and I'm happy again.«

- »Daumen hoch!« → Arme nach vorn ausstrecken mit Faust und Daumen hoch.
- »Ellbogen zurück!« → Arme am Körper anwinkeln; Daumen bleibt hoch!
- »Füße zueinander!« → Füße x-beinig anwinkeln.
- »In die Knie!« → ist doch klar, oder?
- »Nach vorn beugen und Hintern hoch!« → Ski-Abfahrtshaltung!
- »Kopf hoch!«
- In einem rhythmischen Singsang und mit wackelndem Hintern: »Tsutsi Tsatsa, Tsutsi Tsatsa, Tsutsi Tsatsaaa – Tsutsi Tsatsa, Tsutsi Tsatsa, Tsutsi Tsatsaaa – I'm singing in the rain, just singing in the rain, what a glorious feeling and I'm happy again.«

- »Daumen hoch!« → Arme nach vorn ausstrecken mit Faust und Daumen hoch.
- »Ellbogen zurück!« → Arme am Körper anwinkeln; Daumen bleibt hoch!
- »Füße zueinander!« → Füße x-beinig anwinkeln.
- »In die Knie!« → ist doch klar, oder?
- »Nach vorn beugen und Hintern hoch!« → Ski-Abfahrtshaltung!
- »Kopf hoch!«
- »Zunge raus!« → wer jetzt trotz noch kann, dem/der ist nicht mehr zu helfen … ☺
- In einem rhythmischen Singsang und mit wackelndem Hintern: »Tsutsi Tsatsa, Tsutsi Tsatsa, Tsutsi Tsatsaaa – Tsutsi Tsatsa, Tsutsi Tsatsa, Tsutsi Tsatsaaa – I'm singing in the rain, just singing in the rain, what a glorious feeling and I'm happy again.«

Unbedingt ausprobieren!! Viel viel Spaß!

5. Spieleabende auf Freizeiten und Camps

01 – The Fast and the Furious

entwickelt von Philipp Kleffner und Hendrik Zernke

Alle weiteren Infos und Materialien zum Spiel finden Sie auf der CD: Ordner »Kapitel V_Dies & Das«, Unterordner »5 Spieleabende auf Freizeiten und Camps«.

The Fast and the Furious ist einer der Spieleabende auf dem Camp. An diesem Abend sollen vor allem zwei Dinge passieren. Erstens: Die Konfis sollen bei den Energizern (so nennen wir die Spiele, weil man sich dabei so richtig auspowern kann) durchstarten und Spaß haben. Zweitens: Die Konfis sollen relativ einfach und zwanglos auch außerhalb ihrer eigenen Gemeindegruppe Kontakte knüpfen und ein Zusammengehörigkeitsgefühl entwickeln. Und sie sollen die TeamerInnen näher kennen lernen.

Wir haben den Abend folgendermaßen organisiert:

- Die Konfis bilden Mannschaften zu je 10 Personen. Dazu kommen je zwei Teamer. Wichtig: Die Gruppen sollen aus den verschiedenen Gemeinden gemischt werden.
- Die Konfis geben ihrer Mannschaft einen Namen
- Ein Spielfeld hängt an der Wand. Auf den Feldern kleben entweder Süßigkeiten oder verschlossene Umschläge, in denen eine Spielaufgabe beschrieben ist. Ein guter Richtwert sind 50 Felder, damit es viele Süßigkeiten gibt. Jedes Spielfeld hat eine Nummer – los geht's mit der Nummer 11.
- Nun würfeln die Mannschaften nacheinander mit zwei dieser großen Schaumstoffwürfel. Jede Mannschaft bestimmt immer jeweils einen Konfi, der würfeln darf. Die Ziffern der beiden Würfel ergeben das Nummernfeld auf dem Spielfeld. Die Reihenfolge der Ziffern darf der würfelnde Konfi bestimmen. Landet er auf einem Süßigkeiten-Feld, erhält dieser Konfi die Süßigkeit. Bei einem Umschlag darf der Konfi ihn öffnen und den Ener-

gizer verkünden. Wichtig ist, dass möglichst alle Konfis mal mit Würfeln an der Reihe sind.

- Bei einem Energizer spielen immer *alle* Mannschaften mit, manchmal alle Mitglieder (bei Staffeln), manchmal nur einige von der Mannschaft bestimmte VertreterInnen. Die TeamerInnen achten auf die Ausgewogenheit.
- Folgende Punkteverteilung gibt es je nach Platzierung am Ende eines Energizers:
  1. 8P
  2. 6P
  3. 5P
  4. 3P
  5. 2P
  6. 1P

- Gewonnen hat die Mannschaft, die am Ende des Abends (das ist, wenn alle Energizer gespielt wurden) die meisten Punkte erzielt hat.

Zum Schluss noch ein paar Energizer, die man an diesem Abend gut spielen kann:

➲ Poison

Beschreibung im Kapitel »Spiele im KU«

➲ Rudern

Für diese Staffel braucht man Geschirrhandtücher oder Sitzkissen und eine abgesteckte Rennstrecke. Der Rest ist einfach: Das Tuch oder Kissen ist ein Ruderboot, auf das man sich setzen muss. Mit diesem Boot muss man nun die Strecke hin und zurück und dann geht der Nächste los ins Rennen. Schwierig dabei ist allerdings, dass man, um vorwärtszukommen, nur die Beine benutzen darf. Man setzt sich hin, streckt die Beine aus und zieht den Rest auf dem Tuch/Kissen hinterher. (Wichtig: Also nicht mit dem Rücken zur Fahrtrichtung!!) Die Arme darf man nur zu einer Ruderbewegung benutzen. Gewonnen hat natürlich die Mannschaft, die als Erste fertig ist.

➲ Der Kasten
Für den Kasten benötigt man Klebeband. Damit klebt man ein Rechteck auf den Boden, das nicht viel größer als ein DIN-A3-Blatt sein sollte. Die Mannschaften bekommen nun die Aufgabe, jedes ihrer Mitglieder in diesem Rechteck unterzubringen. Kein Körperteil darf noch außerhalb den Boden berühren. Diese Stellung müssen sie dann 5 Sekunden lang halten. Gewonnen hat die Mannschaft, die das am schnellsten schafft.

➲ Luftballonstaffel
Bei diesem Energizer braucht man eine Unmenge von Luftballons. Ziel ist es nämlich in einer vorher festgelegten Zeit so viele Luftballons zum Platzen zu bringen wie möglich. Wie bei einer Staffel müssen die Konfis erst eine kleine Strecke laufen. Am Ende der Strecke stehen ein Stuhl und eine Schale voller Luftballons. Man muss nun einen Ballon aufpusten und ihn durch Draufsetzen platzen lassen, die Strecke zurückrennen und den nächsten abklatschen. Gewonnen hat, wer am Ende der Zeit, die meisten Ballons vernichtet hat.

➲ Erbsenstaffel
Dieser Energizer ist wieder eine Staffel. Hierbei braucht man eine Menge Trockenerbsen und Strohhalme. Ziel des Spieles ist es in einer bestimmten Zeit möglichst viele Erbsen mit einem Strohhalm anzusaugen und über eine Strecke in einen Behälter zu transportieren. Gewonnen hat die Mannschaft, die hinterher die meisten Erbsen hat.

➲ Electricity
Beschreibung unter »Spiele im KU«

02 – Casino bancrotto. Rollen und Stationen

entwickelt von Philipp Kleffner und Hendrik Zernke

Alle weiteren Infos und Materialien zum Spiel finden Sie auf der CD-ROM: Ordner »Kapitel V_Dies & Das«, Unterordner »5 Spieleabende auf Freizeiten und Camps«.

➲ Der Casinobesitzer

Dieser extravagant und auffällig gekleidete Typ ist super reich und ein wenig durchgeknallt, weswegen er zur Eröffnung auch jedem der Anwesenden ein Sparbuch überreicht und verlangt, dass alle möglichst viel Geld verlieren. Im Verlauf des Abends bewegt sich der Besitzer völlig frei durch sein Casino, spielt ab und zu mal an einem der Tische mit und fordert hier und da die Konfis zu Rätseln oder Ähnlichem heraus, um entsprechend Geld vom Konto abziehen oder draufpacken zu können.
Der Casinobesitzer ist es auch, der den Abend leitet und die Spielregeln erklärt. Die Regeln der einzelnen Tische braucht er jedoch nicht zu erklären, denn das erledigen die TeamerInnen an den Stationen selbst. Der Besitzer sollte auch immer wieder ein Auge darauf haben, wie der Abend verläuft und gegebenenfalls eingreifen.
Welche Spiele kann man im Casino Bancrotto spielen?

➲ Party-Poker

Einsatz: 500 €uronen für eine Runde. Beim Party-Poker liegen 5 Karten offen. Jeder Spieler bekommt verdeckt 2 Karten. Er muss zusehen sich möglichst hohe Chancen herauszuspielen, indem er seine Karten mit den 5 in der Mitte zu Pairs, Drillingen etc. ausspielt. Die Karten auf der Hand dürfen einmal entweder komplett oder nur eine von beiden getauscht werden, gegen neue Karten vom Stapel. Danach wird aufgedeckt und das höchste Blatt gewinnt.
Der Gewinner der Runde darf weitere 1500 €uronen abgeben. Der zweite Platz darf 1000 €uronen abgeben und der Dritte verliert nur seinen Einsatz. Alle anderen bekommen ihren Einsatz zurück.

➲ Roulette

Einsatz: 2000 €uronen für 20 Chips. Gesetzt werden darf auf:
- Pair (alle geraden Zahlen)
- Impair (alle ungeraden Zahlen)
- Drittel (1. Drittel, 2. Drittel, 3. Drittel)
- Reihe (1,4,7,10 .../2,5,8,11.../3,6,9,12 ...)

Jeder Chip hat die Wertigkeit von je 100 €uronen. Jede Runde dürfen maximal 5 Chips verspielt werden. Der Gewinn berechnet sich nach den Chancen:
Pair/ Impair: x2; Drittel: x3; Reihe: x3
Für diese Station braucht man einen Tisch und ein Roulette

➲ Pferderennen

Einsatz: 500 – 2000 €uronen. Man setzt auf ein Pferd. Wenn dieses gewinnt, bekommt man den Gewinn zurück. Hat es einen der anderen Plätze, ist der Einsatz weg. Gesetzt werden darf immer nur auf ein Pferd, wobei der Minimaleinsatz 500 €uronen, der Maximaleinsatz 2000 €uronen beträgt. Wir bieten fünf Rennpferde an, die jeweils unterschiedliche Quoten haben:
Tailor mit einer Quote von 1:2
Whity mit einer Quote von 1:3
Scooby Doo mit einer Quote von 1:5
Silly Billy mit einer Quote von 1:8
Der Gewinn berechnet sich nach diesen Quoten.

Für das Pferderennen benutzen wir eine PowerPoint Präsentation, die die Rennen simuliert und am Ende die Ergebnisse anzeigt. Das bedeutet, dass für diese Station ein Beamer, ein Laptop und eine geeignete Projektionsfläche vorhanden sein müssen. Sie finden die PPT-Präsentation auf der CD-ROM.

➲ Börse

Einsatz: je nach Börsenkurs. Insgesamt 4 Aktien können erworben werden. Je höher man einsteigt, desto größere Verluste können erzielt werden. Genauso ist es auch umgekehrt. Ein Beamer wirft immer den aktuellen Kurs an die Leinwand. Hier sollte jeder Aktieninhaber gelegentlich mal draufschauen, um Kursveränderungen mitzubekommen. Jeder Spieler darf von jeder der vier

Aktien jeweils nur eine einzige für den ganzen Abend kaufen und muss sie vor Ende des Abends auch wieder verkauft haben.
Für die Aktienkurse verwenden wir eine PowerPoint Präsentation (→ CD-ROM), die selbstständig alle 3 Minuten die Werte ändert. Für die Station benötigt man einen Beamer, einen Laptop, eine geeignete Projektionsfläche und Aktienzettel in vier verschiedenen Farben.

➲ Börse 1

Einsatz: 500 €uronen pro Wurf. Bei diesem Würfelspiel wird mit drei Würfeln gleichzeitig gewürfelt. Jede Runde kostet 500 €uronen. Wer eine 1 dabei würfelt, bekommt 1000 €uronen dazu. Ein Einerpasch macht den »Glücklichen« um 5000 €uronen reicher. Benötigt werden nur ein Tisch und drei Würfel.

➲ Lotterie

Einsatz: 2000 €uronen für 3 Kugeln. Die Zahlen von 1–49 sind vorhanden.
Drei Kugeln werden pro Spiel ausgespielt:

Zahl	Gewinn
1–10	/
11–20	1000 €uronen
21–39	2000 €uronen
40–49	5000 €uronen

Für diese Station benötigt man nur eine Möglichkeit zufällig Zahlen zu ziehen.

➲ Barkeeper

Getränkepreis: 500 €uronen. An der Bar können für unvorstellbare Wucherpreise Getränke erworben werden. Jedoch ist der Barkeeper ein freundlicher Kerl, der nach drei bezahlten Drinks eines Gastes alle weiteren Getränke dieses Gastes nicht mehr berechnet.
Zudem bietet die Rezeption die Möglichkeiten, wichtige Nachrichten abzuholen, die eventuell dort für Sie hinterlegt wurden. Das kann die Rechnung für eine teure Reinigung sein und sie verlieren viel Geld, oder aber sie bekommen ein Erbe ausgezahlt und füllen so Ihre Brieftasche wieder auf...mal sehen, was das Schicksal so bereithält.
Für diese Station braucht man Ereigniskarten, die zufällig gezogen werden und auf denen unterschiedlich hohe Gewinne oder Verluste in ansprechenden kleinen Storys stehen. Für die Bar braucht man Getränke und eine Thekenmannschaft aus TeamerInnen.

➲ Die Toilettenfrau/der Toilettenmann

Diese Person ist ein Sondercharakter. Am besten ist es, wenn es gar keine wirkliche Frau/Mann ist, sondern ein Teamer in weiblicher/Teamerin in männlicher Erscheinung. Die Toilettenfrau/der Toilettenmann hat sozusagen Narrenfreiheit. Er/Sie kann beliebig Konfis auffordern, Dinge zu tun, wie zum Beispiel sich die Hände zu waschen oder den Boden zu fegen. Er/Sie ist zudem befugt, Geld vom Konto abzuziehen oder draufzugeben, je nachdem, ob ihm/ihr Folge geleistet wird. (Denn man munkelt, dass er/sie eine Affäre mit dem Besitzer hat)
Die Toilettenfrau/der Toilettenmann hat damit eine große Macht in diesem Spiel und deshalb sollte er/sie umsichtig sein mit den Beträgen, die er/sie abzieht oder hinzugibt, und den Aufgaben, die er/sie stellt. Ansonsten fühlen sich die Konfis schnell ungerecht behandelt.

➲ Die Fotografin

Dieser Sondercharakter fotografiert alles, was nicht bei drei auf den Bäumen ist. Bei ihr kann man allerdings auch Geld loswerden. Dafür muss man sich nur freiwillig mit einer möglichst dummen Grimasse von ihr ablichten lassen. Als Dank dafür kann die Fotografin, je nachdem wie gut die Grimasse ihr gefallen hat, zwischen 100 und 500 €uronen abziehen. Doch Vorsicht, denn nach dem 3. Foto einer Person, ist sie der Meinung, nun diese Person anteilig an ihrem Verdienst zu beteiligen und verlangt kein Honorar mehr, sondern bezahlt die Person mit saftigen 3000 €uronen. Man kann hier überlegen, ob den Konfis dies mitgeteilt werden sollte. Wir haben die Erfahrung gemacht, dass es nicht nötig ist. Es ist erstens lustiger und zweitens spricht sich das so schnell rum, dass ohnehin nicht viele darauf reinfallen.

6. Materialliste für kreatives Arbeiten in der KA

Material	**Kosten in €**	**Bezugsquelle: z. B.**
Buntstifte (pro Konfi 3)	ca. 0,60/Stück	Memo-Versand
Wachsmaler (pro Konfi 1 6er-Pack)	ca. 3,50/Pack	Memo-Versand
Filzstifte (pro Konfi 1 10er-Pack)	ca. 4,00 /Pack	Memo-Versand
Eddings (pro Konfi 3)	ca. 1,00/Stück	Memo-Versand
Kugelschreiber (pro Konfi 3)	ca. 0,50/Stück	Werbegeschenkversand
Prittstifte o. Ä. (pro Konfi 1)	ca. 1,50/Stück	Memo-Versand
Tesakrepp (pro Konfi 1 Rolle)	ca. 0,60/Rolle	Baumarkt
Scheren (pro Konfi 1)	ca. 2,–/Stück	Memo-Versand
Teelichter	ca 5,00/100 Stück	IKEA
Schubfächer für Stifte etc. (ca. 20 Stück)	ca. 1,50/Stück	Baumarkt
OHP-Folien	ca. 15,00/ 100 Stück	Memo-Versand
OHP-Folien (farbig)	ca.	
Plakatkarton (ca. 30 in allen Grundfarben)	ca. 0,60/Stück	Schreibwarenhandel
Papier in allen Grundfarben	ca. 5,00/1000 Blatt	Memo-Versand
Tennisbälle	0,–	Beim Tennisverein nach alten Bällen fragen (anrufen!)
Stoffreste	0,–	In der Frauenhilfe fragen
Wollreste	0,–	in der Frauenhilfe fragen

Leere Medikamenten-schachteln (zum Basteln etc.)	0,–	In der Apotheke bitten, zu sammeln.
Holzreste	0,–	Im Baumarkt bitten, zu sammeln.
Spielgeld	0,–	Sparkasse
Ton	(ca. 10,– bis 15,–)	Bei einem/einer TöpferIn der Umgegend anfragen und über ihn/sie bestellen
Knete (1 kleiner Eimer pro 4 Konfis)	3,– pro Eimer	Bastelladen
Eine Werkzeugkiste mit Hammer, Säge, Schraubenzieher, Feile, Sandpapier, Handbohrern etc.	ca. 25,–	Baumarkt
Luftballons	(Großpackung kaufen!) ca. 25,–	Partyhandel
Spielzeughandys (10 Stück)	2,00/Stück	Real
Kickerbälle (weich, 10 Stück)	1,50/Stück	Spielzeugladen
Lippenstifte (ca. 8)	1,–/Stück	1-Euro-Läden
große Polyestertücher	ca. 1,50/Meter	Stoffläden
Nägel in versch. Größen	ca. 2,50	Baumarkt
Alles, was es umsonst gibt in Super-, Bau- und Flohmärkten		

Kosten für eine Gruppe von 20 Konfis, wenn alles neu angeschafft wird: ca. 650,– € (ausreichend für ca. 3 Jahrgänge = 6 Jahre; Kosten pro Jahr/pro Konfi: ca. 5,00 €).

Memo-Versand: Telefon: 09369/905-0